KB023640

교사의 탄생

교사의 탄생

(현장 교사의 성찰적 교사론, 아이들 세계로 들어간 교사)

[행복한 교과서®] 시리즈 No. 36

지은이 | 이경원
발행인 | 홍종남

2018년 7월 10일 1판 1쇄 인쇄
2018년 7월 17일 1판 1쇄 발행

이 책을 만든 사람들
책임 기획 | 홍종남
북 디자인 | 김효정
교정 교열 | 주경숙
출판 마케팅 | 김경아
제목 | 이경원
베타테스터 | 송여경 (공주교대 3학년)

이 책을 함께 만든 사람들
종이 | 제이피씨 정동수 · 정충엽
제작 및 인쇄 | 천일문화사 유재상

펴낸곳 | 행복한미래
출판등록 | 2011년 4월 5일. 제 399-2011-000013호
주소 | 경기도 남양주시 도농로 34, 부영e그린타운 301동 301호(다산동)
전화 | 02-337-8958   팩스 | 031-556-8951
홈페이지 | www.bookeditor.co.kr
도서 문의(출판사 e-mail) | ahasaram@hanmail.net
내용 문의(지은이 e-mail) | leese34@hanmail.net
※ 이 책을 읽다가 궁금한 점이 있을 때는 지은이 e-mail을 이용해 주세요.

ⓒ 이경원, 2018
ISBN 979-11-86463-34-5
〈행복한미래〉 도서 번호 065

※ [행복한 교과서®] 시리즈는 〈행복한미래〉 출판사의 실용서 브랜드입니다.
※ [행복한 교육학®] 시리즈는 〈행복한미래〉 출판사의 교육학 브랜드입니다.
※ 이 책은 신저작권법에 의거해 한국 내에서 보호를 받는 저작물이므로 무단 전재 및 복제를 금합니다.

교사의 탄생

| 이경원 지음 |

행복한미래

함께한다는 것: 아이들 세계로 들어간 교사

도와준다는 것 vs 함께한다는 것

법과 제도를 넘어 아이들과 함께한다

'법을 넘어서 살아간 사람들'의 개념으로
　　수업을 개발하다

교육청은 정말로 '교육'에 도움을 주고 있나?

교사의 시선에 아이들의 시선을 담다

교육은 '그리움'을 먹고 자란다

교사는 지혜로운 자인가? 힘센 자인가?

아이들 세계로 들어간 교사

학교 환경과 더불어 성장하는 아이들

교사 임용고시, 그리고 교육과정 바라보기

교육과정, 교사의 의지와 삶의 태도를 담다

영재와 학부모: 다름을 인정하지 않는 어른들

'영재'의 다른 이름 '왕따'

유.교.무.류: 가르침에 차별은 없다

삼인행필유아사: 교사에 대한 오래된 이야기

누가 나를 스타교사라 부르는가?

학교 안 교사의 벗, 동료교사!

우아한 학부모는 없다!

교육은 교사와 학부모의 합의로 만들어진다

우아한 교사도 없다!

교학상장의 핵심, 학부모 상담

교사와 학부모는 함께 진동한다

'학부모의 의식수준 200'의 오류

학교: 세상이 변하면 학교도 변한다

학교의 탄생

공교육을 바라보는 세상의 시선

학교를 옮긴다

혁신학교와 공교육의 숙명

학교의 방황은 진행중?

학생은 고객이 아니다

교사의 생존, 변화를 받아들여라

전문가의 의미도 변화한다?

교육은 다수결의 원칙이 적용되지 않는다

'학교장 직강'을 반대한다

교육은 성과인가? 성장인가?

목차

1부
교사와 아이: 어른과 아이가 만나다

4부
영재와 학부모: 다름을 인정하지 않는 어른들

교사의
탄생

교사의 탄생

교사의 탄생

2015년 5월, 전국을 다니며 선생님들을 만나 교육에 대해 같이 고민하던 내용이 방송으로 만들어져 EBS 다큐프라임 3부작 〈교육대동여지도, 교사 고수전〉으로 방송되었다. 이 방송 덕분에 많은 선생님들과 인연을 맺게 되었다.

방송의 힘은 대단해서 길을 가다가 모르는 사람의 인사를 받기도 했고 악수를 해야 하는 경우도 있었다. 더군다나 교사로 살아가며 생각한 것을 책으로 출판했던 《교육과정 콘서트》라는 책도 7쇄(2018년)를 넘어 팔리고 있으니 이제 평범한 교사는 아닌 것 같다. 스스로 특별해지고자 노력했다기보다는 주어진 일을 피하지 말고 최선을 다하자는 마음뿐이었는데 이런 다양한 경험을 하며 살아가게 된 스스로가 신기할 뿐이다. 여기까지 들으면 이런 생각이 들 법하다.

'뭐야? 자기 잘났다고 하는 거야? 흥!'

맞다! 부정하지 않겠다. 어느새 난 남들이 말하는 잘 나가는 교사가 되었다. 많은 방송에 출연하고, 신문과 잡지에 소개된 교사이며 전국을 다니며 선생님들의 연수를 담당하는 교사다. 남들 눈에는 꽃길만 걷고 있는 교사로 보일 것이고 현재의 모습만 보자면 확실히 그렇다. 하지만 과연 꽃길만 걸었을까? 그리고 꽃길만 걷는 교사라는 게 존재하기는 하는 것일까?

〈교육대동여지도, 교사 고수전〉을 촬영할 때 찍었던 영상이다. EBS 다큐프라임이 방송될 때 오프닝 영상으로 나왔다. 해변을 멋지게 걸어야 했다. 더 정확하게 말하면 '사색하는 모습'으로 걸어야 했다.

왜? PD가 그렇게 하란다, 방송을 위해서. 그래서 경상북도 영덕의 해수욕장을 걷고 또 걷고, 괜히 바다를 쳐다보며 사색하는 모습을 연출했다. 내 주변엔 두 대의 카메라가 쉴 새 없이 촬영하고 있었는데, 지나가는 사람들은 연예인이라도 온 줄 알고 근처까지 왔다가 볼멘소리를 내며 돌아갔다. 정말 창피했지만 방송에

필요하다니 어쩔 수 없었다. 그렇다. 방송이란 이런 것이다. 앞에서 보이는 화려한 모습이 전부라고 생각하는 사람이야 없겠지만, 어느 순간 방송의 화려함에 빠져 뒤에서 겪는 일들을 잊게 된다. 그런데 이런 방송의 모습이 누군가와 닮았다. 바로 교사다. 교사의 삶에도 뒤가 있다!

때 교사생활 10년째의 2009년 어느 날
곳 교사의 집

학교에서 퇴근 후 집에서 텔레비전을 시청하는 부부. 두 사람은 말 한마디 없이 TV를 바라보고 있다.

교사 (아내의 눈치를 살피며 조심스러운 말투로) 저기... 나 학교에 가고 아이들과 생활하는 일이 힘든 것 같아. 어느새 10년을 했으니 이제 그만

하고 다른 일을 찾아보거나 하면 어떨까?

교사의 아내 (교사를 바라본다. 특별히 놀란 기색은 없어 보인다. 그리고 잠시의 망설임도 없이 대답한다.) 그래? 그러면 학교 그만둬! 당신이 그만두면 내가 먹여 살릴 테니 힘들면 지금 당장이라도 그만둬도 돼.

아내의 단호한 대답에 잠시 정적이 흐른다. 애꿎은 TV만 혼자 떠들고 있다. 하지만 그 침묵의 시간은 그리 길지 않았다.

교사 (정신을 번쩍 차린 듯한 표정으로 아내를 바라본다.) 아니야. 내가 그냥 열심히 학교에 나갈게. 요즘 좀 신경 쓰이는 일이 있어서 그랬어. 너무 걱정하지 마.

교사의 아내 (여전히 한 치의 망설임도 없다.) 당신이 힘들면 언제든 이야기해. 난 당신이 힘든데도 참고 다니는 건 반대야!

교사로 살아온 10년의 결과가 학교를 더 이상 가고 싶지 않다라고? 아이러니한 이 상황을 아내에게 말했다가 정신을 번쩍 차린 사건이었다. 그 당시 정신을 번쩍 차릴 수밖에 없었던 이유는 아내가 주부였기 때문이다. 일정한 직업을 가진 사람이 아무도 없는 상황에 대해 당연히 놀랄 수밖에 없었다. 그래서 투정 부리지 말고 열심히 학교에 가야겠다고 생각했다. 학교에 가기 싫다는 마음을 바꿔야만 했다. 그러자니 왜 내가 학교에 가는 것을 어려워하고 있는지를 알아야 했다. 먼저 나를 돌아보는 일이 필요했던 것이다.

교사의 탄생, 학급의 탄생 그리고 수업의 탄생

10년이라는 시간 동안 학교에서 아이들과 특별한 문제없이 지내던 교사가 학교를 그만두려고 한다. 눈치챘겠지만 그 교사가 바로 '나'다. 꽃길만 걷다니 당치도 않다. 교사도 얼핏 보기엔 우아해 보이고 화려해 보일 수도 있다. 그러나 모든 일이 그렇듯이 뒤에 감추어진 큰 부담과 어려움이 있기 마련이다. 그 뒷모습을 살펴보는 일, 그리고 그 뒷모습이 헛되지 않도록 하기 위한 교사의 삶에 대해 이야기하고자 한다.

먼저 〈교사의 탄생〉편은 교사로서 살아가며 필연적으로 관계를 맺게 되는 다양한 상황들에 대한 이야기이다. 교사로 살아간다는 것의 의미를 생각해보는 기회가 되면 좋겠다. 그다음으로 〈학급의 탄생〉편에서는 교사가 되어 학급을 맡아 생활하면서 겪게 되는 상황들에 대한 이야기다. 실제 아이들과 살아가며 아이들과 교사인 나 스스로에게 강조하는 몇 가지를 중심으로 풀어보고자 한다. 평소 아이들에게 '우리 함께 성장하자!'라는 말을 습관적으로 하고 있다면 왜 이 말이 중요하고, 그 효과가 실제 학급에선 어떻게 발현되어 실천되는지에 대해 다시금 되돌아볼 수 있을 것이다. 마지막으로 〈수업의 탄생〉편은 수업을 바라보는 교사의 시선이 왜 중요한지 그리고 수업에 필요한 핵심 개념들은 무엇인지에 대해 정리했다. 예를 들어 '소비적 수업과 생산적 수업'에서는 수업이라는 행위가 소비적인 것일 때와 생산적인 것일 때의 비교와 그러한 수업을 위해 준비하거나 생각해야 할 것들에 대한 구체적인 내용들이다.

교사로 살아간다는 것은 제시된 것 이외에도 알아야 할 것과 공부해야 할 것들이 더 많은 것 같다. 교사로 살아가며 내게 필요했던 내용들을 함께 나눔으로써 더 많은 생각들이 피어나길 바라는 마음이다.

1부

교사와 아이
: 어른과 아이가 만나다

01

교사와 아이

때   80년대 '국민학교'라는 명칭을 사용하던 시절

곳   부산의 한 국민학교 4학년 교실

저 멀리 선생님이 칠판 앞에서 수업을 끝낸다는 말을 하고 있다. 쉬는 시간이 되자마자 친구들은 복도로 달려 나가기도 하고 옆 친구와 수다를 떨기도 한다. 평소 말이 없고 조용한 난 그저 책상에 앉아 창밖을 바라보고 있었다. 그런데 선생님께서 내 자리로 다가왔다.

선생님   (커다랗고 두꺼운 그리고 약간은 거친 느낌의 손바닥이 내 머리 위에 얹힌다. 두껍고 진한 나무색의 뿔테 안경 너머로 쌍꺼풀이 있는 눈이 나를 바라보고 있다.)

경원아, 넌 요즘 어떻게 지내고 있니?

나   (당황한 눈빛으로 선생님을 바라보며) 어, 전······.

선생님이 내게 개인적인 것을 물어보리라곤 예상하지 못했다. 그래서 무척 당황했다. 쉬는 시간 다른 친구들은 그런 선생님의 모습과 당황해하는 내 모습에 아랑곳하지 않고 자신들의 일에 빠져 있다. 하지만 나에겐 어떤 사건보다 큰 사건이었다.

어린 시절의 학교는 지금과는 많이 달랐다. 내가 자란 곳은 부산이라 꽤 큰 도시였기에 학생 수도 많았다. 지금이야 한 반에 30명이면 많은 편이지만 당시 선생님들은 50명 혹은 70여 명까지도 한 반에 두고 수업을 진행했다. 내 첫 발령에서도 43명의 아이들과 생활했으니 불과 얼마 전의 일이다. 아무튼 중요한 것은 30여 명의 학생들이 있는 교실과 70명이 있는 교실은 분명히 다르다는 점이다. 물론 10명 미만의 학생이 있는 교실도 다르다.

그때를 생각해보면 선생님들은 그 당시 가장 효율적으로 아이들을 교육하기 위한 나름의 방법들을 실천하고 있었다. 가장 대표적인 것이 자리 배치에 대한 것이었다. 요즘 교실에서 벌어지는 수업은 대부분 모둠을 기반으로 하는 수업형태가 많다. 학생들이 서로 협력하며 배우는 관계이기도 하고, 학생 각각을 더 효율적으로 수업에 참여시키기 위한 방법이기도 하다. 그러나 70여 명에 가까운 학생들이 있는 반에선 모둠별 수업이 거의 불가능하다. 그래서 그 당시 선생님들은 자리를 바꾸는 날이면 모두 앞으로 나와 키순으로 줄을 세운 다음 차례차례 앞자리부터 앉히셨다. 키순으로 앉게 한 것이다. 이 방식은 학생의 자율적인 선택권은 없지만 대규모의 학생들이 수업을 받을 때 조금이라도 편하게 하기 위한 최선이다. 문제는 키에 의해 결정되다 보니 앉는 자리가 거의 고정된다는 점이었다. 특히 나처럼 키가 큰 친구들은 항상 교실 뒤편 마지막 자리에 앉게 되었다. 그러다 보니 자연스럽게 선생님들과의 거리는 물리적으로 가장 멀어졌고, 이 물리적 거리가 심리적 거리로 치환되는 경험을 학교에서 하게 되었다.

맨 뒤에 조용히 앉아있는 나에게 선생님이라는 존재는 그저 저 앞에 존재하는 사람일 뿐이었다. 나와 개인적으로 엮일 일이 있다곤 생각하지 않았다. 이런 나에게 쉬는 시간에 먼저 다가와 말을 걸다니 정말 특별한 선생님일 수밖에. 이 특별한 선생님이 다시 한 번 나를 놀라게 하는 사건이 있었다. 여름방학 중 선생님께서 편지를 보낸 것이다. 정확하게 말하면 엽서였지만.

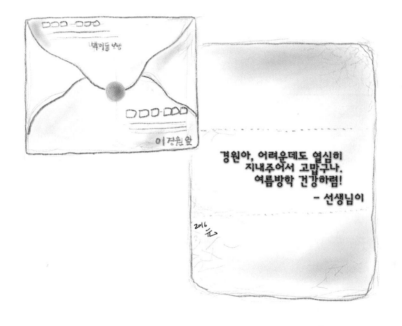

"경원아, 어려운데도 열심히 지내주어서 고맙구나. 여름방학 건강하렴!
–선생님이"

혹시 어릴 때 담임 선생님의 편지를 받아본 기억이 있을까? 만약 있다면 정말 행복한 경험이었지 않냐고 묻고 싶다. 나 또한 선생님의 엽서를 받고 너무 행복했었으니까.

선생님의 예기치 못한 여름방학 엽서는 몇 가지 특징이 있다. 먼저 편지 형식이 아니었다. 당시만 해도 편지는 멀리 있는 사람과 이야기를 나눌 수 있는 중요한 의사소통 방식이었고, 편지지에 볼펜으로 정성스럽게 써서 주고받는 것이 일반적이었다. 그런데 편지가 아닌 엽서라는 점이 특이했다. 두 번째는 손 편지를 주고받던 시절이었음에도 불구하고 선생님은 엽서를 손으로 쓴 것이 아니라 타자기로 써서 보내주셨다. 지금이야 인쇄물이 흔하지만 그 당시는 책이나 학교 시험지 외엔 잘 보지 못하던 시절이었고, 선생님의 엽서에 찍혀 있던 푸르스름한 잉크가 마냥 신기해 보였다.

그런데 이상한 것이 하나 더 있다. 혹시 눈치챘는지 모르겠다. 선생님의 여름방학 엽서의 내용이 너무 간단하다는 점이다. 여름방학 중 보내는 특별한 편지, 아니 엽서에 나만을 위한 긴 내용의 이야기를 기대하는 것이 일반적인 정서가 아닐까? 지금 생각해보면 선생님은 내게만 엽서를 보낸 건 아닌 것 같다. 우리 반 친구들 전체에게 보낸 엽서 중 하나였을 것이다. 하지만 그 당시 나에겐 짧은 내용이 전혀 문제되지 않았다. 그저 선생님이 나에게 이런 엽서를 보냈다는 것만으로도 행복했다. 심지어 나에게만 이런 엽서를 보냈다고 철석같이 믿었다.

내가 믿을 수 있는 어른이 내게 보내준 엽서는 그냥 엽서가 아니었다. 그래서 이 엽서를 내가 가지고 다니던 책가방 가장 깊숙한 곳에 보관하고 중학교 졸업 때까지 가지고 다녔다. 왜냐고? 사춘기 시절 마음이 괴로울 때 선생님의 엽서를 꺼내 읽으면 마음을 다시 추스를 수 있었기 때문이다. 내가 가장 약할 때 나를 붙잡아준 것은 선생님의 짧은 엽서 한 장에 담겨 있는 선생님의 마음이었다.

02

학생들은 서로 협력하며 배우는 관계

젊은 날 두 연인이 서로를 믿고 사랑하며 결혼을 하게 되었다. 두 사람은 별의 영원성과 아름다움을 함께 노래했고 그것이 영원할 줄 알았다. 하지만 현실 속 생활은 그러한 아름다움을 내버려두지 않았다. 두 사람은 어느새 별을 잊고 사는 사람같이 되어버렸다. 그리고 별보다 덜 빛나지만 별보다 더 현실적인 금빛에 더 관심을 가지고 살아간다.

"금이 아름답다는 것을 알게 되면 별이 아름답다는 것을 잊어버린다!"

독일 속담이라고 한다. 그 속담을 이용해 간단히 이야기를 만들어보았다. 그런데 이 이야기가 남일 같지 않다. 여러분은 어떨까?

경쟁사회 속 우리

지금 우리 사회는 어떤 곳일까? 우리 사회는 경쟁사회인가? 아니면 서로를 위해 협력하는 협력사회인가? 누가 나에게 이렇게 물어본다면 주저 없이 대답할 것이다, 경쟁사회라고. 우리 사회는 경쟁사회다. 그리고 치열한 경쟁사회 속에서 자라온 것이 바로 우리다. 더군다나 교사가 된 사람들은 그 경쟁에서 대부분 승리를 맛보며 살아왔다. 어쩌면 교사들은 경쟁에서 이기는 방법을 잘 아는 사람들이라고 할 수 있을 것이다. 그래서일까? 학교의 문화 또한 경쟁적이다. 무엇을 하든 경쟁을 통해 배우는 것이 더 많은 것처럼 행동한다. ○○대회 같은 것들이 아이들의 성장에 도움이 되는 것처럼 이야기한다. 우열반을 두거나 우수학생들은 따로 교육시켜야 더 효율적이고 제대로 배울 수 있다고 이야기한다. 이 모든 것이 경쟁이 아닐까? 하지만 많은 교육학자들은 이렇게 말한다.

> "학력을 형성하기 위해서는 자신이 알고 있는 수준으로 돌아가 축적하는 것이 아니라, 자신이 모르는 수준의 내용을 교사나 친구들과의 커뮤니케이션을 통해 모방하고 이를 스스로 내화할 필요가 있다."
>
> _사토 마나부, 《배움으로부터 도주하는 아이들》

협력과 경쟁 중 언제 배움이 일어날까? 협력과 경쟁 중 언제 더 잘 배울 수 있을까? 과연 수준별로 반을 나눠서 공부하고 각자 자신의 공부에만 매달리는 모습이 배움으로 이어질 수 있을까? 수많은 경쟁의 시대를 살아가야 하는 아이들이니 학교에서부터 경쟁에 익숙해지는 교육이 필요할까? 사토 마나부 교수는 이렇게 말한다. "배움의 세계는 대상 혹은 타자, 그리고 자기와 끊임없이 대화하는 세계이다"라고. 한 가지 더 놓치면 안 되는 사실은 이 협력의 대상에 교사도 포함된다는 점이다. 협력을 아이들만의 협력으로 오해해선 안 된다. 제대로 배우기 위해선 경쟁이 아니라 협력이 무엇보다 중요하다. 지금부터 그 이야기를 해보자.

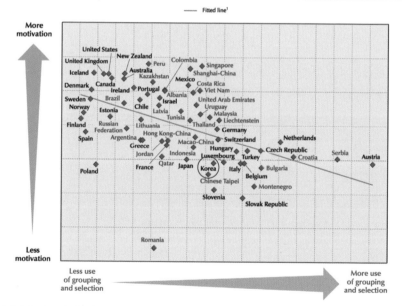

Students' motivation and grouping of students

Note: The horizontal axis is based on values on the composite *index of horizontal differential between schools*, which, in turn, is based on the number of educational tracks, prevalence of vocational and pre-vocational programmes, early selection, academic selectivity, and school transfer rates; the vertical axis is based on values on the adjusted *index of instrumental motivation for mathematics*.
1. A significant relationship (p < 0.10) is shown by the solid line.
Source: OECD, PISA 2012 Database; Figure IV.2.9.

피사(PISA)가 밝혀낸 사실은 수준별 수업이 학습동기에 악영향을 준다는 것이었다. 피사 보고서는 학생들에게 동등한 기회를 주는 교육이 효율적이라고 한다. 수준별 수업이 학생들의 학습에 좋은 영향을 주리라는 기대는 사실이 아님을 증명하는 보고서를 세상에 내놓은 셈이다.

이 보고서를 보면 우리나라 학생들의 학습에 대한 동기는 전체적으로 낮은 편이라는 것과 그 이유 중 하나가 경쟁을 통한 학습방법이라는 것을 알 수 있다. 많은 학교에서 학생들의 성취도를 올린다는 명분으로 수준별 수업을 진행한다. 학원에서도 수준별 분반수업을 당연하게 여긴다. 어른들은 더 높은 반으로 들어가기 위해 열심히 공부할 것이라고 기대하지만 실제로 아이들은 그렇지 않다는 것을 보여주는 결과다. 오히려 그런 경쟁이 아니라 함께 협력하며 공부할 때 더 높은 학습동기를 가지게 된다고 말한다. 충격적이지 않은가.

"교육의 가장 중요한 목적은 지식을 습득하는 데 있는 것이 아니라 잘못된 지식을 버리는 데 있다."

_박경숙, 《문제는 무기력이다》

우리는 경쟁을 통해 더 많이 성장할 수 있다고 믿어왔고, 일정 부분 성장을 이룬 것도 사실이다. 하지만 이제 세상은 경쟁의 시대를 넘어섰다. 함께하는 것을 실천할 수 있는 사람이 어울리는 세상으로 바뀌고 있는 것이다. 이러한 세상으로 변화되도록 가장 밑바닥부터 시작해야 하는 곳이 학교다. 그리고 그러한 생각으로 이루어져야 하는 것이 교육이다. 우리가 그동안 금지옥엽처럼 여겨오던 경쟁에 대한 신뢰와 신화를 버리는 것이 앞으로의 교육의 목적이 될 것이다.

다시 "금이 아름답다는 것을 알게 되면 별이 아름답다는 것을 잊어버린다!"로 돌아가 보자. 아무리 아름다운 별을 알고 있더라도 세상 속 '금'을 만나는 순간 '별'을 잊어버리고 만다는 슬픈 내용의 속담이다. 이 속담이 말하고 싶은 것은 금이 아무리 아름다워도 별의 아름다움을 잊지 말자는 이야기일 것이다. 마찬가지다. 우리 사회가 아무리 경쟁적이고, 경쟁이 필수인 사회라 하더라도 협력이 가진 아름다움을 잊지 않기를 바라는 마음이다. 그리고 이러한 협력의 아름다움을 끝없이 경험하고 생각하도록 만드는 곳이 '학교'여야 한다. 협력의 경험을 아이들 속에서 함께하는 사람이 '교사'여야 한다. 이러한 학교와 교사를 만나 협력의 아름다움을 느낀 아이들이 세상에 나갔을 땐 분명 세상이 조금씩 달라질 것이라 믿는다. 경쟁적인 세상에 아름다움을 부여하는 새로운 존재로 살아갈 수 있을 것이라 믿는다. 난 이런 교육을 원한다. 아주 간절하게!

03

학교에서의 경쟁!

이제 경쟁이 아닌 협력이 중심이 된 교육이 필요하다는 것에는 많은 사람들이 동의하는 듯하다. 그렇다면 학교에선 경쟁이 없는 것일까? 우리 교육과정 속에는 경쟁이 없는 것일까?

그렇지 않다!

우리가 속해 있는 학교와 교육과정 속에는 경쟁에 대한 직접적 언급뿐만 아니라 간접적인 언급도 많이 등장한다. 경쟁에 대한 직접적 언급의 대표적인 사례는 체육 교육과정의 한 영역으로 제시되어 있는 '경쟁활동 영역'일 것이다. 경쟁활동이라는 말 자체가 이미 경쟁이라는 것에 대해 다루고 있음을 알 수 있다. 간접적인 언급의 예는 교과내용 중 경쟁에 대한 내용들이다. 사회 교과의 경제활동 단원에서도 우리 사회에 경쟁이 있음을 이야기하고 있으며, 역사에서도 경쟁을 통한 성장에 대해 언급한다. 이처럼 우리가 속해 있는 학교와 교육과정 속에 이미 경쟁의 개념들이 등장하고 있다.

그렇다면 학교에서의 경쟁은 어떤 모습이어야 할까?

학교라는 곳이 경쟁이 아닌 협력이 중심이 되어야 하는 곳이라는 생각엔 변함이 없다. 그러나 경쟁에 대한 교육은 필요하다. 그래서 학교에서의 경쟁에 대한 진지한 논의가 필요하다고 생각한다. 학교 내에서의 경쟁 즉 학교에서 다루는 경쟁은 어떤 의미로 받아들여야 하는 것일까?

학교에서의 경쟁은 절대 그 아이의 실제 삶과 직접적으로 연계된 것이어서는 안 된다.

경쟁의 경험이 그 학생의 실제 삶 속의 문제와 만나서는 안 된다는 의미다. 시험을 보고 등수를 통해 경쟁의 승패를 결정하는 것은 이미 아이의 삶 속에 경쟁이 연계되어 있는 것이다. 모둠별로 점수를 다투며 경쟁하고 1등 모둠이 혜택을 누리는 것 또한 마찬가지다. 개인별 선행쿠폰이나 상벌점제 운영처럼 수치화된 그리고 다른 사람과 비교되는 지표의 경쟁은 이미 아이의 실제적 삶과 함께한다. 이런 경쟁들은 학교에 있어서는 안 될 경쟁이다.

물론 모든 것을 같은 잣대로 재어 이야기할 순 없다. 중·고등학교에서는 경쟁을 통한 성적배열이 입시에 사용되기에 어쩔 수 없이 경쟁이 필요할 수도 있다. 하지만 그렇다 하더라도 우리 스스로 경쟁에 대해 생각해보고 학교 내에서의 경쟁을 다시 정의하지 못한 채 그저 맹목적으로 사회 속에서의 경쟁과 학교 내에서의 경쟁을 같은 선상에 두고 이야기하는 오류는 범하지 말아야 하지 않을까?

"중간고사 준비기간에 아들이 '저는 누구를 이기고 싶진 않아요. 그냥 공부를 잘하고 싶어요'라고 하더라고요. 자기보다 잘하는 친구보다 잘할 자신이 없어 그렇게 얘기했는지 몰라도 저는 아들의 말이 무조건 좋았습니다. 그렇게 얘기하는 아들을 기특하게 바라보았지요. 컴퓨터와 스마트폰 사용 등으로 넘쳐나는 정보와 지식들로 머리는 커져 가지만 가슴은 비어 가는 현실 속에서 참교육이란 따뜻한 감성을 채우는 것이고, 이러한 교육이 진정 따뜻한 세상을 만드는 교육이 아닐까 하는 생각이 듭니다. 선생님의 교육 철학이 나비효과가 되어 계속 퍼져 나갔으면 하는 생각이 한적한 일요일 아침에 문득 들어 적어 보았네요."

_○○ 엄마 드림

어떻게 했을 때 아이의 삶과 만나지 않는 경쟁이 될 것인가?

학교 내에서의 경쟁은 철저하게 통제된 아니 정제된 경쟁활동이어야 한다. 즉 배움의 중심축 속에서 경쟁활동이 이루어져야 한다. 경쟁활동의 양면을 모두 볼 수 있도록 해야 한다는 의미다. 예를 들어 체육시간의 경쟁활동이 있다. 경쟁활동이니 그저 승패를 내는 게임을 열심히 하면 된다로 접근할 것이 아니라 경쟁을 통해 얻게 되는 것과 잃게 되는 것에 대해 아이들과 이야기할 수 있어야 하고, 그 의미를 마음속에 담은 상태로 경쟁활동에 참여해야 할 것이다. 수업의 목표 자체가 경쟁활동을 통해 나뿐만 아니라 우리를 함께 생각할 수 있어야 한다. 그래야 아이가 자신의 실제 삶 속에서의 경쟁이라고 느끼지 않고 교육으로서의 경쟁에 대해 받아들이고 생각하게 될 것이다.

흔히 놀이에서 가장 많이 사용되는 '가위바위보'를 활용한 경쟁활동이다. 먼저 팀을 두 팀으로 나누고 서로 경쟁하여 승리해야 함을 알린다. 팀을 나눌 때부터 아이들은 승리라는 것에 관심이 많다. 팀별로 순서를 정하게 한 후 순서대로 한 명씩 서로의 진영이 마주 보고 있는 가운데 지점으로 나와 가위바위보를 한다. 그 결과 이긴 쪽은 진 쪽의 아이를 잡고, 진 쪽의 아이는 이긴 쪽 아이를 피해 자신의 진영으로 돌아가면 되는 단순한 놀이다. 가위바위보에서 누가 이기고 질지를 모르니 가위바위보 후 결과를 빠르게 판단하고 필요한 행동으로 옮기는 것이 핵심이다. 이 놀이를 하다 보면 재미있는 일이 생긴다. 분명히 가위바위보에서 이 겼는데 이긴 친구가 도망가거나, 둘 다 뒤돌아 자신의 진영으로 도망가는 재미있 는 장면이 만들어진다. 아이들은 그런 상황이 나올 때마다 깔깔거리며 즐거워한 다. 왜 이런 현상이 벌어지는 것일까? 그 부분에 대해 아이들과 이야기를 나누었다.

경쟁활동의 의미에 대해 생각할 수 있는 간단한 놀이활동

"서로 경쟁해야 하고 이겨야 한다는 생각에 먼저 도망가려고만 했어요.

경쟁이 심해지면 내가 이겼는데도 그것도 모른 채 도망가는 이상한 행동을 하 는 것 같아요.

경쟁이 놀이에 집중하는 것에 방해가 돼요.

경쟁이 있어서 재미있고 스릴도 있지만 우리 판단력을 흐리게 하기도 해요."

학교라는 곳! = 배움이 일어나는 곳!

학교에서 만나는 경쟁은 우리가 사회 속에서 만나는 서슬 퍼런 경쟁이 아니라 교육적인 경쟁이 되어야 한다고 믿는다. 그러한 경쟁을 배운 아이들만이 실제 사회 속에서의 경쟁을 다시 정의하고 새롭게 펼쳐나갈 수 있을 것이다. 그랬을 때에만 우리 사회가 교육을 통해 조금씩 나아가고 성장하는 것이라고 생각한다.

04

생태계 속 경쟁!

"자신을 가꾸고 살리기 위한 경쟁이지 다른 존재를 이기기 위한 경쟁이 아니다."

생태계 속 생명들도 경쟁을 한다. 빈 땅이 있으면 그곳을 먼저 차지하고 뿌리 내리기 위한 경쟁, 다른 나무보다 먼저 꽃을 피우거나 씨앗을 바람에 날리는 등의 경쟁이 이루어진다. 스스로 살기 위해 스스로를 변화시키고 적응해가는 것. 그것이 생태계에서의 경쟁이다. 그런데 참 이상한 것은 이런 생태계의 경쟁은 폭력적이지도 않고 탐욕스러움도 느껴지지 않는다는 점이다.

이른 봄 우연히 길을 걷다 보게 되었다. 분명 같은 종류의 나무인데 어떤 것은 새잎이 돋아나 있었고 어떤 것은 여전히 가지만 앙상했다. 그런데 자세히 보니 놀랍게도 키가 작은 나무들에는 대부분 잎이 나 있었고 키가 큰 나무들은 아직 잎을 내지 않았다. 식물들에게 햇빛은 그 자체로 생명을 유지하는 중요한 수단이다. 그래서 대부분의 식물들은 잎을 최대한 펼쳐 많은 햇빛을 받고자 노력한다. 이런 상

이른 봄
길은 걷다 알게 된
봄 속의 따뜻한 경쟁!

황에서 나무들 또한 누구보다 빨리 햇빛을 받길 원할 것이고 당연히 경쟁하게 된다. 우리가 흔히 알고 있는 피톤치드도 주변에 다른 식물들이 자라지 못하게 하는 효과가 있다고 한다. 분명 식물들도 경쟁을 하고 있다. 그렇다면 이런 현상은 어떻게 해석해야 하는 것일까? 결론은 이렇다. 남을 물리치기 위한 경쟁이 아니다. 그저 스스로 살아가기 위한 경쟁일 뿐.

"'적자생존'의 영어 표현에 최상급을 쓰는데(the survival of the fittest), 다윈 본인의 생각은 사실 그렇지도 않았다. 가장 적응을 잘한 한 종만 남고 나머지는 다 사라지는 게 아니라, 비교적 적응을 잘한 것들은 살아남고 비교적 못한 것들은 사라진다는 주장이었다. 그래서 《다윈 지능》이라는 내 책에서 감히 다윈 선생을 비판했다. 최상급이 아니라 비교급(the survival of the fitter)을 썼으면 좋았겠다고."

_최재천 교수의 글 중

생태계 속 경쟁은 결코 남을 짓밟거나 물리치기 위한 경쟁이 아님에도 사람들은 경쟁이 자연의 섭리라 어쩔 수 없다고 이야기한다. 또 인류가 사용할 수 있는 자원이 한정적이기에 어쩔 수 없다고도 한다. 하지만 진짜 경쟁은 그런 것이 아니다. 다른 사람이 가진 것을 빼앗는 행위는 경쟁이 아니라 침략이고 폭력이며 탐욕이라고 정의해야 하지 않을까?

창의경쟁!

경쟁은 새로운 분야에 도전하고 그 도전이 인류에게 보탬이 되게 하는 것이다. 인류에게 희망이 되는 분야를 누가 먼저 찾아낼 수 있는가 같은 것을 경쟁이라고 해야 할 것 같다. 끝까지 '인류의 자원은 한정적이니 어쩔 수 없다'고 외친다면? 만약 실제로 그렇다 하더라도 남의 것을 빼앗기 전에 먼저 서로 나누어주고 서로 절제하면서 살아가는 것이 인간의 진정한 모습이 아닐까? 인류를 위한 새로운 변화 창출과 인류를 위한 창의적인 생각들의 창출. 이러한 경쟁을 '창의경쟁'이라 부르고 싶다.

'Education is a journey, not a race.'

가끔 자동차를 타고 멀리 여행을 간다. 그럴 때 유난히 앞 차들을 추월해가며 빠르게 질주하는 차들을 만난다. 뭐가 저리 바빠서 운전이 아닌 레이스를 하는 걸까 생각하다 우리의 배움에 대해 생각해보았다. 우리의 배움도 레이스가 아니다. 내 앞에 있는 차를 추월해 가는 것이 배움이 아니다. 우리가 해야 할 배움은 새로운 차선을 만드는 것이다. 누군가의 뒤를 그저 따르는 것이 아니라 나만의 길을 만들어 가는 것이다. 나와 그리고 우리 모두가 함께 행복해지기 위한 길을 찾아내고 묵묵히 가는 것이다. 살아있는 모든 것들이 탐욕과 폭력이 아닌 자신의 성장과 생존을 위한 경쟁을 하듯이 말이다.

05

선생님이란 존재

인간의 에너지는 무한한가? 당연하게도 우리는 한정된 에너지를 사용하며 살고 있다. 그렇다면 교사의 에너지는 어떨까? 교사로 살아가는 나는 에너지를 어떻게 사용하고 있을까? 주변 사람들은 나를 보며 이렇게 이야기한다.

"이 선생은 항상 아이들하고만 있어.
이 선생은 아이들과 있을 때 가장 행복해 보인다니까.
아이들에게 모든 것을 바치고 있어.
가정생활은 제대로 하고 있는 거야?"

내가 가진 유한한 에너지를 어디에 쏟아붓고 있는지 알 수 있는 말들이다. 그렇다. 난 아이들과 지낼 때 가장 에너지 넘치고 활발하다. 그 순간 모든 에너지를 쏟아붓기에 다른 곳에 에너지를 쓰는 일이 어렵다. 아니, 힘들다. 직업을 가진 사람은 매달 월급을 받는다. 월급은 근무연수에 따라 오르기도 하지만 기본적으로 우리가 사용해야 할 부분이 있고, 나머지도 어떻게 사용할지 미리 계획해 놓고 사용하는 경우가 많다. 마찬가지다. 아이들을 만난다는 것, 아이들과 함께 생활하며 배운다는 것, 이것이 교사의 삶이라면

> 나에게 주어진 하루 동안의 에너지를 어디에 쓸지
> 나에게 주어진 한 달 동안의 에너지를 어디에 쓸지
> 나에게 주어진 평생 동안의 에너지를 어디에 쓸지

그것을 고민하고 계획해야 한다. 교사 스스로 선택해야 하는 문제다. 아이들에게 에너지를 쏟아붓고 고갈된 에너지를 가지고 동료들을 만나는 내 모습이 어쩌면 동료들에게 불성실하게 보일지도 모르겠다. 하지만 진짜 중요한 사실은 내가 동료들을 무시하는 것이 아니라는 점이다. 동료들을 존중하고 존경하며 함께 나아가길 원한다. 하지만 아이들에게 에너지를 쏟아부은 후의 내 모습도 이해해 주기를 바라는 마음이다. 그렇게 된다면 내가 아이들과 하는 많은 활동을 의심의 눈초리를 가지고 바라볼 필요는 없을 것이다. 주변의 동료들도 아이들에게 모든 에너지를 쏟아붓고 난 후 함께 만나 에너지가 고갈된 상태를 서로 바라보며 뿌듯해하는 날이 오길 바란다.

교사라는 존재는 아이들과 있을 때 나의 에너지를 어떻게 더 효과적으로 쏟아부을 수 있을지, 그리고 행여 내 에너지가 아이들에게 상처를 주는 것은 아닌지 끊임없이 자신을 점검해야 하는 사람이다. 더불어 나라는 개인의 삶과 교사의 삶이 어떻게 조화를 이루며 살아갈지 고민하는 존재다. 그래서 쉽지 않다. 겉으로 보이는 모습이 전부가 아니다.

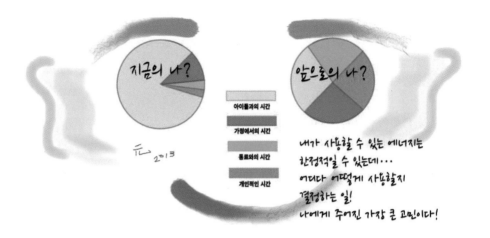

지금의 나?

앞으로의 나?

아이들과의 시간

가정에서의 시간

동료와의 시간

개인적인 시간

内가 사용할 수 있는 에너지는
한정적일 수 있는데···
어디다 어떻게 사용할지
결정하는 일!
나에게 주어진 가장 큰 고민이다!

직업으로서의 교사? 희망과 후회의 교차점

얼마 전 OECD 회원국을 대상으로 한 조사에서 우리나라 15세 학생들의 장래 희망 중 교사를 희망한다는 의견이 15.5%가 나왔다. 전체 회원국 학생들이 교사를 희망한다고 응답한 평균이 4.8%인 것에 비하면 거의 4배에 근접하는 수치다. 물론 여기에서의 교사는 교사라는 직업을 가지는 것에 대한 이야기다. 왜 우리나라 학생들은 유독 교사라는 직업을 선호하는 것일까? 더 놀라운 결과는 교사가 된 것을 후회하는가에 대한 실제 교사들의 응답률이었다. 전체 OECD 회원국 평균이 9.5%인 것에 비해 우리나라 교사들의 응답률은 20.1%로 유일하게 응답률이 20%를 넘었다. 학생들이 가장 선호하는 직업이 교사인데, 반대로 세계에서 가장 높은 비율로 후회하고 있다는 응답이 나온 이유를 심각하게 받아들여야 한다. 아마 이러한 문제의 원인은 교사라는 직업이 가진 의미에 대한 성찰이 우리 사회 전반에 깊이 뿌리내리지 못했기 때문일 것이다. 그리고 더 넓게는 직업의 의미에 대해서도 더 깊이 생각해보아야 할 것이다.

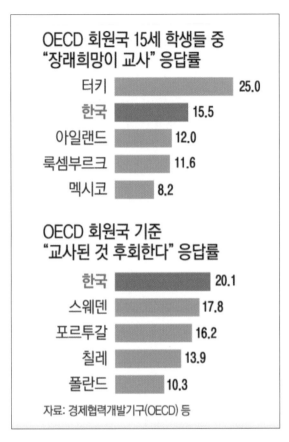

OECD 회원국 15세 학생들 중
"장래희망이 교사" 응답률

터키 25.0
한국 15.5
아일랜드 12.0
룩셈부르크 11.6
멕시코 8.2

OECD 회원국 기준
"교사된 것 후회한다" 응답률

한국 20.1
스웨덴 17.8
포르투갈 16.2
칠레 13.9
폴란드 10.3

자료: 경제협력개발기구(OECD) 등

〈교사 희망 세계 2위, 교사 후회 1위〉, 《경향신문》, 2015년 기사

06

직업인으로서의 교사

직업인과 직장인

백과사전을 찾아보면 직업과 직장에 대한 의미가 다르다.

직업(職業)　　생계를 유지하기 위하여 자신의 적성과 능력에 따라 일정한 기간
　　　　　　동안 계속하여 종사하는 일

직장(職場)　　사람들이 일정한 직업을 가지고 일하는 곳

　직장은 국어사전에서 말하는 것처럼 일정한 직업을 가지고 일하는 곳을 말한다. 좀 투박하게 해석하면 일하는 장소라고 할 수 있다. 그래서 직장인이라고 하면 특정한 곳에 나와서 일하는 사람들을 말한다. 그리고 누구나 그 장소에 나오면 일할 수 있는 것이기도 하다. 대학생 때 용돈과 학비를 벌어보겠다며 새벽 인력시장에 나가 봉고차에 실려 가던 기억이 있다. 어디로 가서 어떤 일을 할진 모

르지만 아무튼 어떤 장소에 도착하면 그곳에 마련된 일을 하는 것이다. 누가 오건 별로 중요하지 않았다. 그저 힘만 좀 쓸 수 있으면 되었기 때문에 우리는 그런 일을 '노가다'라고 불렀다. 토목 공사장에서 일하는 사람을 일컫는 노가다라는 말은 일본에서 유래되었다고는 하지만 은어로 보는 편이 더 정확하지 싶다. '일당 노동자' 정도가 적당할 것 같다. 누구든 상관없이 하루 동안 일한 만큼 대가를 받는다. 하지만 직업은 다르다. 직업은 국어사전에서도 밝혔듯이 자신의 적성과 능력에 따라 일하는 것을 말한다. 사실 이런 사전적 의미보다 더 중요하게 봐야 하는 것이 '業(업)'이라는 글자다.

'業(업)'

業(업)에 대한 국어대사전에서는 '1. 직업, 2. 부여된 과업, 3. 미래에 선악의 결과를 가져오는 원인이 된다고 하는 몸과 입과 마음으로 짓는 선악의 소행'이라는 세 가지 의미로 설명한다. 특히 세 번째 설명이 직업의 진짜 의미를 나타낸다고 생각한다. 흔히 힘든 일들이 생겼을 때 '내게 무슨 업보가 있어서 이런 일들이 생겼냐'며 한탄한다. 업의 세 번째 의미처럼 현재를 살아가면서도 우리 스스론 과거의 자신과 미래의 자신에 대해서도 생각하는 존재인 것이다. '직업'이라는 단어에 '사람 인'을 붙여 '직업인'이라고 하는 뜻은 결국 나에게 운명적으로 다가온 일을 말하는 것은 아닐까?

교사가 되기 위해 공부할 때 교사의 위치에 대한 내용이 있었다. 교사는 전문직이면서 더 크게는 성직이라는 내용이었다. 과연 요즘 세상에 교사라는 직업을 성직이라고 인식하는 사람이 있을까? 전문직이라는 인식조차 바라는 것이 사치스러울 정도로 교사들의 위치는 허약해졌다. 교사라는 직업을 후회한다고 말하는 많은 교사들의 마음속엔 스스로를 전문직이라고 인정하지 못하는 자괴감이 크게 작용했을 것이다. 실제 학교 현장에서 근무하는 많은 교사들 중에는 직업인이 아니라 직장인으로 살아가는 이들도 분명히 존재한다.

직장인으로 살아가는 사람들

이런 물음에 어떻게 답할 것인가?

"세상에 없는 어부가 있다면 어떤 어부일까?"

말이 이상하다. 세상에 없는 어부라니. 어부라는 직업의 속성에 대해 생각해 보라는 질문이다. 어부는 무슨 업을 가지고 있기에 강이나 바다처럼 물이 깊은 곳에서 일하는지는 모른다. 하지만 어부라면 최소한 물을 무서워하진 않을 것이다. 물이 무서워 물 근처에도 가지 못한다면 어부라는 직업을 가질 수 없을 테니까.

인생

탄없는 바다위
흔들리는 파도위
그 위를 여행하는 여정

바다를 두려워해선 어부가 될 수 없다!
물고기를 무서워해선 좋은 어부가 될 수 없다!

물을 잘 알아야 하고 물속의 상황에 대해 예측하고 다양한 물의 성질에 대응하며 살아가는 사람이 어부인데 물을 무서워해서야 어부가 될 수 없지 않을까? 진정한 어부라면 물을 무서워하지 않는 것을 넘어 물을 사랑하고 아낄 것이다. 물이 있기에 자신의 생계를 유지할 수 있음에 감사하는 마음으로 말이다. 이런 마음과 태도로 그 일을 하는 사람이 직업인이고 어부다.

어떤 직업을 가지고 살아간다는 것은 그 직업이 펼쳐지는 장소나 대상에 대한 두려움이 없어야 하는 것이 기본이다. 하지만 앞에서 잠시 언급했던 노가다의 경우엔 좀 다르다. 하루 동안 제공해야 할 노동의 장소가 어디든 상관없다. 그저 실려 간 곳에서 자신에게 주어진 일을 묵묵히 해내면 되는 것이다. 주변에 대한 깊은 이해나 예측은 크게 소용이 없고 그것을 사랑하고 아낄 필요까지는 더더욱 없다. 설혹 공사장이라는 장소가 무섭더라도 큰 사고 없이 자신의 일을 해낼 수 있다면 족하다. 그 장소에 나가 자신에게 주어진 일을 그저 묵묵히 처리하고 오는 일, 누구나 그 자리에 있게 되면 나 대신에 그 일을 처리할 수 있는 일을 하는 사람. 우리는 이런 일을 하는 사람을 '직장인'이라고 불러야 하지 싶다.

우리 주변의 많은 사람들이 직장인으로서의 삶을 살아가는 것처럼 보인다. 내가 다니는 직장의 일이 어떤 의미가 있는지 깊이 고민하지 않는다. 내가 일터에 나가지 않아도 그 일이 진행되는 것엔 아무런 지장이 없다. 그래서 이런 일은 누가 와서 일하는가가 중요하지 않고 그 일과 관련된 세세한 매뉴얼이 중요하다. 그리고 그 매뉴얼을 이해하고 실천할 수 있는 사람만을 원할 뿐이다. 최근의 많은 직장인들의 모습이 생각나는 것은 너무 오지랖이 큰 것일까? 물론 세상의 모든 일을 다 이해하고 의미를 부여하며 일해야 한다고 주장하는 것은 아니다. 노가다를 위해 새벽부터 승합차에 실려 가 주어진 일을 처리하는 일도 우리 삶의 모습이니까. 하지만 어떤 일은 직장인의 자세로 하면 안 되지 않을까?

직장인으로 살아가면 안 될 사람들?

　많은 사람들이 직장인으로 살아가는 세상이라도 누군가는 직업인으로 살아가고 있다. 어쩌면 그런 직업인으로 살아가는 한 사람 한 사람의 노력이 세상을 유지하고 있을 것이다. 예를 들어 사람들을 치료하는 일을 하는 의사가 직장인의 자세로 살아간다면 어떨까? 의사 스스로 그저 매뉴얼에 따라 처방하고 치료하면 된다고 생각한다면? 아마 그런 자세로 살아가는 의사를 만나는 것을 원하는 환자는 많지 않을 것이다. 대부분은 진심을 다해 환자의 아픔과 함께하는 마음으로 처방하는 의사를 원한다. 대형 병원에서 특진이라는 명목하에 유명한 의사 선생님을 만나 치료받고 싶은 마음은 누구나 비슷하다. 그래서 신청한 특진인데 의사가 매뉴얼대로만 반응하고 환자의 표면적 증상만을 이야기한다면 어떤 기분일까? 반면 동네의 작은 병원이지만 원장님과 솔직하고 깊은 대화를 통해 자신이 아픔에 대해 종합적인 이해와 처방을 받는다면 어떤 기분일까? 매뉴얼이 중요시되는 세상에서 이런 것을 기대하는 것이 무리일 수 있다는 생각도 있긴 하지만 반대로 그렇기에 매뉴얼대로만 움직이지 않고 마음과 진심으로 자신의 직업을 '업'으로 받아들이는 사람이 귀한 것은 어쩔 수 없다. 의사처럼 우리에게 직장인이 아닌 직업인을 요구하는 특별한 직업이 또 있다. 바로 교사다. 직업인으로서의 교사 말이다. 교사라는 직업은 어쩌면 의사보다 더 크게 직업에 대한 소명의식을 요구하는지도 모른다.

교사도 학교가 두렵다?

　최근 몇 년 사이 교사들 사이에서 유행처럼 번지고 있는 현상 중 하나는 이런 교사의 처지에 대한 이야기들이다. 교사라는 직업인으로 살아가야 함에도 직업인으로서의 역할을 제대로 할 수 없도록 만드는 수많은 일들에 치여 살아가는 교사들의 이야기는 다양한 형태로 공유되고 있다. 개인적으로 이런 현상은 정말 말도 안 되는 일이라고 생각한다. 물을 두려워하는 어부가 없는 것처럼 아이들을 두려워하고 학교 가는 것을 어려워하는 교사는 없어야 한다고 생각하기 때문이다. 현실에서 교사에게 요구하는 것이 너무 많고 불합리해 보이는 여러 가지 일들이 산적해 있다는 것은 나 또한 교사이기에 잘 알고 있다. 19년여를 교사로 지내며 그런 것에 눈감고 귀 막은 채 지내지 않았다. 하지만 분명한 것은 아이들을 두려워하거나 학교 가는 것을 힘들어하며 교사로 살아오진 않았다는 점이다. 최소한 그런 생각이 들어도 그것을 이겨내기 위해 노력하면 살아왔다. 왜 그랬냐고 물어본다면 당연히 '난 교사니까!'라고 답할 수밖에 없다. 그런데 이런 개인적인 생각과는 다르게 의외로 이런 이야기들이 주변에서 심심찮게 들려온다. 왜 학교가 두려운 곳인지 이해하지 못하겠다고 말하면 현실에 대해 잘 모르는 철부지이거나 자기만 생각하는 이기적인 사람으로 오해받기 일쑤다. 그런데 진짜 모르겠다. 왜 교사가 학교 가는 것을 어려워해야 하는지 그리고 왜 아이들을 만나는 것을 두려워해야 하는지를.

Place에서 Space까지

교사는 학교를 두려워해선 안 된다. 아이들 속에서 아이들과 함께해야 하는 사람이 아이들을 무서워해선 더더욱 안 된다. 교사라는 직업은 내 생각 속에만 갇혀 살아가는 것이 아니다. 교사라는 직업을 가졌다는 것은 학교라는 물리적 장소(Place)에서 그곳을 어떠한 공간(Space)으로 만들어갈 것인지를 고민하는 것이 할 일이다.

07

교사 패러독스

"실천 없는 생각은 망상일 뿐이고,
행동 없는 배움은 이기심일 뿐이다."

교사의 길

우리나라에서 교사라는 직업을 가지기 위해선 크게 두 가지 길이 있다. 초등교사가 되기 위해 만들어진 학교, 일명 교대에 입학하여 졸업하는 길과 사범대나 교직이수를 통해 유치원과 중등교사가 되는 길이다. 학교를 다니는 것으로 끝나지 않고 90년대부터는 초등 또한 임용고시라는 문턱을 넘어야 교사가 될 수 있다. 현재 학교에서 근무하는 교사는 대부분 이러한 과정을 거쳐 선발된 사람들이다. 언뜻 보기엔 일정한 과정을 이수하고 임용시험까지 거쳤기에 교사로서 살아가는 것에 충분한 자격을 갖춘 것으로 보일지 모르지만 현실은 그렇지 않다. 특히 우리나라 초등교사의 경우 교대를 입학하기 위해 요구되는 능력만 본다면 전 세계에서 가장 우수한 능력을 가진 사람들이다. 그런데 이런 우수한 인재들이 있는 학교는 예전과 다를 바 없이 어려움을 겪고 있고, 그 어려움이 더 커지다 못해 교사로서의 자긍심을 잃는 지경에 이르게 되었다. 그래서 교사의 학교와 학생에 대한 두려움이 이슈가 되는 것이다. 왜 이런 것일까? 이 부분에 대해 청주교대의 이혁규 교수는 《수업》이라는 저서에서 이렇게 말하고 있다.

> "오늘날 학교의 지식은 인격적 존재와의 상관된 지식이라기보다는 표준화되고 전이가 가능한 추상적 지식이다. 그리고 표준화와 전이가 가능한 지식은 가르치는 기술로 무장한 교사를 요구한다."
>
> _이혁규, 《수업》, 교육공동체 벗, 2013년

실제 교대에서 교사를 길러내고 계신 교수님의 말 속엔 최근의 교사들이 예전의 교사들과 다르다는 인식이 들어있다. 예전의 교사는 그 자체가 지식이었고 교사와 지식이 따로가 아니었다. 하지만 최근의 교사에게 지식은 교사 자신과 관련이 있다기보다는 표준화되고 추상화되어 누구라도 그 지식을 전이할 수 있게 되었다는 것이다. 이것은 결국 교육에서 교사의 마음이나 태도가 중요한 것이 아니라 표준화된 매뉴얼이 중요하게 되었다는 뜻이다. 그리고 표준화된 것이 지배하는 학교는 교사 한 명 한 명의 직업적 능력이 아니라 직장에 나와 근무하는 직장인을 요구하게 될 뿐이다. 결국 교대나 사대를 졸업한 후 임용고시를 통과하는 것은 교사의 필요조건은 될지 모르지만 진짜 교사로 살아가는 데 필요한 직업인으로서의 역할까지 기대하기엔 충분치 않다. 오늘날의 학교에서 교사들이 겪고 있는 대부분의 문제들은 바로 이 부분에서 발생된다.

교사가 되기 위해 사회가 요구하는 것들을 충실히 이해했음에도 불구하고 학교 현장에선 매뉴얼로 처리되지 않는 일들과 마주해야 하기 때문이다. 교사의 어려움은 이렇게 시작된다.

교사 패러독스

'스톡데일 패러독스'라는 말이 있다. 베트남 전쟁 당시 미군 장교였던 짐 스톡데일은 포로수용소에서 8년간이나 갇혀 있었다. 전쟁이 끝난 후 석방되어 자신이 겪었던 포로수용소에서의 일에 대해 사람들에게 말해주었는데, 후에 이 내용들이 '스톡데일 패러독스'라는 이름으로 불리게 된다. 수용소에서 전쟁포로로 생활하던 경험, 특히 실제 수용소에서 오래 버티고 살아남은 사람들과 죽어간 사람들의 차이에 대한 이야기다. 포로수용소에서 끝까지 버티지 못하고 죽어간 많은 사람들은 낙관적인 사람들이 대부분이었다고 한다. 우리는 흔히 낙관적인 자세나 긍정적인 자세로 살아가면 좋다는 이야기를 하거나 들으며 살아간다. 그런데 스톡데일 패러독스에선 그렇게 살면 생존할 수 없다고 말한다. 반면 포로수용소에서 끝까지 살아남은 사람들은 현실을 냉정하게 바라본 사람들이었다고 한다. 스톡데일 장군은 이 현상을 이렇게 설명한다.

"희망을 가지되 현실을 계속 직시하며 매 순간 온 힘을 다해야 살아남을 수 있다."

교사의 길도 이와 비슷하다. 단순히 앞에서 보이는 모습이 전부가 아님을 받아들여야 한다. 교육을 통해 내가 만나는 아이들이 다 변화될 것이라는 희망만을 가지고 살아선 안 된다. 그렇다고 희망이 없이 냉정하게 살아가서도 안 된다. 결국 희망을 품고 살아가되 냉혹한 현실에 발을 디디고 있어야 한다. 이것을 '교사 패러독스'라고 말하고 싶다.

08

작은 엽서 한 장에 담겨 있는 선생님의 마음

학교에서 온전한 어른을 만나다!

국민학교 4학년 때 선생님은 나에겐 어른이었다. 교사라는 생각을 넘어 온전히 나의 어려움을 털어놓고 함께 고민할 수 있을 것 같은 어른, 온전히 나의 어리고 약한 몸과 마음을 기댈 수 있는 어른이었다. 그래서 고맙다.

나의 어린 시절은 가난과 고단함의 연속이었다. 물론 그 당시엔 다들 어렵게 살았기에 이런 경험이 특별하지 않을 수 있다. 하지만 지금도 그 나이에 겪어야할 일들은 아니었다는 생각이 든다. 국민학교 1학년 즈음에 어머니는 빚쟁이들에게 쫓겨 서울로 도망갔다. 아버지는 운전을 하셨는데 트럭 운전 같은 것을 하셨는지 집엔 일주일에 한 번 정도만 들어오셨다. 결국 나보다 세 살 더 많은 누나가 나의 보호자이자 선생님이었다. 누나 역시 어린아이였지만 동생을 보호해야 한다는 사명감을 가지고 열심히 나를 돌봐주었다. 겨울이면 새벽에 일어나 연탄을 갈아야지 연탄불이 꺼지지 않았기에 새벽에 눈을 비비고 일어나야 했다. 간혹 연탄을 갈지 못하기라도 하면 아침부터 연탄불을 피우기 위해 번개탄을 올려놓고 뿌연 연기 가득한 곳에서 눈물 흘리던 누나가 있어서 그나마 다행이었다. 하지만 누나 또한 어른은 아니었다. 그래서 누나와 함께 부둥켜안고 울 순 있어도 누나에게 나를 온전히 기댈 순 없었다. 이런 나에게 정말 필요했던 것은 무엇이었을까? 겉으로 보기엔 단칸방에서 어렵게 살고 있는 우리 남매에게 경제적 지원이 필요해 보이겠지만 실제 가장 필요한 것은 온전히 나를 기댈 수 있는 어른이었다.

아이에겐 어른이 필요하다!

보통의 아이들은 자라며 자신을 온전히 기댈 수 있는 어른이 있다. 가정에서 함께 생활하는 가족, 특히 부모님이 아이에겐 온전한 어른인 것이다. 아직 어리다는 것은 주변의 그런 든든한 어른이 함께할 필요가 있다는 것이고, 우리는 그런 역할을 하는 사람을 '보호자'라고 부른다. 단순히 보호해주는 역할을 넘어 그 아이의 모든 것을 지탱해줄 수 있는 어른인 것이다. 하지만 나와 같은 어려움을 겪고 있는 아이에게 누가 그런 어른일까? 당연히 부모님이 그 역할을 해주어야 하지만 그런 환경이 안 되는 아이에게 어른은 누구일까? 그 당시 내 주변에서 가장 믿을 만한 어른은 바로 학교에서 만나는 선생님이었다. 바로 교사인 것이다. 그래서 난 그 교사가 어른이어야 한다고 생각한다.

교사가 어른이다!

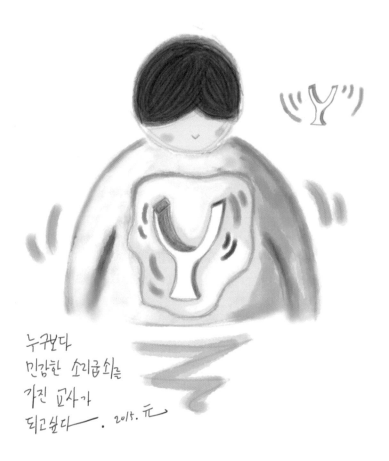

누구보다
민감한 소리급쇠를
가진 교사가
되고싶다 ——. 2015. 元

교사는 아이들 앞에서 자신이 먼저 배운 것을 나누는 존재로 그 역할이 끝나지 않는다. 아이들이 온전히 기댈 수 있는 어른이어야 한다. 자신의 두 발을 땅에 깊게 박고 아이들의 불안함을 받아줄 수 있을 때 교사가 되는 것이다. 다른 어떤 어른보다 민감하게 아이들의 이야기를 가슴으로 들어줄 수 있는 어른이어야 한다.

어리고 약한 나에게 국민학교 4학년 때 선생님은 그런 어른이었다. 나의 어려움에 관심을 가져주셨고 나에게 엽서까지 보내주신 고마운 어른인 것이다. 나에게 선생님은 하늘 같은 분이었고, 내가 온전히 믿고 기댈 수 있는 분이었다. 선생님께서 나에게 특별한 일을 해서가 아니다. 앞에서 이야기한 엽서가 매우 짧았다는 것을 보며 이미 눈치챘을 것이다. 맞다, 선생님은 나에게만 엽서를 보낸 것이 아니다. 우리 반 모두에게 여름방학에 건강하게 지내라는 안부 엽서를 보냈을 뿐이다. 맞다, 선생님은 쉬는 시간 나에게만 와서 특별히 이야기한 것이 아니다. 우리 반 모두와 쉬는 시간에 만나서 이야기하셨고 그 과정에 나와의 이야기도 있었을 뿐이다. 하지만 선생님의 그 작은 실천이 나를 지금 이 자리에 있게 했다. 선생님의 그 작은 마음이, 아이를 생각하는 조그만 배려가 나를 지탱할 수 있도록 했다. 그래서 엽서 위에 찍힌 몇 자의 잉크가 아니라 엽서 속 글자 하나하나가 내 삶의 버팀목으로 뿌리내릴 수 있었다. 아이들은 이런 어른과 함께 지낼 때 자신의 목소리를 온전히 낼 수 있다. 어린 시절 내가 그랬던 것처럼.

여름방학 이후 나의 학교생활은 달라졌다. 조용히 앉아만 있던 학생이었다가 수업시간에 손을 들고 발표하기 시작했다. 적극적인 모습으로 학급의 일에 참여했다. 선생님이 나를 지켜주고 있음을 그리고 어려움이 생기면 선생님에게 기댈 수 있음을 믿었기 때문이다. 그 믿음이 지금의 나를 만들었다. 어리고 모든 것이 막연하기만 했던 나를 붙잡아주고 일어날 수 있도록 한 선생님의 모습이 바로 아이들이 바라는 교사의 모습이라고 믿는다. 그래서 교사의 질이 교육의 질을 좌우한다는 말에 전적으로 동의한다.

09

어린이, 어른, 어르신

얼!

"우리는 민족중흥의 역사적 사명을 띠고 이 땅에 태어났다. 조상의 빛난 얼을 오늘에 되살려, 안으로 자주독립의 자세를 확립하고, 밖으로 인류 공영에 이바지할 때다. 이에, 우리의 나아갈 바를 밝혀 교육의 지표로 삼는다."

어디선가 많이 본 내용일 것이다. 국민교육헌장의 첫 부분이다. 1968년 12월 5일 〈국민교육헌장〉을 제정·선포한 이후 학교에선 이것을 외워야지 선생님에게 혼나지 않던 시절이었다. 하지만 1994년 이후론 사실상 학교에서 국민교육헌장을 외우지 못했다고 질책하는 일은 없다. 국민교육헌장에 대한 논의야 세상 사람들의 여러 가지 시각에 따라 갈리겠지만 학교의 역할에 대한 깊이 있는 성찰이 필요하다는 점은 분명하다. 학교의 역할을 사회 기능적 측면에서만 보지 말고 아이들의 입장에서 본다면 학교는 어떤 곳일까? 아니, 어떤 곳이어야 할까? 이 이야기를 위해 먼저 '얼'에 대한 이야기를 해야겠다.

얼   정신의 줏대

표준국어대사전엔 이렇게 한 줄로 얼에 대해 설명하고 있다. 한 줄뿐이라서 어려워 보일 수 있지만 실제 우리의 삶 속엔 이 '얼'이라는 단어가 많이 사용되고 있다.

'얼빠진, 얼간이' 등

왠지 나쁜 뜻으로 사용되는 것 같다. 하지만 좀 더 넓혀보면 다른 단어에도 '얼'이 사용된다.《우리말의 비밀》(이승헌, 한문화, 2013)이라는 책에는 이런 내용들이 나온다. 대표적으로 '얼굴'이라는 말에도 얼이 사용되고 있는데 내용을 풀어보자면 '얼이 깃들어 있는 굴'이라는 뜻이라고 한다. 앞에서 얼의 뜻이 정신의 줏대 즉 정신의 핵심이라고 했는데 그것과 연관시켜 살펴보면 왜 사람들이 자신의 얼굴에 그렇게 많은 관심을 가지고 공을 들이는지 이해가 되는 부분이다. '어리석다'라는 단어도 '얼이 썩었다'는 의미라고 한다. 언어학적으로 검증된 이야기는 아닐지 모르지만 우리 민족의 말 속에 숨어있는 의미를 이해하는 부분에선 좋은 참고가 된다. 더군다나 '얼'이라는 말은 어린이와 어른, 그리고 어르신이라는 단어 속에도 있다고 한다.

어린이	얼이 아직 더 성장해야 하는 사람 혹은 얼이 어리기 시작한 사람
어른	얼이 이미 큰 사람
어르신	얼이 커서 신이 되는 사람

학술적으로 의미가 있다 없다를 따지기보다 우리가 사용하는 일상적인 말 속에 '얼'이라는 우리말이 존재하고 있다는 것 자체가 소중하다. 앞에서 이야기한 국민교육헌장에서도 '조상의 빛난 얼을'이라는 부분이 나오는 것을 보면 우리에게 '얼'은 한자어에서의 '정신'이라는 말과는 다르다는 것을 알 수 있다. 우리가 만나는 학생들은 당연히 '어른'이나 '어르신'이 아니다. 모든 학생을 '어린이'라 부르는 것이 어색할지도 모르지만 '얼'로 말한다면 아직 어른이 되기 전이니 그렇게 불러야 할 것 같다. '어린이는 아직 어른이 아니다'라는 것에 동의하지 않는 사람은 없을 것이다. 아직 어른이나 어르신이 아닌 학생들은 얼을 성장시켜야 하고 얼이 완전하지 않다. 그래서 불안하다. 결국 아이들이 불안함을 느끼는 것은 당연한 일이고, 그 당연함을 인정하고 불안함을 이겨낼 수 있도록 해야 하는 곳이 학교다. 아이들은 학교라는 곳에서 얼이 이미 큰 사람인 어른을 만나서 함께 지내는 것이다. 학교는 어른이 있는 곳이고, 그래서 나의 불안함을 붙잡을 수 있는 곳이어야 한다.

현재 우리의 교육이, 우리의 학교가, 우리 교사들이 이런 불안함을 이해하고 함께 있어주고 있는 것이 확실한가?

10

'어린이와 어른'의 개념으로 수업을 개발하다

어른에게 맘껏 기대며 살아가길 바라!

때   2017년 3월

곳   ○○초 교실

수업 시간이 되었는데 선생님께서 살짝 늦게 들어오신다. 아이들은 학년 초라서
아직은 무엇을 어떻게 해야 하는지 잘 모르는 눈치다. 새로운 선생님과의 호흡을
맞추려면 시간이 더 필요하다. 더군다나 이번 선생님은 교과서대로 수업을 하지
도 않는다. 특이한 선생님이다.

선생님   (조금 늦게 교실에 들어왔음에도 당당하다. 반듯한 자세로 칠판 앞에 서서 앉아있는
학생들을 살펴본다.) 자, 이번 시간엔 올 한 해 선생님과 여러분이 어떻
게 지냈으면 좋을지를 생각해보는 시간을 가지려고 합니다. 지금
다들 앉아있는 의자에 올라가볼까요?

아이들   (갑자기 의자 위로 올라가야 한다는 말을 듣고 당황하는 눈치다. 하지만 재미있을
것 같다는 표정을 지으며 하나 둘 의자 위로 올라간다.) 왠지 불안해요. 선생님.

선생님   (흐뭇한 미소를 보이며) 자! 다들 의자에 올라가니 어떤 느낌이 드나요?

아이들   재미있어요. 살짝 불안하기도 하고요.

아이들은 의자 위에 올라가는 것만으로도 재미있다는 듯이 밝은 표정이다. 이런
수업도 있나 하는 놀라움도 떠올라 있다.

선생님   좋아요. 여러분이 느낌을 이야기해주니 선생님도 좋네요. (진지한
말투로) 자! 그러면 이번엔 선생님의 말을 잘 듣고 행동으로 옮겨주
세요. 지금부터 모두 다 의자 위에서 한 발을 들어주세요. 선생님
이 '그만'이라고 할 때까지 계속 들고 있어야 합니다.

아이들   (한 발을 들라는 선생님의 요구에 당황한다.) 어, 어.

여기저기서 아이들이 휘청댄다. 중심을 잡기 위해 노력하다 보니 다양한 소리가 입 밖으로 쏟아지기도 한다. 하지만 모두 다 고개를 들고 선생님 쪽을 바라보고 있다. 언제 선생님이 그만하라고 할지 기다리면서 말이다.

선생님   (아이들이 휘청대는 모습을 묵묵히 바라본다. 혹시 누가 넘어지지 않을지 걱정하는 눈빛과 경계하는 눈빛도 보인다. 선생님은 그렇게 일정한 시간을 보낸 후 말을 한다.) 자, 이제 그만 발을 내려주세요. 의자 위에서 한 발을 들어보니 어떤 느낌이 들었나요?

아이들   (안도의 표정이 역력하다.) 엄청 불안했어요. 한 발을 들고 있기가 이렇게 힘든 줄 몰랐어요. 지금 이렇게 두 발로 서 있으니 너무 편해요.

선생님   아, 그랬군요. 선생님이 보기에도 여러분이 많이 불안해 보였어요. 누가 넘어지진 않을까 걱정하기도 했답니다. 그런데 혹시 우리 교실에서 의자 위에 올라가 있었지만 한 발을 들지 않고 있었던 사람이 있었나요?

아이들   (어리둥절한 표정이다. 그리고 조심스럽게 한 친구가 이야기를 한다.) 음, 제가 봤을 땐 우리 친구들은 모두 다 한 발을 들고 서 있었어요. (잠시 망설이다가) 유일하게 교실에서 한 발을 들지 않은 사람은 선생님이시잖아요?

선생님   (대견하다는 표정을 지으며) 오, 맞아요. 정확하게 보았어요. 선생님만 유일하게 의자 위에서 한 발을 들고 있지 않았어요. 그러면 왜 선생님은 한 발을 들지 않았을까요? 여러분은 다 들었는데?

선생님이 점점 이상한 것을 물어보는 것 같아서 당황하는 아이들이 보인다. 그래도 교실엔 다양한 아이들이 있고, 그중엔 선생님의 의도를 알아차리는 아이도 있다.

아이 1   (조금은 망설이는 표정을 지으며) 혹시 선생님과 우리가 달라서 그런 것은 아닐까요? 우리는 아직 어린이인데 선생님은 어른이시잖아요?

선생님   와, 멋진 생각이에요. 맞아요. 선생님이 생각한 것과 같네요. 선생님은 어른이라서 한 발을 들지 않았어요. 반면에 여러분은 아직 어린이니까 한 발을 들게 한 것이고요. 결국 어른으로 성장한다는 것은 무엇을 말하는 것 같나요? 선생님 생각엔 선생님처럼 두 발로 세상을 살아가는 것이라 생각해요. 여러분이 교육을 받으며 성장해가는 과정이 결국은 여러분도 선생님처럼 두 발로 세상을 딛고 살아가기 위한 준비가 아닐까 생각해요. 그래서 아직 여러분은 충분히 안정적인 존재라고 생각하지 않아요. 아직은 실수도 많고 잘못을 저질러 선생님에게 혼날 수도 있죠. 왜 그러냐고요? 한 발로 서 있으니 얼마나 불안해요? 그래서 여러분이 무엇인가 실수하거나 잘못해도 선생님은 그 문제 자체에 대해선 혼을 내겠지만 여러분 자체를 미워하거나 하진 않아요. 선생님과 지내다 보면 혼날 때가 있겠지만 그럴 때 지금 선생님의 말을 잘 기억해주면 좋겠어요.

학년 초가 되면 아이들과 함께 지내기 위해 필요한 것들을 중심으로 수업을 구성하게 된다. 그동안 일상적으로 해오던 수업들이 분절적이었다면 주제를 중심으로 하는 수업을 개발하면서부터 모든 것에 의미를 부여하는 수업으로 발전할 수 있었다. 참고로 학년 초기엔 대부분 공동체를 중심으로 한 주제로 '나, 너

그리고 우리' 같은 주제수업을 개발했다. 특히 아이들과 학년 초 나누고 싶은 이야기 중 한 가지는 아직 너희들은 어리니까 어려움이 생길 땐 언제든 어른에게 기대고 살아가자는 것이다. 아직 어른이 아닌 어린이임을 인정하고 어린이답게 살아가자는 의미이기도 하다. 아이들은 현재 한 발로 세상을 버티는 존재다. 그래서 힘들고 변화가 심하다. 그러니 두 발로 세상을 딛고 있는 주변의 어른들에게 도움을 구하고 언제든 의지해 위로받으며 자라길 바란다는 마음이 담긴 활동이다. 왜 요즘 아이들이 예전의 아이들보다 더 힘들다는 생각이 드는 걸까? 예전의 어른들과 지금의 어른들은 무엇이 다른 걸까? 예전엔 최소한 아이들을 아이들로 봐준 것이 아닐까? 표현이 서툴고 거칠었을지언정 아이들이기에 이해하고 용서하며 아이들을 감싸주는 어른들이 많았다고 생각된다. 하지만 요즘 아이들은 외롭다. 그리고 두렵다. 누구 하나 온전히 기댈 사람이 없다.

학교폭력과 관련된 설문지에 항상 등장하는 이야기가 있다. 바로 '학교폭력이 발생했을 때 누구에게 알리고 대처하겠는가?'라는 문항이다. 이 문항을 보고 아이들이 과연 선생님 혹은 부모님과 상담하겠다고 선뜻 표시할 수 있을까? 물론 부모님과 상담하겠다는 친구들은 많다. 하지만 학교에서 벌어지는 폭력사건을 가장 가까이에 있는 어른인 선생님과 이야기하지 않겠다는 아이들의 심리는 어떻게 해석해야 할까?

아이들을 더 힘들게 하는 것은 자신에게 닥친 어려움을 친구에게만 털어놓고 해결하려는 것이다. 친구 또한 자신과 같은 처지인 한 발로 간신히 버티고 있는 존재인 걸 아이들은 아직 모른다. 그러다 보니 서로가 힘들어지고 최악의 경우 둘 다 쓰러져버린다. 이러한 부분에 대해 아이들에게 알려주고 싶었다. 아이들이 알아야 한다고 생각했다. 너희들이 힘든 것이 당연하다는 것을, 힘들 때 선생님 혹은 부모님에게 기댈 수 있다는 것을, 그래서 너희들이 아직은 자라고 있음을 증명해 보이라고 말이다.

내가 생각하기에 주변 어른들이 날 이해하지 못하고 부담스러워 내 감정을 친구들에게만 말했던 것 같다. 하지만 앞으론 나처럼 위태위태한 친구들보단 주변의 어른들에게 말하고 내 감정을 더 많이 표현해야겠다. 그리고 앞으로는 친구들이 힘들지 않게 덜 기대야 할 것 같다.

내 옆 짝이 한 발을 들고 나에게 기대었을 때 난 어른의 역할을 맡아 두 발을 내리고 있었다. 한 발을 든 친구가 나에게 기대었지만 아무런 흔들림이 없었다. 왠지 내가 친구에게 큰 도움이 되는 사람이 된 것 같았다. 아마 어른의 마음도 이렇지 않을까? 나도 성장해서 어른이 되면 다른 누군가의 든든한 버팀목이 되어줄 것이다.

| 활동 중 이런 상황도 |

아이들이 교실에서 한 발을 들고 있지 않은 사람에 대한 이야기를 할 때 잠시 망설인다. 그 이유는? 아이들 마음속에 습관처럼 굳은 것이 있기 때문이다. '선생님은 우리들과 함께하지 않는다.' 서로 다른 존재라는 의미가 아니라 같은 학교와 같은 교실에서 수업을 진행하고 살아가지만 교사와 학생이 함께하는 삶에 대해선 깊이 있게 이해하지 못한다는 의미다. 그래서 아이들은 선생님만 한 발을 들지 않았다고 말하는 것이 어색하다. 선생님은 우리와 함께하는 사람이 아니니 당연히 한 발을 들지 않을 것이라 생각하는 것이다. 하지만 이 활동을 하며 자연스럽게 느끼게 된다. 선생님도 우리와 함께하는 존재라는 것을.

11

중2 학생이 말한다. 선생님의 자격!

중2가 되기까지 만났던 '가짜 선생님'들

지금 나는 중학교 2학년이다. 초등학교 6년, 중학교 1년을 다니면서 많은 생각을 하게 되었다. 그중에는 학생인 우리들과 밀접하게 생활하는 '선생님'들에 대한 생각도 있다. 어른들이 보면 웃을지도 모르겠지만 학교생활을 8년째 하고 있는 내 인생에서 '와, 이 선생님은 좀 다른데' 싶은 진짜 선생님은 별로 없었던 것 같다. 내가 생각하는 진짜 선생님은 이런 분이다. 먼저 선생님을 3가지 스타일로 나눠보았다.

난 지금
어떤 유형의 교사인가?

A타입 교사　　　　　B타입 교사　　　　　C타입 교사

첫째, A 타입 – 무관심형 선생님(60%)

첫 번째 A 타입 선생님은 흔히 말하는 날라리 아이들이나 공부하기 싫어하는
아이들의 천사다. 왜냐하면 그 아이들이 무슨 일을 하든 관심이 없기 때문이
다. 이 선생님들은 수업시간에 공부만 가르치면 끝이다. 우리는 간섭받지 않
으니 좋지만 과연 학생들을 위하는 진정한 선생님의 모습인지는 모르겠다.

둘째, B 타입 – 관찰자형 선생님(35%)

A 타입보다 백만 배 더 괜찮은 선생님이다. 이 선생님들의 특징은 관찰을 매
우 잘한다는 점이다. 평소엔 우리들의 학교생활에 대해 잘 모른다고 생각했는

데 학기말 성적표를 받아보고 놀랐다. 우리의 학교생활에 대해 자세히 보지 않으면 알 수 없는 내용이 거기에 있었기 때문이다. 적극적으로 개입하지는 않지만 학생들에게 최소한의 관심이 있는 분들임을 알 수 있다. 조금만 더 노력하면 진정한 선생님이 될 수 있지 않을까?

셋째, C 타입 – 진짜 선생님(5%)

'진짜 선생님'이라 부를 수 있는 분들이다. '진심'으로 학생들을 대하고 바른 길로 이끌어주려고 노력하는 선생님이라고 생각한다. 간혹 C 타입 선생님을 만나 인생이 확 바뀌는 애들이 있다. 정말이다. C 타입 선생님은 잘못된 일이 있으면 혼내고, 뭐가 잘못된지 모르면 옳은 길을 알려준다. 함께 지내보면 알 수 있다. 느낄 수 있다. '아! 정말 나를 아껴주시는구나!'
그렇게 들었다. 선생님이란 공부만 가르치는 것이 아니라 학생이 올바른 길로 갈 수 있도록 도와주고 함께하는 분들이라고, 학생들을 진정으로 사랑하고 위하는 분이라고. C 타입 선생님을 만나는 게 쉽진 않지만 온 세상 선생님들이 다 그랬으면 좋겠다.

– 세상이 모든 선생님이 진정한 선생님이 되길 바라는 중2 학생 올림

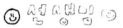

실제 제자의 편지 내용과 모습

현장 교사의 성찰적 교사론,
아이들 세계로 들어간 교사

2부

경험과 감각
: 아이와 어른은 다르다

01

경험과 감각, 우리가 몰랐던 아이들의 세계

오늘 아이들은
사치를 좋아한다. 버릇이 없고
권위를 조롱한다. 부모에게 말대꾸하고
밥상에서 밥을 게걸스레 먹고
스승에게 대든다.

소크라테스 (BC 470~399)
플라톤과 아리스토텔레스의 스승

요즘 아이들이 예전과 다르다는 이야기를 주변에서 많이 듣는다. 개인적으론 아이들이 가진 본성은 변하지 않았다고 생각한다. 예전에도 아이들은 산만하고 주의를 기울이지 않았었고 지금도 그렇고 앞으로도 그럴 것이다. 인간이 가지고 있는 기본적인 특성이 쉽게 변하지 않을 것이기 때문이다. 하지만 아이들이 예전과 다르다는 것만은 인정해야 할 것 같다. 아이 자체의 변화 때문이 아니라 아이를 둘러싼 환경의 변화 때문이다. 어떤 변화가 생겼을까? 단순히 문명이 발달되어 변화되었다가 아니라 좀 더 구체적으로 바라볼 필요가 있다. 그래야 아이들을 더 깊이 이해할 수 있을 테니까.

'Smombie'

'스몸비'라는 말을 들어보았는가? 스몸비는 스마트폰(smartphone)과 좀비(zombie)의 합성어로 스마트폰에 집중한 채 걷는 사람을 뜻하는 신조어다. 최근 사회문제로 급부상하고 있어 스몸비에 대비하는 다양한 안전 대책들이 쏟아지고 있다. 길을 걸을 때 주변을 보지 않고 스마트폰만을 응시한 채 걷는 사람들이 많아진다는 것은 그만큼 스마트폰의 위력이 우리 생활 깊숙이 들어왔다는 반증이다. 이러한 세상에서 아이들이 살고 있다. 아이들을 둘러싼 세상은 기존의 어른들이 상상할 수 없는 형태로 다가오고 있다. 아이들에게서 스마트폰을 제한해야 한다는 이야기를 하고 싶은 것이 아니다. 이러한 세상 속에서 아이들이 겪고 있는 다른 방면의 문제들을 살펴보자는 것이다.

자기통제 상실의 시대

요즘 아이들이 스마트폰을 너무 많이 사용하고 인터넷 동영상을 너무 많이 보는 것이 문제라고들 한다. 그런데 뭐가 문제냐고 물으면 대부분 스마트폰으로 하는 게임이 문제고, 동영상 속 내용이 너무 폭력적이거나 선정적이라 그렇다고 말한다. 맞다, 동의한다. 하지만 더 중요한 것은 동영상 속 내용이 폭력적이고 선정적이라서가 아니라 그러한 주변의 유혹에 견디는 자기통제력의 결핍이다. 요즘 아이들에게 더욱 절실히 필요한 것은 자신에 대한 통제력이다.

자기통제력에 대한 유명한 실험은 1989년 《사이언스》에 소개된 '마시멜로 테스트'가 있다. 많은 사람들이 알고 있을 정도로 유명한 실험인데, 눈앞의 유혹에 저항하는 시간을 측정한 결과 유혹에 저항하는 시간이 길었던 아이가 나중에 좋은 직장과 행복한 생활인으로 자랐다는 연구다. 이 실험의 원조는 1960년대 심리학자 월터 미셸(Walter Mischel)이 동료 연구원들과 함께 유아들을 대상으로 한 '즉각적 유혹을 견디는 학습'에 대한 연구였다. 그때 이미 자기통제력이 교육에서 중요한 부분임을 인식하고 있었다는 것을 알 수 있다. 최근엔 자기통제력을 상실한 아이들이 보이는 현상을 ADHD(Attention Deficit Hyperactivity Disorder)라는 정신적 증후군으로 부르며 치료의 대상으로 보기도 한다.

그런데 개인적으로 마시멜로 실험에 의문을 가져보았다. 그렇다면 자기통제력은 개인이 태어날 때부터 가지고 있다는 것인가? 이러한 부분에 영향을 주는 것은 무엇일까?

마시멜로 테스트에 대한 반격

　미국 로체스터대학의 인지과학자 키드(Celests Kidd) 연구팀은 마시멜로 테스트에 영향을 주는 요소에 대한 실험을 진행했다. 마시멜로 테스트를 하기 전에 실험군과 대조군의 아이들에게 서로 다른 환경을 제공한 것이다. 실험군 아이들에겐 선생님이 약속한 것을 지킨다는 것을 보여주었고, 대조군 아이들에겐 선생님이 약속을 지키지 않는 모습을 보여주었다. 이러한 환경적 차이가 실험에 영향을 주었다. 선생님이 약속을 지키는 것을 경험한 아이들은 마시멜로 실험에서 요구하는 오랜 시간의 유혹에 저항하는 모습을 보여주었다. 반대로 약속을 지키지 않는 선생님을 경험한 아이들은 대부분 유혹에 저항하지 못했다. (참고: 〈마시멜로 효과...우리가 잘 몰랐던 후속 실험들〉, 온라인 신문《사이온스 온》, 2014.04.08.)

　아이들의 자기통제력에 어쩌면 우리 어른들의 모습이 반영되어 있는 것은 아닐까? 아이 입장에서 신뢰할 수 있는 어른이 항상 있다면 그 어른을 보며 자신 또한 신뢰를 실천하려고 노력할 것이다. 그리고 그러한 노력이 자기통제력으로 나타날 수 있다. 그러니 생각해봐야 한다. 아이들이 보이는 자기통제력 결핍의 모습이 혹시 내 모습은 아닌지, 학교에서 경험하는 많은 것들이 아이들에게 신뢰를 갖게 하는 경험인지 말이다. ADHD 증상을 보이는 아이가 있다면 아이 주변에 약속을 잘 지키는 자기통제력이 있는 어른이 없는 것이 원인일 수도 있다. 약물로 모든 것이 치료될 것이라는 믿음에서 조금은 떨어져 생각할 수 있어야 한다.

감각의 결핍

물론 자기통제력 문제만은 아니다. 요즘 아이들이 보이는 모습에 이상한 공통점이 있는데, 바로 '촉감'에 대한 결핍이다. 우리가 살아가는 데 있어 감각은 참 중요하다. 특히 요즘 아이들이 접하는 대부분은 시각적인 문화로 시각적인 부분을 활용한 교육이 중요시되고 있다. 인간의 뇌가 진화하면서 시각적인 감각이 지배적인 감각이 되고 있다고 한다. 그러나 무엇이든 한쪽으로 치우치면 문제가 된다.

수많은 영상매체 속에서 살아가는 아이들에게 시각적인 감각의 발달은 자연스럽다. 요즘 아이들과 영상작업을 해보면 예전과 다르게 다양한 영상기법을 아무렇지도 않게 사용하고 꽤 감각적인 영상을 만드는 모습도 쉽게 볼 수 있다. 아주 어릴 때부터 시각에 대한 감각을 익혀온 아이들에겐 너무도 당연한 현상이다. 하지만 이러한 시각적 감각이 지배적인 시대에 반대로 약해지는 감각들이 존재한다. 그중 하나가 '촉각'이다.

페스탈로치(1746~1827년)는 '학습한다는 것은 가슴과 뇌, 그리고 손으로 이루어지는 것'이라고 했다. 우리가 무엇인가를 배우기 위해선 가슴과 뇌를 사용하지만 결국은 손으로 마무리 된다는 이야기다. 손은 대표적인 촉각의 도구이다. 우리는 무엇인가를 알고 싶을 때 그것을 눈으로 보기도 하지만 그것을 만져보는 행위도 하게 된다. 그래서 저학년 아이들의 경우 필요 없이 친구들을 만지는 경우가 많다. 자신의 몸이 제대로 통제되지 않아 친구를 찌르거나 하는 행동으로 나타나 주변을 어지럽게 만들기도 한다. 중요한 것은 무엇인가를 만지는 행위는 자신과 다른 사람에 대한 인식의 행위인 것이다. 그런데 이렇게 기본적인 감각인 촉각이 요즘 아이들에겐 풍성하게 주어지고 있지 않다.

아이들 주변의 매끄러움

우리는 아이들에게 최선의 것을 주고자 노력한다. 행여 아이들이 다치지 않을지 걱정하며 주변을 정리해주는 것이다. 그래서일까? 아이들은 예전과 다르게 깔끔하고 더없이 예쁜 모습으로 생활한다. 누가 건드리면 깨질 것 같은 빛나는 크리스털처럼 말이다. 아이들이 사용하는 물건들도 예외가 아니다. 특히 요즘 아이들은 하루 종일 스마트폰을 들고 다닌다. 스마트폰이 아니더라도 아이들이 가지고 다니는 물건의 대부분은 매끄럽고 잘 다듬어진 것들이다. 아이들이 사용하는 장난감들도 대부분 잘 다듬어져 나온다. 그런데 이런 물건들의 촉각은 어떨까? 다 다를까? 아니면 비슷할까?

촉각의 다양성은 어쩌면 지금 어른인 혹은 나이가 많은 어르신들이 더 많이 경험했다고 생각한다. 그 당시엔 매끄러운 것 자체가 없었다. 공기놀이 하나를 하더라도 길바닥에서 주워온 돌들로 했고 만질 수 있는 도구들도 대부분 다듬어져 있는 것이 없었다. 투박하고 울퉁불퉁하고 냄새나는 물건들 속에서 살아온 것이다. 그런데 요즘 아이들은 이러한 경험 자체가 거의 없다. 유치원에서 모래를 가지고 놀이를 하지만 그마저도 최근엔 위생 문제로 다른 물질로 대체되고 있는 형편이다. 동네에서도 이제 모래 놀이터를 찾아보기가 힘들다. 나 어릴 땐 여름이면 주변의 나무를 직접 자르고 다듬어 고무줄을 달아 새총을 만들기도 했고, 겨울이면 썰매를 만들겠다고 무거운 연장을 사용해 낑낑거렸다. 어설프게 못질을 하다 손가락 끝을 망치로 내리쳐 아파하던 기억은 덤이다. 그런데 요즘 아이들에게 이런 경험들이 있을까?

1999년 첫 발령으로 시작해 아이들 앞에서 교사로 생활하며 겪어온 학교의 모습도 이와 다르지 않다. 학교에 들어오는 교재나 교구들이 점점 더 다듬어진다. 물론 위생적이고 안전한 물건들은 환영이다. 하지만 이런 식이라면 아이들은 매끄럽지 못한 것들에 대한 적응력이 약해질 수밖에 없다. 매끄럽지 못한 것들에 대한 적응력이 약한 것은 단순히 촉각에만 그치는 것이 아니라 더 넓게 아이의 생활에 영향을 준다. 무엇인가 다듬어지지 않은 상황을 만났을 때 그 상황 자체를 부정하거나 멀리하려는 태도들도 이러한 촉각의 부족함과 관련이 있다는 생각이다. 그리고 이러한 촉각에 대한 감각의 결핍이 아이들의 문화 속에서 드러나는 것같다.

액괴의 유혹

혹시 '액괴'라는 말을 들어보았는가? '액체괴물'이라는 말의 줄임말로 요즘 아이들 사이에서 인기다. 2000년대 초반에 잠시 유행했다가 최근 다시 유행한다고 하는데 우리 반 친구의 이야기로 알게 되었다. 최근 피부에 문제가 생겨 피부과를 다녀왔는데 그 이유가 액괴 때문이라는 말을 들었기 때문이다. 그래서 왜 그런 것을 만지는지 물어보았더니 액괴를 만질 때 기분이 좋아진다고 했다. 최근의 보도에서 액괴 때문에 피부나 건강에 문제가 생길 수 있다는 내용이 많이 나온다. 하지만 아이들은 안전한 액괴를 만들기 위해 다른 재료를 찾고 있고 액괴를 만들고 만지며 좋아한다. 이러한 문화와 아이들이 겪는 촉각의 부족함과는 정말 아무 관련이 없는 것일까?

스피너의 유혹

아이들 사이에서 최근에 유행했던 스피너를 알 것이다. 스피너는 그 전에 fidget toy라는 손장난하는 장난감에서 시작되었다고 한다. 무엇인가 꼼지락거리지 않으면 안 될 것처럼 아이들의 손엔 항상 무엇인가가 들려 있다. 물론 어른들도 이런 장난감을 좋아한다. 하지만 스피너가 아이들 사이에 유행처럼 번질 때 어른들이 아이들처럼 많이 가지고 놀진 않았다. 그 이유는 무엇일까? 아이들이 스피너를 돌리는 것은 무엇 때문일까? 혹시 촉각의 부족함을 이런 식으로 해소하고 있는 것은 아닐까?

경험과 감각의 회복

자기통제력은 타고난 것일 수도 있지만 얼마든지 성장시켜 나갈 수도 있는 것이라고 믿는다. 학교에서의 경험이 아이에게 신뢰를 주는 경험이고, 그러한 신뢰를 바탕으로 자신을 믿을 수 있다면 어떤 아이라도 자기통제력을 향상시킬 수 있다. 그러니 학교에서의 경험은 그 자체로 신뢰를 갖게 되는 경험이어야 한다. 더불어 자기통제력은 무엇인가를 해결해본 경험에서 나온다는 말도 있다. 어떤 문제를 해결해본 경험이 풍부한 아이일수록 유혹을 극복하기 위한 다양한 방법들을 시도한다는 것이다. 정리해보면 학교 교육을 통해 자기통제력을 키울 수 있는 방법은 신뢰를 줄 수 있는 환경과 다양한 문제를 해결할 수 있다는 경험의 축적이다.

아이들이 느낄 수 있는 다양한 감각에 대해 균형 잡힌 교육이 이루어져야 한다. 특히 최근의 아이들이 보이는 문제들의 원인이라 예상되는 촉각에 대한 교육이 필요하다. 아이가 태어나면 가능한 한 몸을 둘러싸는 형태의 옷을 입힌다. 아기를 예쁘게 하려는 의도도 있지만 진짜 중요한 것은 아이 스스로 자신의 몸에 닿는 옷을 통해 자신을 인식하도록 하기 위해서라고 한다. 촉각을 통해 세상과 처음 만나는 것이다. 동시에 자신에 대한 이해도 시작된다. 그래서 아기들은 부모의 품속에 있을 때 가장 평화롭다.

인간이 가지고 있는 감각들 중 촉각에 대한 경험이 최근 들어 약해지고 있다. 이러한 결핍이 여러 가지 생활 속 문제로 나타난다. 그래서 저학년일수록 다양한 재료의 구체물을 가지고 수업해야 한다. 비오는 날 우산을 들고 학교 운동장에 맨발로 걸어보는 경험도 쉽게 할 수 있는 감각 경험이 될 수 있다. 미술시간 다양하고 좋은 재료들을 가지고 작업하는 것은 그 자체로 감각의 향상에 도움이 된다. 같은 그림을 도화지에도 그려보고 머메이드지에도 그려보는 것이다. 만들기를 할 때도 종이죽으로도 해보고 찰흙으로도 해보자. 최근엔 안전 때문에 잘 시도하지 않는 조각활동도 다양하게 시도해본다. 지우개로도 고무판으로도 해본다. 가능하다면 나무에 조각하는 일도 해보자. 아이들의 감각을 형성하는 데 도움이 될 것이다. 수업시간 적극적인 공책 정리 역시 도움이 된다. 아이들은 자신들이 직접 쓴 글과 직접 그린 그림들을 좋아한다. 글과 그림을 그릴 때 다양한 필기도구를 사용하도록 안내하는 것도 좋다. 볼펜과 연필, 사인펜, 붓펜 등 다양한 질감의 펜들은 그 자체로 촉각의 향상에 도움이 될 것이다.

학교라는 특수성

평소 아이들의 생활 속에 매끄러운 것들이 차지하는 비율이 크다면 학교에선 반대로 거칠고 다양한 감촉들을 경험할 수 있는 활동이 이루어져야 한다. 매끈한

텔레비전으로만 영상을 보지 말고 매끈하진 않지만 정겨운 느낌의 광목천 위에 영상을 비추는 경험도 해보자! 그랬을 때 아이들이 가지는 감각에 균형이 잡혀갈 것이다. 그리고 이러한 균형은 아이의 성장에 지속적으로 영향을 주게 될 것이다. 학교에서 교육을 하며 교과서 속 정보만이 아닌 것을 나누고 배워야 한다면 이런 아이들의 경험과 감각에 대한 이해는 반드시 필요하다.

학교 화단에 광목천을 걸어두고 빔프로젝트를 이용해 영상을 본다. 아이들의 학습이나 성장에 도움이 되는 영화라서 좋지만 새로운 감각을 경험하는 것에도 좋다!

02

아이들은 산만하고 주의를 기울이지 않는다

때   1999년 어느 날

곳   2학년 어느 교실

아이들과 수업 중 갑자기 자신의 가방을 싸고 있는 선생님이 보인다. 그리고 가방을 메고 교실 문 쪽으로 성큼 걸어간다.

아이 1   (놀란 기색으로 선생님을 쳐다보며) 선생님! 어디 가세요?

선생님   (퉁명스런 말투로) 선생님은 이제 여러분과 수업하지 못할 것 같아요. 그래서 그냥 집에 갈 거예요. 여러분이 너무 떠들고 선생님 말을 들어주지 않아서 도저히 수업을 할 수 없어요! (단호한 표정을 잠시 보이던 선생님은 문손잡이를 잡고 문을 열려고 하는 것 같다.)

아이 2   (눈물을 글썽이며) 선생님, 우리가 말 잘 들을게요. 가지 마세요.

아이들이 단체로 눈물을 글썽이며 가지 말라고 소리친다. 그 장면을 잠시 바라보던 선생님은 다시 자신의 책상으로 돌아와 가방을 풀어 놓고 칠판 앞에 선다.

선생님　　　좋아요. 그러면 여러분이 약속했으니까 다시 수업을 진행해보죠.

아이들은 선생님이 또 책가방을 챙겨서 나갈까봐 쥐 죽은 듯이 조용히 앉아있다.

　교사 생활을 시작한 첫 번째 해의 이야기다. 그 당시 난 학교에서 그리고 아이들 속에서 살아남기 위해 이런 행동을 하는 그저 덩치만 커다란 남자였을 뿐이다. 이때 난 과연 교사였을까? 아이들이 조용히 앉아있는 그 순간 진정 수업이 이루어진 것일까?

1999년

　1999년, 첫 발령을 받았던 기억이 지금도 또렷하다. 교육청 한 구석에 앉아있다가 발령장을 받아들고, 교사로 살아간다는 것이 어떤 의미인지도 모른 채 찾아갔던 첫 학교! 만나는 아이들마다 허리 굽혀 인사하는 모습을 보며 혼자 몰래 감동받던 시절이었다. 누구나 자신만의 선명한 첫 설렘을 기억할 것이다. 하지만 교사라는 공인된 자격증에도 불구하고 첫 발령지에서 난 그저 넥타이를 맨 키가 유난히도 큰 남자였을 뿐이다.

　그 당시 내게 학교라는 공간은 단순히 아이들에게 수업을 하면 되는 곳이었고, 학교의 의미에 대해 정확히 이해하지 못하고 있었다. 심지어 나 같은 남자 교사의 첫 발령은 무조건 산골 오지로 배정되는 거라는 착각까지 있었다. 첫 발령지가 아파트가 운동장을 둘러싸고 있는 도시형 학교인 것을 보고 실망했을 정도다.

'산골에서 아이들과 계곡과 산을 누비며 시작할 줄 알았는데 이게 뭐야.'

맞다, 순진했다. 교사에 대해 전혀 생각해보지 않았다고 하는 게 정확할 것이다. 대부분의 사람들은 교대 혹은 사대를 졸업하고 어려운 임용고시를 통과해 교사가 되면 충분히 교사의 역할을 할 수 있으리라 기대한다. 과연 그럴까?

첫 발령지에서 맡게 된 아이들은 2학년이었다. 안 그래도 키가 유난스레 큰 내게 그만큼 더 작게 느껴지는 아이들이 첫 제자라서 시작부터 쉽지 않았다. 아이들과 눈높이를 맞추려면 완전히 바닥에 앉아야만 했다. 게다가 아이들은 엄청났다. 다른 표현을 생각할 수 없다. 그냥 엄청난 녀석들이었다. 교생실습에서도 보지 못한 아이들의 민낯은 나를 당황하게 만들었다. 그림처럼 앉아 예쁘게 손을 들고 자신의 의견을 발표할 것이라는 꿈같은 현실은 없었다.

그 당시 학교는 각 반당 학생 수가 많았다. 지금이야 한 반에 30명만 있어도 많다고 아우성이지만 첫 발령에서 맡은 우리 반 아이들은 43명이었다. 매일매일이 전쟁터였다. 사건이 터지면 수습하느라 진땀을 흘렸는데, 그 와중에 다른 곳에서 새로운 사건이 터졌다. 아이들은 눈높이를 맞추기 위한 나의 행동에 목말 타기와 매달리기로 대응했다. 수업시간에 자리에 앉아있는 게 아니라 돌아다니는 것을 더 좋아하는 아이들도 있었고, 체육시간에는 운동장에서 친구에게 장난치듯이 선생님인 내 머리에 모래를 뿌리는 아이들도 있었다. 교대에서 배웠던 교육학과 교육과정은 아무런 의미가 없었다. 그저 살아남아야 했다. 하루하루 산만하고 주의를 기울이지 않는 아이들로부터 살아남기 위해 노력할 뿐이었다. 정말이지 아이들에 대한 이해가 많이 부족했던 시절이었다.

첫 발령에서 만난 첫 제자들에게 지금도 미안한 마음이 가득하다.

03

저학년과 고학년의 다름

보건실을 지키고 있는데 누군가 노크를 한다. 빼꼼히 조심스레 문이 열리고 누군가가 안을 들여다본다. 얼굴이 경직되어 있다. '많이 아픈 친구인가?' 하는 생각이 스치는 순간 아이가 보건실로 들어온다, 그것도 깡충깡충 뛰어서. 그 발걸음이 경쾌하다.

"어디가 아파서 왔어요?"
아이의 눈이 예쁘다. 조용히 자신의 손을 내밀며 말한다.
"여기 손톱이 삐져나와서……."
검지의 손톱이 제대로 정리되지 않고 끝부분이 살짝 뜯어져 있다. 집에서라면 바로 손톱깎이를 가져다 정리해주면 될 일이지만 이곳은 보건실이고 잠시 보건교사 대신 자리를 지키고 있는 나는 무슨 물건이 어디에 있는지 알 수 없는 상태.
"에고, 이래서 불편하구나. 그런데 지금 선생님은 손톱깎이가 어디 있는지 알수가 없어서 처리할 수가 없네. 조금만 기다렸다가 점심시간이 끝나고 오면 보건 선생님이 계실거야. 그때 보여드리면 아마 해결해주실 것 같은데 어떠니?"

아이는 순순히 고개를 끄덕인다.

"그래, 그럼 조금만 있다가 다시 오면 좋겠다. 다른 곳이 아프진 않고?"

가만히 듣고 있던 아이가 이야기를 한다.

"점심 먹고 못 올 수도 있어요."

점심 먹고 바로 집으로 가는 건가 싶어서 물었다.

"오, 그러니? 넌 몇 학년이야?"

"1학년이요."

"그렇구나. 그러면 밥 먹고 바로 집으로 가나 보구나. 그러면 집에 가서 엄마나 아빠에게 보여드리렴."

아이는 이 말을 들으며 문 쪽으로 나가고 있었다. 문을 열고 나가다 갑자기 멈춘다.

"그런데 바로 집에 가지 않을 수도 있어요. 끝나고 태권도 도장에 가야 해서요."

반드시 선생님에게 자신의 일상을 모두 알려야 한다는 결연한 그리고 진지한 눈빛이다. 문을 닫고 나간 아이의 여운이 내 마음에 내려앉았다.

'그래, 바로 이런 게 1학년이지.'

당연하지만 모두 다 대충 넘기고 있는 것이 있다. 아이들이 학교를 다니며 배우는 것은 교과서 정보만이 아니라는 것 말이다. 다양한 것들이 함께 전달되고, 그것들을 경험하는 과정 속에서 눈에 보이지는 않지만 익혀야 하고 배워야 하는 것들이 많다. 특히 중요한 것은 스스로 결정하고 그것을 실천하는 힘! 저학년 아이들은 아직 이런 결정을 해본 경험도 적고, 그 정도 용기를 가지기도 쉽지 않다.

그래서 무엇이든 선생님의 확인을 받고 싶어 한다. 그래서 무엇이든 알려야 한다고 생각한다. 집에 가서 손톱정리를 하라는 이야기를 듣고 바로 집으로 가지 않고 다른 곳에 들렀다 가도 괜찮은지를 판단하기가 힘든 것이다. 무조건 알려야 하고 주어진 대로 해야 할 것만 같다. 이런 생각들이 점점 그 울타리를 넓히고 스스로의 결정에 대한 성공과 실패의 경험이 쌓이다 보면 마침내 자신에 대한 책임을 배우게 될 것이다. 그리고 그래야 고학년이 된 것이라 생각한다. 결국 타율적인 삶의 태도를 벗어나 자율적인 삶으로 나아가는 것이다.

아이들은 산만하고 주의를 기울이지 않는다

맞다! 당연하다. 그 당연함을 받아들여야 하는 것도 교사가 할 일이다. 만약 초임교사 때 아이들이 어떤 존재인지, 어떻게 아이들과 만남을 가져야 하는지를 알았더라면 더 깊이 아이들을 만날 수 있지 않았을까? 후회해도 소용없다. 이미 아이들은 그 순간을 지나쳐 갔으며 나 또한 다시 그 시간으로 돌아갈 수 없다. 그래서 교사는 어렵다. 순간순간이 다시는 돌아오지 못할 시간임을 인지하며 최선을 다해야 하는 이유이기도 하다. 그렇게 살아도 지나고 나면 후회가 밀려오는 직업이 교사인 것 같다. 하지만 어쩌랴? 교사의 삶이 그러한데.

04

교원양성제도

<table>
<tr><td>때</td><td>1993년 어느 날</td></tr>
<tr><td>곳</td><td>피아노 연습실 안</td></tr>
</table>

악보를 펼쳐 놓고 열심히 피아노 건반을 두드리고 있다. 건반 위의 손가락이 경쾌하게 움직이지 못하고 자꾸 건반에 붙어서 더디기만 하다. 악보를 펼쳐 놓았지만 악보는 보지 않고 건반만 뚫어지게 바라보고 있다. 악보를 외워서 연습하고 있는 것이다.

학생 1 (손가락을 위아래로 털어내며) 아, 손가락이 아파서 더 이상 못하겠네. 다음이 피아노 시간인데 어떡하지?

학생 2 (연습실 문을 열고 안을 쳐다본다.) 이제 가야 해! 빨리 가자! 그리고 애들이 그러는데 앞부분을 최대한 빠르게 치면 그냥 통과시켜준대. 그러니 그 부분만 한 번 더 연습하고 가자!

학생 1, 2는 오늘 해야 할 곡의 앞부분을 빠르게 치는 연습을 한다. 연습하는 곡은 '애국가'다.

초 · 중 · 고 · 고?

눈치챈 사람도 있겠지만 이 중 한 명은 바로 나다. 교육대학교(줄여서 교대)를 입학하긴 했지만 교대가 어떤 곳인지 몰랐다. 그저 일반적인 대학과 크게 다르지 않을 것이라 생각했고, 대학생이 된 내 모습을 원하는 부모님의 눈물에 의해 들어간 대학이라 크게 신경 쓰지도 않았다. 입학금이나 학기별 등록금이 무척 싼 편이라 가정형편이 어려웠던 나에겐 최적이었다. 그런데 막상 교대라는 곳에 들어와서 보니 대학이라고 하기엔 조금 이상했다. 그냥 좀 큰 고등학교? 그래서 우리끼리는 이런 이야기를 했었다.

"우리는 초 · 중 · 고를 나오고 그다음으로 대학에 가야 했는데 이상하게도 이곳은 초 · 중 · 고 그리고 다시 고등학교인 느낌이 들어. 초 · 중 · 고 · 고인 거지."

선택과목의 여지도 크지 않았다. 그보다 더 큰 문제는 실습활동이 너무 많았다는 점이다. 교대를 다니는 내내 옆구리엔 항상 스케치북과 음악책이 들려 있었다. 가방 속엔 바느질 도구와 발레 슈즈가 들어있었다. 특히 나 같은 남자교사에게 피아노와 시창(視唱)은 정말 어려운 과목이었다. 대학을 다니며 3학년 정도까지 기억나는 수업은 피아노 수업밖엔 없다. 매일 도서관의 자리를 잡는 것보다 피아노 연습실 자리를 잡는 것이 중요했다. 가정형편이 어려워 피아노라곤 학교에서밖엔 본 적이 없는 내게 피아노를 배우는 것은 쉬운 일이 아니었다. 그러니 악보를 보며 익히기보다는 그저 외워서 시험에 무사히 통과할 수 있기만을 바랐을 뿐이다. 이런 식으로 학교를 다녔으니 다시 고등학교를 다니는 기분과 별반 다르지 않았던 것 같다.

교원양성대학교의 교육과정은?

교원양성대학교에서 배우고 익힌 것들이 현장에 발령받은 교사에게 얼마나 많은 영향을 줄까? 그렇게 열심히 노력한 피아노 수업은 현장에서 음악 전담 선생님에게 넘겨졌다. 또 각 교과별로 고등학교 수준의 실험까지 했던 수업들은 지금 내 앞에 있는 아이들의 언어로 다시 표현해야 하는 어려움으로 남겨졌다. 첫 발령에서 만난 초등학교 2학년 아이들과의 소통을 위해 교원양성대학교에서 받았던 교육과정은 진짜 어떤 도움이 되었을까?

아이들을 충분히 이해하지 못하는 교원들

최근 우리 교육에 대한 여러 가지 논의 중에는 교원양성대학교의 교육과정에 대한 것도 포함되어 있다. 현장에 나온 수많은 신규교사들에게 대학에서의 교육이 크게 도움이 되지 않는다는 결과가 밝혀지고 있기 때문이다. 제대로 도움이 되었다면 초임교사가 겪는 어려움은 지금보다 훨씬 적어야 한다. 특히 아이들과의 관계 맺음에 대한 어려움이 크다. 그렇다면 교원양성대학교의 다른 나라 사례는 어떨까? 우리가 교육에 대한 지향점처럼 여기는 핀란드 쪽의 교원양성체제는 우리와는 다른 모습이다.

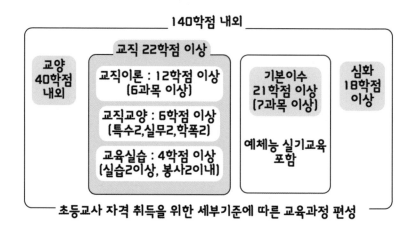

초등교사 자격 취득을 위한 세부기준에 따른 교육과정 편성

우리나라 교육대학교의 교육과정을 살펴보면 실제 아이들의 특성에 대해 깊이 있는 이해를 위한 과정이라기보다는 각 교과에 대한 이해와 실습활동이 주가 됨을 알 수 있다.

_김새롬, 〈초등교원양성대학교 교수수준 교육과정의 현장 적합성에 대한 교수의 인식〉,

한국교원대학교, 2017년

〈표 Ⅲ-3〉 Jyväskylä 대학교 초등교사 양성 교육과정

과 정	학사과정	석사과정	합 계
언어 및 의사소통	20	5	25 학점
교육학 기초과정	25	–	25 학점
교육학 중급과정	35	–	35 학점
교육학 심화과정 및 석사 과정	–	80	80 학점
종합학교 교과목 학습	60	–	60 학점
부전공 과정	25	35	60 학점
선택 과정	15	–	15 학점
계	180	120	300학점

_정미경, 〈교원양성 교육과정 개선 방안 연구〉, 한국교육개발원, 2010–12년

핀란드에서 초등교사가 되려면 학사과정 180학점과 석사과정 120학점을 모두 이수해야 한다. 우리나라는 현재 학사과정 150여 학점을 이수하면 2급 정교사 자격이 나온다. 중요한 것은 양성대학교의 교육과정이다. 핀란드 교원양성대학 중 한 곳의 교육과정이긴 하지만 분명히 우리나라 교육대학교가 가진 교육과정과는 차이가 있다. 우리나라에선 각 교과목에 대한 학습이 높은 학점비율을 보이고 있다. 하지만 핀란드는 주요 교과목에 대한 학점비율보다 교육학에 대한 비율이 압도적으로 높다. 여기서 진짜 중요하게 생각해야 할 부분은 위 논문에 있는 핀란드 교원양성대학의 시사점에 대한 언급이다.

"연구기반 교원양성 체재 구축이 필요하다. 핀란드의 교원양성 대학이나 기관에서는 철저히 연구 기반으로 교원양성 프로그램을 운영하고 있는 것으로 나타났다. 교사 교육의 내용과 방법은 고도의 전문적 지식을 바탕으로 하는 것이다. 따라서 교원양성 과정에서 다루는 내용 지식과 방법 지식은 이론과 논리를 기반으로 해야 하고, 이론과 논리는 연구를 통해 개발될 수 있다."

단순히 교육학을 많이 배우는 것이 아니라는 주장이다. 교육학을 공부하는 과정이 연구하는 과정으로 이루어져 있고, 교사가 되고자 하는 사람이 한 사람의 연구자로서의 자세를 가질 수 있도록 하는 것이 요점이다. 이러한 교육과정은 교사 스스로 자신의 이론과 실제를 연결하고 조화시키는 것에 깊은 연관을 가지게 될 것이다. 그리고 이렇게 연구를 통해 단련된 이론과 논리는 '교사훈련학교'를 통해 더 깊이 있는 현실과 만나서 꽃 피우게 된다. 이렇게 공부한 후 교사로 발령받아 나온 교사는 발령받고 어찌할지 모른 채 헤매는 우리네 초임교사의 모습과는 많이 다를 것 같다. 나 또한 마찬가지였을 테고.

이론과 실제의 연계를 위한 교원양성대학 교육과정

결국 현재의 교원양성대학이 가지고 있는 교육과정에 대한 수정이 필요하다는 것이 핵심이다. 이론을 공부하되 그것이 연구를 중심으로 만들어 가도록 해야 할 것이고, 이론이 실제와 어떤 연계성을 가질 수 있는지 현장의 생생함도 불어넣어야 한다. 그리고 이렇게 만들어진 이론과 실제를 제대로 적용해보고 다시 돌아볼 수 있는 교사훈련학교 같은 곳도 있어야 할 것 같다. 이런 문제의식을 가진 사람이 나뿐만은 아닐 것이다. 그런데도 왜 변화되지 못하는 것일까?

"선생님을 대학이나 대학원에 불러 수업을 맡기고 싶어도 석사나 박사학위가 없어서 어려움이 커요."

현장 교사로 아이들과 지내는 것이 내가 할 일이라 생각했고 더군다나 공부하는 것을 내켜하지 않는 나에겐 순수한 학사로도 충분했다. 왜냐하면 아이들 속에서 계속 배울 수 있었고, 필요하면 관련 책을 읽거나 강의를 수강하면 되었으니까. 그런데 시간이 지나고 경력이 쌓이다 보니 어느새 많은 사람들을 만나 교육에 대한, 우리 아이들에 대한 이야기를 나누게 되었다. 이런 나를 보고 우리 학교의 교장 선생님은 나 같은 사람이 대학에서 학부생들을 만나 현장의 이야기를 들려줘야 한다고 말씀하신다. 하지만 현실은 쉽지 않다.

각 대학은 대학을 평가하는 시스템에 속해 있고, 그 시스템에서 요구하는 것 중 하나가 대학에 오는 강사가 박사급인지 아닌지가 중요하다고 한다. 이런 시스템 속에서 대학에서 아무리 필요한 사람이라 하더라도 학사 출신을 부를 순 없는 것 아닐까? 더 슬픈 것은 우리나라의 석사와 박사학위는 현장과 가까운 이야기일수록 통과되기 힘들다는 점이다. 결국 이론이 현장과 밀접한 관련성을 맺기보다는 이론 자체의 체계만을 유지하려 든다는 생각이 든다. 우리나라의 교원양성 대학의 교육과정이 바뀌기를 원한다면 함께 힘을 모아야 할 것이다. 현장과 이론이 함께 공존하고 이론과 현실을 연계한 연구가 활발히 꽃 피우도록 하는 것이 우리 교육에 진정한 힘을 불어넣어 줄 것이라 믿는다.

05

아이들은 자기통제력이 없다

꼬리표

그 꼬리표가 그 아이를 규정짓는다.
그 꼬리표가 그 아이를 다시 그렇게 만든다.

매년 새로운 학년이나 새로운 학교에 들어간 아이들을 따라다니는 것이 있다. 바로 작년에 이 아이가 어떤 아이였다는 꼬리표!

그 꼬리표가 그 아이를 규정짓는다.
그 꼬리표가 그 아이를 다시 그렇게 만든다.

그래서 매년 이 꼬리표 떼기 작업이 새 학년의 시작이다. 꼬리표를 떼려면 중요한 가치를 가운데 둬야 한다. 바로

'지금!'

아이의 순간은 어제의 순간에 머물러 있지 않다.
아이는 작년의 모습으로 살아가지 않는다.
아이는 오늘 다르고 내일 다르다.
아이는 변덕이 심하다. 그래서 변화할 수 있는 가능성이 크다.

아이에 대한 이런 말들에 아마 대부분 고개를 끄덕일 것 같다. 그런데 의외로 이런 아이들의 특성에 대해 고개를 끄덕일 뿐 실제 그렇다고 믿진 않는다.

'아니, 이 친구는 왜 이런 행동을 하는 걸까? 작년 담임이 누군데 이런 행동을 하는 거야?'
'아니, 이 친구 글씨가 왜 이 모양이지? 도대체 작년에 어떻게 한 거야?'
'아니, 이 친구는 왜 이런 문제도 못 풀어? 도대체 초등학교에서 어떻게 배우고 온 거야?'

'아니, 이 친구는 인사도 제대로 못하네. 도대체 초등학교에선 뭘 가르치는 거야?'

이 말들은 다 아이의 과거 즉 짧게는 불과 몇 달 전 이야기이거나 길게는 과거 전부를 평가하는 말이다. 이상하지 않은가? 분명히 아이는 어제가 아닌 오늘의 모습으로 살아가고 있고 오늘 다르고 내일 다르다고 말해 놓고선 작년에 어땠는데 지금 이러냐고 투덜댄다. 말로는 아이는 변화의 가능성이 크다고 해놓고, 실제론 아이가 작년에 배운 대로 올해도 하기를 바라는 걸까?

이상하다!

우리의 이상과 실제 생각의 차이는 크다. 여기서 한 번 더 고민해보자. 왜 어른들은 아이에 대해 이런 생각을 하는 것일까? 어른과 아이가 근본적으로 다르다는 것을 잘 모르기 때문은 아닐까?

아이가 어른이 된다는 것은 자기통제력을 가진다는 의미

먼저 어른의 경우를 생각해보자. 나이가 많은 어른일수록 잘 바뀌지 않는다고 한다. 실제로 나이가 많은 어르신들은 자신이 하던 일을 잘 바꾸려 하지 않아서 젊은 사람들이 답답해하곤 한다. 분명 더 좋은 해결책이 있는데도 불구하고 예전 방법을 그대로 유지하려는 태도 때문이다. 이런 행동의 특성을 바꿔 말하면 무엇인가 한 번 성공한 것이 있을 땐 그것을 유지하는 힘이 강하다고 표현할 수 있다. 즉 지속력이 뛰어나다. 그리고 지속력이 뛰어난 것은 자기통제력이 강함을 의미한다. 하지만 젊을수록 이러한 지속력은 전체적으로 약해진다. 뭔가 지키기로 한 것도 쉽게 어기거나 포기해버리는 모습은 어릴수록 더 많이 나타난다. 그러니 초등학생 정도의 아이들에게 강한 지속력을 요구하는 것 자체가 무리다.

부모님들과 상담하다 보면 언제까지 아이의 말을 듣고 그 말에 반응하고 다시 조절해줘야 하는지 난감해하는 경우가 많다. 하지만 이 물음에 대한 가장 좋은 해답은 '그저 묵묵히 계속 반응하고 조절해줘야 한다'이다. 아이가 자라며 변덕을 부리고 약속을 잘 지키지 못하는 것은 어쩌면 당연한 것이다. 자기통제력이 약한 아이가 보이는 당연한 모습이다. 오히려 어린아이가 모든 약속을 잘 지키고 변덕을 부리지 않는 것이 이상하다.

분명한 것은 당장은 쓸모없어 보일지라도 그러한 노력이 내 아이를 위해 좋은 역할을 한다는 점이다. 시간이 오래 걸릴 뿐이지 분명 좋은 영향을 준다. 여기서의 핵심은 그 시간을 버틸 수 있는가의 여부다. 오랜 시간 노력한다는 것은 누구에게나 힘들기 때문이다. 생각을 이렇게 바꿔보자!

"빠르게 배울 수 있는 것은
나쁜 일일 가능성이 크다."

06

신뢰, 생각하는 힘을 기르는 교육

"신뢰란 내가 당신을 기다릴 수 있는 시간만큼 자란다."

신뢰가 없는 사회가 현재 우리가 살아가는 사회라고들 말한다. 특히 우리나라의 경우 신뢰가 무너졌다고 이야기하는 것이 어색하지 않다. 그렇다면 신뢰가 없는 사회가 된 이유는 무엇이고, 어떻게 신뢰를 회복해야 하는 것일까?

먼저 신뢰가 어떤 모습인지를 살펴보아야 할 것이다. 내가 누군가에게 무엇인가를 부탁한다고 가정하자. 그 부탁을 한 후 아무 걱정이 없는, 아무런 걱정도 하지 않아도 되는 사람이라면 우리가 신뢰하고 있는 사람이 아닐까? 그래서 신뢰하지 못하는 사람에게 우리는 무엇인가를 맡기질 않는다. 우리 주변에서 보이는 가장 기본적인 신뢰는 이런 것이다. 무엇인가 정해진 것이 아닌데 그것을 처리하는 동안 그 사람을 믿고 기다릴 수 있는 것, 그것이 우리가 접하는 신뢰가 아닐까?

그렇다면 반대로 어떤 경우에 신뢰하지 못하는가? 위와 반대라고 생각하면 되겠다. 뭔가를 부탁했다. 그런데 그 부탁을 들어줄 사람을 기다리지 못한다. 행여 작은 변화라도 생기면 그것 때문에 다시 연락하거나 찾아가서 알려야 안심이 된다. 즉 기다릴 수 없는 관계다. 누군가를 기다려줄 수 없는 마음, 이런 마음이 불신이다. 문제가 심각하다. 우리나라의 경우 신뢰 수준이 아주 나쁜 상태다.

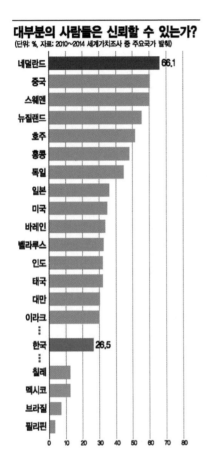

"스웨덴 스톡홀름에 본부를 두고 있는 세계가치조사(WVS)가 지난 1월 발표한 조사에 따르면 2010~2014년에 한국인들의 상호신뢰지수는 조사 대상 59개국 중 23위에 그쳤다. '일반적으로 대부분의 사람들을 신뢰할 수 있는가'라는 질문에 우리 국민 중 26.5%만이 그렇다고 답한 것이다. 낯선 사람들에 대한 경계심은 더 컸다. 같은 조사에서 낯선 사람에 대한 신뢰를 묻는 질문에 한국은 19%만 '신뢰할 수 있다'고 응답해 32위였다."

_《아시아경제》, 2015년 기사 발췌

모든 것을 믿을 수 있는 세상이 간절한 꿈이 된 세상, 실제로 불신은 21세기 한국 사회의 화두로 떠올라 있다.

한국보건사회연구원
사회통합 및 국민행복 인식조사, 2014

"한국보건사회연구원의 '사회통합 및 국민행복 인식조사'에 따르면 한국 사회에 대한 신뢰 정도를 묻는 답변에 대해 10점 만점에 4.59점이라는 수치가 나왔다."

_EBS 시사교양 프로그램 〈포커스〉 기사 내용, 2015년

신뢰가 무너진 사회는 위험하다. 사회를 이루고 살아가는 인간의 특성상 다른 사람을 믿지 못하는 불신의 사회는 언제 무너질지 모르는 폭탄을 안고 있는 것과 같다. 다른 사람을 신뢰하지 못하기에 우리는 기다릴 줄 모른다. 조금이라도 나에게 피해가 된다 싶으면 목소리를 높이고 심지어 욕도 서슴지 않는다. 제주도에서 돌아오는 비행기가 30분 연착되었을 때 죄 없는 스튜어디스에게 비행 내내 투정과 불만을 쏟아내던 승객을 보며 참 안타까웠다. 그렇게 화를 낸다고 해서 무엇이 해결된단 말인가. 기본적으로 기다릴 줄 모르는 사회가 되어버린 것 같아 씁쓸했다. 왜 이렇게 된 것일까? 왜 우리는 기다릴 줄 모르는 것일까?

교사와 아이의 신뢰관계

교실에서 아이들과 지내는 교사들은 수많은 아이들과 관계를 맺고 살아간다. 그중엔 교사의 신뢰를 받는 아이가 있다. 어떤 아이에게 교사는 신뢰를 보이는 걸까? 먼저 교사가 아이에게 보내는 신뢰의 모습을 보자. 아이에게 교무실에서 뭔가를 가져오는 심부름을 부탁했다. 그런데 심부름을 떠난 직후 갑자기 그것이 교무실이 아닌 교무실 옆 교감실에서 가져와야 하는 것이라는 것이 생각났다. 이런 경우 평소 신뢰를 주는 행동을 하는 아이가 심부름을 갔다면 별다른 행동 없이 오랫동안 아이를 기다려줄 것이다. 왜? 아이가 교무실에 들렀다가 혹시 없다는 것을 알게 되었을 때 그것이 어디 있는지 스스로 물어봐서 찾아올 것 같기 때문이다. 물론 평소 신뢰관계가 없는 아이도 그럴 수 있고 실제 그 결과는 예측할 수 없다. 하지만 심리적으로 신뢰관계에 있는 친구를 더 오래 기다려줄 것 같은 것에는 대부분 동의하지 싶다. 왜 교사는 신뢰관계에 있는 친구를 더 오래 기다려줄까? 왜 교사는 그 아이를 신뢰하는 것일까? 내 경우 개인적으로 신뢰가 가는 아이는 스스로 생각하고 행동하는 아이인 경우였다.

스스로 생각하고 행동하는 것, 신뢰의 기본 조건

아이뿐만 아니라 주변의 동료나 어른들도 마찬가지다. 스스로 생각하고 판단하는 사람을 기본적으로 신뢰한다. 즉 신뢰란 생각과 관련이 있다. 내가 누군가를 신뢰하는 가장 기본적인 바탕엔 그 사람이 '생각하는 사람'이라는 것이 있다. 그것도 스스로 생각할 수 있는 사람인 것이다. 하지만 우리 인간은 생각을 많이 하려고 하기보다는 주어진 것을 빠르게 처리하는 것에 더 익숙한 습성을 가지고 있다. 깊이 생각하는 것은 익숙하지 않을 뿐더러 자연스러운 모습도 아니다. 이런 인간의 모습을 이용한 것들이 주변에 있다.

이 사진을 보고 드는 생각은 무엇인가?

1. 어미새의 모성애
2. 어린 새들의 생존에 대한 욕구
3. 인간의 잔인함

대부분의 사람들은 1번이나 2번을 선택한다. 그런데 왜 3번의 예가 있는 것일까? 조금만 더 생각해보면 이 사진이 뭔가 이상하다는 것을 알 수 있다. 사실 이런 종류의 사진들이 꽤 많다. 주변에 생태사진을 전문으로 하는 사람들의 작품 속에 간간히 등장하는 소재이기도 하다. 별 생각 없이 그저 '어떤 종류의 새일까? 어미새가 짠하다' 정도로만 인식했을 테지만 조금만 더 유심히 생각해보면 바로 알 수 있다. 이 사진은 정말 이상하다!

어린 새의 둥지는 철저히 숨겨져 있어야 한다!

위 사진에 등장하는 새는 우리가 흔히 알고 있는 속담 속에도 등장한다. '황새 쫓아가다 가랑이 찢어진 새' 그렇다, 뱁새다. 뱁새는 우리가 부르는 이름이고 실제 새 도감엔 '붉은머리오목눈이'라고 나와 있다. 실제 이 새는 우리 주변에서 인간과 함께 살아간다.

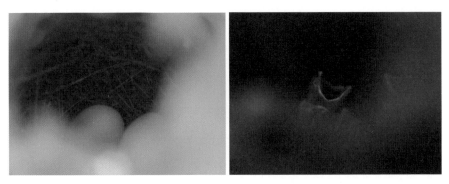

학교 화단에서 찾은 붉은머리오목눈이의 알과 부화한 새끼의 모습. 잘 숨겨져 있지만 주변을 자세히 살펴보면 찾을 수 있을 정도로 우리 주변 가까이 살고 있는 새가 붉은머리오목눈이다.

하지만 많은 사람들이 이 새를 본 적이 없다고 이야기한다. 왜냐하면 우리는 작은 새는 대부분 '참새'라고 생각하니까. 자세히 보면 분명히 참새와 다른 작은 새들이 있다. 박새도 작고 뱁새도 작다. 우리 주변에 있는 새라서 당연히 둥지도 주변에 있다.

새의 둥지는 어린 새를 보호하는 유일한 보호막이다. 이런 보호막이 외부에 노출되어 있지 않을 것이라는 것은 조금만 생각해도 알 수 있는 문제다. 그런데 앞의 사진에선 새 둥지가 훤히 드러나 있다. 그리고 그렇게 개방적인 새 둥지에서 어미새가 어린 새끼들에게 먹이를 주고 있는 모습이다. 엄청나게 이상한 사진인 것이다. 대부분 이런 생각까지 가지는 못 한다. 그저 처음 보이는 모습에서 떠오른 것에서 생각을 멈춘다. 그러다 보니 주변 사람들의 상황이나 여러 가지 관점에 대해 생각하지 않고 행동한다. 이런 행동들이 쌓여서 주변의 신뢰를 잃게 되는 것이다. 생각하는 힘을 기르는 것이 바로 신뢰를 만드는 기본이다.

학교에서 가르쳐야 하는 것은 생각하는 힘

아이들은 산만하다. 주의력이 약하다. 자기통제도 제대로 되지 않는다. 맞다, 그래서 교육이 필요하다. 그래서 더 생각하고 생각하도록 교육해야 한다. 스스로 생각할 수 있을 때 신뢰관계를 만들 수 있다. 이렇게 생각할 수 있는 힘을 기르는 교육의 첫 시작은 교사부터다. 교사가 모범을 보이는 것이다. 끊임없이 생각하고 그 생각을 실천하는 모습이 교사의 성장이어야 하고 자연스레 아이들은 이런 교사를 닮아간다. 그래서 교사는 누구보다도 자신의 성장을 위한 삶을 멈춰선 안 되는 사람들이다. 그리고 남들이 뭐라고 하든 교사는 세상에서 가장 행복한 일을 하는 사람들이다.

"성장의 삶은 멈추지 않는다!"

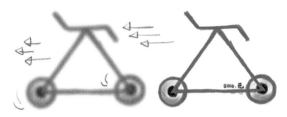

교사들의 성장이
멈추는 순간
우리 사회의 위기는
현실이 된다!

07

학교가 세상의 희망이 된다

학교란 어떤 곳일까?

이 시대의 학교는
희망의 봉우리가 되어
새로운 새싹을
틔우는 곳이
되어야 할
'학교' 것이다.'

누군가에겐 가기 싫은 곳이고, 누군가에겐 가지 못해 안타까운 곳이기도 하다. 누군가는 학교에서 꿈을 잃었다 말하고, 누군가는 학교에서 꿈을 갖게 되었다고 말한다. 교사로서 학교에 대한 물음을 던져본다.

▷ 학교는 물리적 공간을 의미하는 것으로 충분한가? 아니면 물리적 공간을 넘어 정신적 공간까지를 말하는 것일까?

▷ 우리에게 현 시대의 학교는 과거의 학교와 무엇이 다른가? 아니면 같은가? 미래의 학교는 과연 어떤 모습으로 변화될까? 아니 어떤 모습이어야 할까?

▷ 학교를 이루는 구성원은 교사와 학생만인가? 아니면 학교에 근무하는 모든 사람을 포함한 학교 내 사람들인가? 그러면 학교에서 이런저런 관련을 맺고 있는 학부모들은 학교의 개념적 공간에 들어가지 않는가?

▷ 학교에서 하는 공부는 학원에서 하는 공부완 무엇이 다를까?

▷ 학교에서 하는 여행은 가족이나 친구들과 하는 여행과 무엇이 다를까?

▷ 학교에서 공부하는 국어, 수학, 사회, 과학은 학자들이 연구하는 학문과 무엇이 다를까?

▷ 학교에서 이루어지는 예술활동은 예술가들이 수행하는 예술활동과 무엇이 다른가?

▷ 학교에서 하는 운동은 전문 운동선수들이 하는 운동과 무엇이 다른가?

이러한 물음들의 근본에는 우리에게 '교육'이란 무엇인가에 대한 고민이 들어있다. 교육에 대해 한마디로 정의하기는 힘들다. 하지만 한 가지 분명한 것은 '교육이란 희망을 가지는 것'이라는 것이다. 희망 없는 교육은 교육이 아닐 테니까. 그렇다면 학교란 무엇인가에 대한 답도 명확해진다. 최소한 학교는 희망의 싹을 틔우는 곳이어야 한다는 점이다. 이 시대의 학교는 희망의 봉우리가 되어 새로운 새싹을 틔우는 곳이 되어야 한다!

08

아이들에게 학교란?

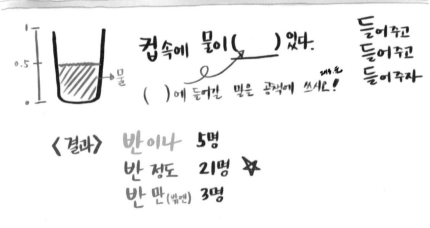

컵 속에 물이 ( ) 있다.

( )에 들어갈 말을 공책에 쓰시오!   _{214.요}

들어주고
들어주고
들어주자

〈결과〉 반이나 5명
반 정도 21명 ✦
반 만 (밖엔) 3명

3월 어느 날 교사 일기

아이들의 마음이 왠지 차갑게 느껴졌다. 그 이유가 무엇일지 고민했다. 그래서 컵 속에 물이 반 들어있는 그림을 보며 자신의 생각을 적어보게 했다. 그 결과 반 아이들 30여 명 중 5명이 '반이나 차 있다'고 대답했고 3명은 '반밖엔 차 있지 않다'고 대답했다. 의외였다. 많은 아이들이 반밖에 없다고 할 것이라 예상했기 때문이다.

아이들의 요즈음 모습, 그러니까 2주 동안의 모습을 돌아보면 다음과 같다. 아이들은 자신이 해야 할 일에 대해 열심히 하는 모습을 보였다. 사실 좀 귀찮거나 하기 싫을 것 같은 일인데도 열심히 했다. 그동안 만나던 아이들과는 다른 모습이었다. 그래서 대견하다고 생각했다. 그런데 동시에 왠지 이상하다고도 느꼈다. 왜 이상한지는 알 수 없었다. 그저 내 마음속 경고등이 계속 켜져 있는 기분이었다. 그래서 답답했다.

답답해하던 나에게 의외의 모습들이 보이기 시작했다. 아이들의 말을 찬찬히 듣다 보니 말 속에 무엇인가가 있었다. 아이들의 말이 무척 차갑다. 누군가 말을 하면 그 말에 대해 조롱하거나 비아냥거리는 말이 서슴없이 튀어나왔다. 그리고 그 말을 들은 아이 또한 그 말에 한 치의 망설임 없이 서슬 퍼런 말을 날렸다. 그 순간은 주변에 누가 있는지는 전혀 고려되지 않았다. 다 교사인 내가 보는 앞에서 벌어진 일이다. 아이들이 행동으로 보이는 모습과 아이들이 말할 때 보이는 말 속의 서늘함은 굉장히 부자연스러운 만남 같았다. 평소 행동과는 정반대로 말하는 아이들, 뭐지? 그 이유를 알기 위해 실시한 활동이었다. 그런데 결과도 이상하다. 또 고민이 시작된다. 뭐가 문제인 것일까?

이 문제를 해석하기 위해선 다른 결과가 중요했다. 아이들 중 5명은 긍정적인 해석을 했고 3명은 부정적인 해석을 했다. 결과만 보면 나머지 대부분의 아이들은 어떤 선택을 했는지 알 수 없다. 처음부터 두 가지 선택지를 주고 선택하라고 한 것이 아니기에 내가 생각한 것이 아닌 다른 답도 나왔다. 바로 '그냥 반만큼 담겨 있다'라는 대답이었다. 이 대답은 긍정적일까? 아니면 부정적일까?

위의 결과를 보며 생각한다. 이 아이들에게 학교는 그동안 어떤 곳이었는지를. 위의 결과는 세 가지로 나누어볼 수 있다. 맨 위의 '반이나'라는 결과의 긍정적인 사고, 그리고 가운데의 '반만큼(정도)'의 객관적인 사고, 마지막으로 아래쪽의 '반만(밖엔)'이라는 부정적인 사고다. 이렇게 구분해보니 아이들 대부분이 객관적인 사고를 유지하고 있다는 것을 알 수 있었다. 부정적인 사고를 하는 친구들은 상대적으로 적었다. 그래서 아이들은 자신이 해야 할 일에 대해 책임감 있게 행동하는 모습을 보였고, 선생님이 말하는 것을 고분고분 들어주었다. 그런데 그것이 전부였다. 그 속에 마음이 느껴지지 않았다. 따뜻한 마음은 마음속 가득 희망이 있을 때, 마음 가득히 긍정의 마음이 있을 때 나오는 것이리라.

현재 아이들에게서 보이는 모습이 이와 같다는 생각이 들었다. 아이들에게 학교는 그저 객관적인 사실들을 알게 되고 그로 인해 자신이 무엇인가 더 많이 알게 되었다는 것을 확인하는 공간이었다는 생각이 든다. 아마 대부분의 아이들이 이런 모습이지 않을까? 과연 학교는 그런 곳이기만 한 장소일까? 그렇다면 우리가 학교에서 나눠야 하는 배움은 어떤 모습이어야 할까?

객관적인 태도를 넘어 긍정적인 사고로 나아가도록 하는 것, 객관적인 세상에 따뜻한 마음을 담는 것, 그것이 배움의 본질이자 학교에서 우리가 해야 할 일이 아닐까? 내일부터 다시 고민해야겠다. 어떻게 해야 우리 아이들의 마음속에 따뜻한 긍정과 희망을 채울 수 있을지를. 일단 아이들이 사용하는 말 속의 의미들에 대한 이야기부터 시작해야겠다.

"애들아, 학교는 객관적이고 차갑기만 한 곳이 아니란다."

09

생태교육의 중요성

아이들에게 좋은 경험과 감각을 익히게 하는 교육활동 중 생태교육만 한 것이 없다. 특히 감각을 중심에 둔 생태교육에선 생명을 직접 만져보고 냄새를 확인하고 맛을 보는 활동이 중요하다. 그리고 자연 속에 들어가 평소의 활동을 잠시 멈추고 자연의 진짜 소리에 귀 기울이는 활동이 중요하다. 이 단순한 활동은 도시에서 살아가는 아이들에게도 감각에 대한 중요한 경험들을 할 수 있게 만든다. 하지만 이런 생태교육이 우리 교육에서 중요하게 다뤄지진 않는 것 같다. 지금도 많은 교사들이 생태교육의 중요성에 대해 알리고 공부하고 있지만 그 역할과 영향력이 지금보다 더욱 커져야 할 것이다.

이러한 중요성을 생각하며 아이들과 함께하는 생태동아리 활동을 하고 있다. 이러한 경험의 중요성을 학부모님들께 전하는 내용의 글을 옮겨본다.

"안녕하세요. 이번 모당네이처 생태동아리 활동은 야간산행으로 이루어지는 활동입니다. 야간에 산속에 들어가 길을 걷는 경험은 혼자서 하긴 쉽지 않은 활동이죠. 함께하기에 가능한 활동이고 경험이 될 것 같습니다. 야간산행의 의미에 대해 생각해볼 수 있도록 이 글을 전합니다. 아이들의 경험과 아이들의 감각에 대한 중요성을 같이 생각해보면 좋을 것 같습니다.

Modang Nature

밝음과 어둠이 교차하는 야간산행!

1. 모이는 때: 2018년 5월 12일 토요일 오후 05시 00분
2. 모이는 곳: 공양왕릉
3. 활동 시간: 오후 05시 00분 ~ 오후 09시 00분
4. 끝나는 곳과 때 : 원당중 주차장
5. 준비할 일
   1) 먹을거리(자연에 해가 되지 않는 음식 또는 그릇, 인스턴트 음식과 청량음료, 1회용품은 싫어요..^^) : 야외에서 간단히 먹을 수 있는 물이나 간식
   2) 필요물품: 메는 가방, 1인 1악기(휴대해서 연주할 수 있는 악기준비)
   카메라(휴대폰 가능-찍은 사진은 모당네이처 밴드에 올려주세요),
   플래쉬있는 사람만, 휴대가 가능한 돗자리 [밥 먹을 때와 잠시 쉴 때 필요해요]
   3) 미리 살필 점
   - 저녁을 먼저 먹고 출발합니다. 저녁이라 모기 약도 필요할 수 있어요.
   - 신발도 등산화나 편한 운동화, 긴팔과 긴바지 필수(모기있음)
   - 너무 비가 많이 오면 연기할 수도 있습니다. [야간 활동 안전 이유]

6. 활동내용

오후 05:00~6:30
공양왕릉
- 저녁 나눠먹기
- 생태놀이 하기
- 걷기 주의사항 이야기하기

오후 6:30~9:00
박재궁~대궐약수터~원당중학교
- 숲 속 길 걷기
- 숲 속 음악회
- 숲 속 분위기 느껴보기
- 안전한 귀가

● 공양왕릉으로 아이들을 이동시키고 다시 차량이 원당중으로 이동해서 아이들을 기다려야 합니다. 혹시 차량지원이 가능하신 분이 계신지 주변을 확인해 주시면 감사하겠습니다. 이러한 이유로 이번 모당네이처는 신청서를 내고 참여하시기 바랍니다.
● 신청자 : 6학년 [ ]반 / 이름 : [   ] / 차량지원가능 여부 [모이는 곳 / 끝나는 곳 / 학부모 참여가능 여부 [   ]

생명에 대한 감각 익히기 나이가 어릴수록 아이들은 주변의 생명에 직접적인 반응을 보입니다. 그리고 나이가 들어갈수록 생명을 넘어 주변의 문화적 환경에 대해 이해하고 반응하기 시작하는 것이죠. 간단한 예로 어린아이를 데리고 여행을 많이 다녀보면 어른들이 경험하고 어른들이 감탄하는 순간엔 아이들이 크게 반응하지 않음을 알 수 있습니다. 오히려 여행 중 만난 작은 동물이나 특이한 식물 등에 더 관심을 가지죠. 여행 중 우연히 비슷한 또래의 친구를 만나면 이보다 더 좋을 순 없을 것입니다. 아이는 그 순간을 기억합니다. 이러한 모습에서 아이들일

수록 생명과 만나야 하고, 그 생명을 경험하는 것이 필요하다고 생각하는 것입니다.

진짜와 접촉하기　　　　　최근의 아이들이 예전의 아이들과 다른 점은? 아이 자체가 지닌 특성은 예전의 아이들과 다르지 않습니다. 부모님들 중에도 어릴 때 장난이 심해서 혼나거나 무기력하게 지냈던 경험이 있을 것입니다. 아이들이 보이는 아이 자체의 특성은 예나 지금이나 다를 바 없다는 것이죠. 하지만 분명 다른 점이 있습니다. 바로 아이들을 둘러싼 환경입니다. 예전엔 아이들 주변에 있는 것들이 실체였습니다. 즉, 진짜들 속에서 살았죠. 민들레는 동네에 지천으로 피어있었고, 곤충들도 나가면 천지에 돌아다니던 것들이었죠. 비가 오면 심하게 젖어도 보고 더울 땐 나무 그늘 아래에서 햇살의 뜨거움을 피하기도 했죠. 아이들 주변이 전부 실체 그 자체였습니다. 하지만 요즘 아이들은 다른 세상을 살아갑니다. 민들레는 책 속 삽화나 그림으로 보았고, 다양한 곤충들이 생활하는 것도 다큐를 통해 경험합니다. 예전 아이들이 개미집을 발견하고 그 속이 궁금해 땅을 헤집어 놓았다면, 요즘 아이들은 초고화질의 다큐멘터리를 보며 개미집의 특성과 속성들에 대해 알게 됩니다. 비가 오면 아예 밖에 나가지 않아도 돌아다닐 수 있고, 더운 날엔 시원한 실내에서 시원한 것을 먹으면 되는 세상인 것입니다. 이런 세상의 변화가 아이들에겐 어떤 의미를 주는 것일까요?

　진짜와 접촉하는 것은 내 주변을 넘어서 존재하는 것들과의 만남에 약할 수밖에 없습니다. 반대로 진짜는 아니지만 다양한 매체를 통해 접촉하는 것은 영역의 제한이 없어 다양한 것을 접할 수 있습니다. 언뜻 보기엔 다양한 것을 접하는 것이 더 좋아 보일 수도 있습니다. 하지만 다양한 것을 접하는 것은 그 전에 진짜와 접촉한 사람에게만 축복일 것입니다. 내 주변에 대한 이해가 부족하고 내가 직접 접촉하지 않은 사람이 다양한 것을 안다고 한들 그것은 그저 머릿속에만 존재하는 것일 테니까요. 그러다 보면 점점 자신에 대한 존재가 희미해져갑니다. 여러 가지 감각에 대한 이야기를 읽어보면 '촉각'을 통해 인간은 자신의 한계를 인식하고 더불어 자신이 나아갈 길에 대해 생각한다고 합니다. 갓난아이에게 긴 옷을 입히는 것은 (특히 다리 전체를 감싸는) 허공에서 팔과 다리를 휘저으며 갓난아이가 느낄 상실감에 대한 배려라고 합니다. 즉 내 피부에 닿는 것이 있을 때 내가 존재함을 동시에 느낀다는 것이죠. 아이들에게 지금 세상은 너무나도 촉각이 부족합니다. 자신의 주변에 있는 것들이 어떤 존재인지 알아봐야 할 시기인데도 불구하고 그저 휴대폰 속이나 영상 속에서만 존재하는 것들을 접할 뿐이죠. 이런 아이들에게 모당네이처 같은 생태활동은 그 자체로 진짜와 만날 수 있는 기회를 주는 것이고, 촉각을 사용할 기회를 가지는 것입니다.

진짜 소리 듣기　　　　세상이 변했다고 말씀드렸습니다. 가장 큰 변화 중 하나는 아이들을 둘러싸고 있는 세상의 소리입니다. 시도 때도 없이 귀에 이어폰을 꽂아 놓고 음악을 듣는 아이들이 보입니다. 그런데 생태활동에선 그렇게 하지 말도록 이야기합니다. 진짜 자연의 소리를 들어야 하기 때문이죠. 아이러니하게도 인간이 만들어내는 기기, 특히 최첨단 기기일수록 이렇게 광고합니다. '자연의 소리에 가장 가까운 소리, 자연의 색에 가장 가까운 화질'이라고 말이죠. 바꿔 생각해보면 아무리 좋은 이어폰도 진짜 악기에서 나는 소리, 내 옆에서 누군가 불러주는 진짜 음성엔 못 미친다는 의미입니다. 모당네이처를 하는 동안이라도 잠시 진짜 소리에 귀를 기울여 보는 것이죠. 특히 저녁시간 숲 속은 자연의 소리가 더 크게 들립니다. 야간산행을 하며 잠시 쉬면서 아이들과 함께 자연의 소리, 숲 속의 소리를 듣는 것은 그 무엇보다 소중한 시간입니다.

　　모당네이처 활동은 요즘 아이들에게 꼭 필요한 활동이라 생각합니다. 함께하는 아이들과 함께해주시는 부모님들 모두에게 도움이 되기를 바랍니다."

10

아이들에게 배우는 교사

흔히 이야기한다. 교사는 아이들에게 배운다고. 그런데 무엇을 배우는지에 대해선 구체적으로 들어본 적이 없다. 심지어 아이들에게 배울 점이 있는지 되묻고 싶었던 것도 사실이다. 도대체 아이들로부터 무엇을 배운다는 것인가? 이 문제를 이해하기 위해선 아이와 어른의 차이점에 대해 더 깊이 생각해보아야 한다.

우리가 어른인 이유?

아이가 아니라서 어른이 아니라
아이가 되지 못해 어른인 것이다

아이가 자라서 어른이 된다는 것
어른이 되어 살아간다는 것
하지만 어른이라서 가지게 된 어려운 것
그것은 아이처럼 살지 못한다는 것
아이가 되어 세상을 바라볼 수 없다는 것
그것이 어른이 가진 딜레마

아이는 반대로
아이이기에 어른을 꿈꾸고
어른이 빨리 되기를 바라고

평생
우리는 이 두 존재 사이의 줄다리기를 겪으며 살아가는 것

삶이란

배움이란

이 두 존재 사이에 존재하는 것

어른은 아이처럼 살기를 꿈꾸고 아이는 어른처럼 살기를 꿈꾸는 것이 어쩌면 우리의 삶의 모습은 아닐까? 특히 교사로 살아가며 매일 접하는 아이들의 모습은 그 자체로 교사인 나에겐 부러움의 대상이었다. 아이처럼 살아간다는 것이 얼마나 아름다운 일인지를 알 수 있었으니까.

아이들에게 배우는 것

1. 끝없는 사랑과 희망으로 살아가기

아이들은 아무리 실망스런 상황을 만나도 결코 희망을 버리지 않는다. 그리고 아무리 실망스런 사람을 만나도 사랑으로 감싸줄 수 있다. 그것이 지금까지 내가 만난 아이들의 모습이다. 아이들을 보며 한없이 부끄러울 때가 한두 번이 아니었다. 난 어른이면서 주변을 사랑으로 감싸고 살아왔는가? 난 어떠한 상황에서도 희망을 가지고 살아왔는가? 스스로 반문하고 또 반문해보지만 그렇다고 대답할 수 없다. 그것이 너무 슬프다. 하지만 내 앞의 아이들을 보며 오늘도 열심히 배운다. 사랑과 희망을 가지고 살아가는 방법을.

2. 자신을 비춰볼 수 있는 거울

아이들 앞에 선다는 것은 그 자체로 나를 볼 수밖에 없는 상황이다. 아이들은 나를 비추는 거울이기 때문이다. 그것도 적나라하게 비추는 거울이다. 아이들은 다른 이의 가면(겉으로 잘 포장되어 있는 포장지)을 벗기는 존재다. 그래서 내가 가진 장점과 단점이 그대로 내 앞의 아이들에게 실시간으로 전달되고 영향을 준다. 내 앞의 아이들이 내 모습을 그대로 비추고 받아들이는 것이다. 매일 한순간도 빠짐없이 내 모습을 마주하는 일, 그것이 교사의 성찰이다.

끝없는 ♡사랑 과
희망으로 교사를
가르치는 아이들 !

교사 자신의 모습을
비춰볼 수 있는 거울 을
가지고 있는 아이들.

교사라는 직업

누가 나에게 교사가 되고 싶다고 이야기하면 난 항상 이렇게 이야기한다. 세상에서 가장 행복한 직업을 선택하는 거라고. 그 말 속엔 아이들을 통해 배울 수 있는 것들도 포함되어 있다. 아이들과 함께 살아가는 교사는 무한한 사랑과 희망을 가지고 살아가는 방법을 익혀야 하고, 자신을 끝없이 돌아보며 살아가야 하는 존재가 된다. 교사의 행복은 이런 모습을 인식하고 자신의 삶 속에서 실천할 때 피어나는 것이다.

11

교사, 희망을 버리지 않는다

희망고문

희망을 잊고 사는 사람은 고독하지 않다. 희망을 가진다는 것, 그것이 고독의 시작이다.
이 고독이 지독해 지는 순간 고문이 된다. 그래서 희망고문이라는 말이 만들어졌다. 하지만 본질은 결국 희망을 가진다는 것이 고독하다는 것!

'희망고문'이라는 말을 들어보았을 것이다. 프리드리히 니체(Friedrich Nietzsche)는 HOPE에 대해 다음과 같이 말했다.

"hope-in reality it is the worst of all evils, because it prolongs the torments of Man."
희망은 모든 악 중에서도 가장 나쁜 것이다. 그것은 인간의 고통을 연장시키기 때문이다.

판도라의 상자 속에서 유일하게 세상 밖으로 나오지 않았다고 알려진 '희망'이 어느 순간 '고문'이라는 무시무시한 단어와 만나서 새로운 단어를 만든 것이다. 그래서 희망이라는 것을 가지고 산다는 말은 현재는 살기가 힘들다는 의미로 받아들여지고 있는 것 같기도 하다. 그런데 난 이 단어가 이상하다. '희망'이라는 단어와 '고문'이라는 단어는 왠지 잘못 만난 사이 같다.

우리는 희망고문이라는 말로 희망을 가지는 것이 자신과 주변에 고문 같은 고통을 준다고 표현한다. 이 단어가 자주 회자되는 것은 그만큼 현실이 이상과는 다르다는 것을 이야기하고 싶은 마음이 있기 때문일 것이리라. 그런데 왜 희망이 고문이라는, 어울리지 않는 말과 함께 동거하는 상황이 벌어진 것일까? 그리고 진짜 희망이 고문처럼 고통스러운 것일까?

고문은 다른 고통과는 다르게 그 자체로 모든 것이 무시되고 절망적인 상황에서의 고통이다. 단순히 신체적 정신적 아픔이 아니라 아픔을 넘어서 존재 자체에 대한 부정까지 이어지는 것이 고문이다. 고문이라는 단어는 정말 무시무시하다. 그런데 가장 소중한 그리고 우리가 마지막까지 지켜야 할 '희망'이라는 단어와 '고문'이 만나 새로운 단어를 만들어내는 세상이라니. 우리가 살고 있는 세상의 어려움을 그대로 보여주는 것만 같다.

그런데 다시 생각해본다. 과연 희망을 가지면 그것이 현실과 만났을 때 고문처럼 우리를 힘들게 하는 걸까? 아니면 혹시 다른 것을 고문이라는 단어로 잘못 표현한 것은 아닐까? 이 단어가 만들어질 때를 상상해본다. 혹시라도 다른 의도가 있었는데 그 의도보단 다른 사람들의 뇌리에 쉽게 접근시키기 위해 고문이라는 단어를 사용했다면 어느 정도 성공한 것은 맞다. 하지만 우리가 잊지 말아야할 것은 이러한 새로운 신조어가 가진 힘은 단순히 그 단어로 끝나는 것이 아니라 그 단어가 세상을 조정하는 복잡한 성격까지 띄게 된다는 점이다.

단어가 가진 힘

'희망고문'이라는 말이 회자되면 될수록 우리 사회에선 희망이란 헛된 것이고 그저 현실에 안주하며 열심히 살아가야 한다는 것처럼 들린다. 세상의 변화를 꿈꾸는 사람들은 세상 저 어딘가에 있을 희망이라는 것을 붙잡고 살아간다. 그 자체로도 힘듦을 견뎌야 하는데 희망고문이라는 말로 그 모든 것이 포장되어 버린다면? 과연 누가 희망을 찾아 떠날 것인가?

교육에서도 희망은 그 자체로 엄청나게 큰 의미를 가지고 있다. 희망이 없는 교육은 상상하기조차 힘들다. 희망이 없는 아이들이 이 세상에 존재한다고 생각하는가? 희망을 품고 희망을 찾아서 떠나는 것이 우리의 삶에 중요한 부분인데, 어느새 우리는 희망은 쓸데없는 것이고 대충 현실에 만족하며 살아가면 된다고 이야기하고 있다. 그리고 그것이 극단적으로 희망고문이라는 말로 표현되는 듯하다.

물론 희망을 가지고 살아가는 삶이 평탄하고 행복하기만 하다고도 생각지 않는다. 희망이라는 단어 자체가 생겨난 이야기에서도 알 수 있듯이 상자 안에 혼자

남겨진 것이 희망이고, 우리는 그 희망을 그저 그리워하며 살아가고 있는지도 모른다. 그렇다 하더라도 희망고문이라는 말은 그 정도가 너무 지나치다. 그래서 생각해본다. '희망고문'이 아니라 '희망고독'이라고.

희망고독!

우리 주변엔 분명히 세상이 달라질 것이고, 우리의 삶이 더욱더 의미 있고 행복한 것으로 변화될 것이라는 소망을 가지고 살아가는 사람들이 있다. 그러나 희망을 가지고 살아가는 것은 쉽지 않은 일이다. 그렇다고 고문을 당하듯이 모든 것을 부정당하고 빼앗기는 것은 아니다. 단지 희망을 가지고 살아가는 것이 외로울 뿐이다.

사람들은 희망을 가지고 살아가는 사람을 아직 철이 덜 들었다고 치부한다. 세상 물정도 모르면서 그저 이상만 꿈꾼다고 말이다. 희망을 품고 살아가는 사람들은 현실을 부정하고 현실을 외면하는 것이 아니라, 현실 자체를 너무 사랑해서 그리고 어려운 현실이 앞으론 변화되기를 바라는 마음으로 희망을 품고 살아가는 것이다. 그런데 이렇게 세상을 살아가는 사람이 많지 않다. 그러다 보니 외롭다!

사실 희망을 가지고 살아가는 사람들도 처음엔 그저 현실 속에서 허우적거리던 이들이다. 그러다 어느 순간 깨닫게 된다. 이 현실 너머 저 멀리 다른 것도 있다는 것을. 그것을 깨닫고 현실 속 어려움과 고난을 디딤돌 삼아 더 먼 세상을 바라본다. 그리고 그 순간 알게 된다. 대부분의 사람들이 고난과 어려움에 막힌 채 살아가고, 고개를 들고 고난과 어려움을 발판으로 한 사람이 주변에 쉽게 보이지 않는다는 사실을, 그렇게 혼자 든 고개가 무척 외롭다는 사실을 말이다.

    아이러니하게도 외로움을 동반자로 받아들이고 희망을 향해 나아가는 사람들이 있기에 우리 세상은 조금씩 조금씩 성장한다. 그래서 우리는 그들이 너무 외롭지 않도록 항상 응원하고 옆에 있어야 한다. 희망을 품고 살아가는 사람들이 희망고문이라는 극단적인 말에 상처받지 않도록, 희망고독이라는 감옥에서 혼자 있지 않도록 손을 잡아주어야 한다. 그것이 우리가 세상 속 주인공이 되는 길이다. 그리고 세상에서 이러한 마음을 가장 잘 실천하며 살아가는 존재가 바로 우리 아이들이다!

12

아이들은 새싹이다!

우리는 이미 누군가의 가장 소중한 열매이다. 열매로만 살아갈 것인지 아니면 열매의 탈을 뚫고 나와 씨앗의 삶을 살아갈 것인지를 결정해야 한다. 열매가 씨앗이 되는 과정은 그 자신을 철저히 버려야 가능하다는 것을 알고 있다. 그리고 그러한 아픔을 담담히 받아들이고서야 세상으로 머리를 내밀 수 있음 역시 우리 모두 알고 있다.

세상에 첫발을 내딛는 새싹은 어떠한 꾸밈도 없이 순수함 그 자체로 나오게 된다. 그리고 다른 여러 가지가 아니라 가장 중요한 몇 가지만 가지고서 세상과 만난다. 그렇게 함으로써 새로운 환경에 적응하며 새로운 환경에 어울리는 잎사귀와 줄기, 그리고 꽃을 피울 수 있다.

아이들은 새싹이다!

아이들 또한 마찬가지다. 지금 아이들이 가진 모습은 막 새로 돋아난 새싹과 다를 바 없다. 그렇다는 것은 지금 뭔가 특별한 잎사귀와 줄기 그리고 꽃을 가지고 있는 것이 아니라 그저 가장 기본에 충실하며 앞으로 무엇이 될진 모르지만 무엇이든 될 수 있는 바탕이 되는 모습으로 존재한다는 뜻이다. 그런 아이들에게 자꾸 조급한 마음으로 무엇이 되고 싶으냐고 물어보는 것은? 이제 막 새싹이 난 밭을 보며 언제 열매를 맺을 거냐며 한숨 쉬고 절망하는 어리석은 농부와 같다.

기다리자!
기다리자!
그리고 함께하자!

13

배움! 깨달음의 순간

아이에게 새로운 배움이 일어나는 과정

새로운 지식은 그냥 만들어지는 것이 아니다. 따로 떨어져 있던 것들이 서로 모여 있으며 서로의 관계 속에서 새로운 지식을 만들어간다. 낱낱의 정보는 그 자체의 의미 이상의 의미를 가지지는 못한다. 정보 역할 이상은 하지 못한다는 말이다. 하지만 우리가 학교에서 아이들과 나누는 것, 나눠야 하는 것은 단순한 정보가 아니다. 정보의 습득과정을 거쳐 지식의 습득에 이르게 해야 한다.

그런데 정보는 낱낱이 있을 때보다 연결되어 있을 때 더 다양한 의미를 가지게 되고 새로운 지식으로 나아갈 수 있다. 결국 새로운 지식은 다양한 정보들이 서로 연결되어 있을 때 더 많은 배움의 모습을 보여줄 수 있다는 말이다.

다음의 시를 보자.

유리창 위에
올챙이 수십 마리,
뒷다리 나오기도 전에
꼬리로 꼬물꼬물

선 긋기 연습

_안진영, 2013

이 시를 하나씩 뜯어서 분석해보자.

'유리창' 부분
'올챙이와 뒷다리, 그리고 꼬리'
'선 긋기 연습' 부분

정보로 나눠보면 유리창, 올챙이, 그리고 선 긋기라는 정보가 있다. 하나하나의 정보들은 그 자체로는 정보 이상의 의미가 없다. 그런데 각각의 정보들이 모여서 시를 이루게 되는 순간! 새로운 정보를 만들게 된다. 그리고 이런 새로운 정보는 우리에게 지식으로 다가온다. 그리고 그 지식은 시인이 자신이 가진 정보의 지식화 과정을 통해 만들어낸 새로운 지식이다. 시인은 그 새로운 지식을 시의 제목에 압축해서 표현했다.

위 시의 제목은 무엇일까?

제목은 〈빗방울〉이다. 제목을 듣기 전엔 시인이 무엇을 말하고자 하는지 모를 수도 있다. 하지만 제목을 듣자마자 선명한 이미지로 각각의 정보들이 머릿속에 떠오르는 경험을 할 수 있다.

유리창, 올챙이, 선 긋기는 서로 연관성이 없는 정보들이다. 하지만 그것들이 시인 개인의 정보의 지식화 과정을 통해 빗방울이라는 새로운 지식으로 탄생했다. 빗방울이 무슨 새로운 지식이냐고 말할 수도 있을 것이다. 여기서 말하고자 하는 지식은 무엇인가를 기억해야 하거나 새로운 정보를 담고 있는 지식이 아니라 기존 생각에서 새로운 생각으로 재해석되는 순간의 경험을 말한다.

깨달음의 순간이 지식의 획득이다

즉, 스스로의 삶에서 새로운 깨달음의 순간을 맞이하는 것을 지식을 획득했다고 말한다. 누군가는 이 시를 보고 자신만의 정보들을 연결하여 또 다른 새로운 지식을 형성할 수 있을 것이다. 이렇게 새로운 지식을 만들어 가는 것은 창조의 과정이기도 하다. 그리고 이런 창조의 과정은 결국 그 사람의 내적동기를 유발하는 강력한 기재가 될 것이다.

이러한 새로운 지식의 창조 과정은 아이들의 배움에서 중요한 역할을 한다. 뇌과학에선 아이들이 배울 때 사용하는 뇌 속의 작용과 어른들이 배울 때 사용하는 뇌 속의 작용이 다르다고 말한다(만프레드 슈피처, 《디지털치매》, 2013). 아이들은 새로운 뇌 흔적을 동시에 수없이 만들어 가고, 어른들은 이미 만들어져 있는 기존의 구조들을 서로 연결하며 배운다는 것이다. 그래서 아이들은 자신들이 배우는 수많은 것들이 정신없이 다가오는 것 같다고 느낀다는 것이다. 그에 비해 어른들은 기존의 것들을 새롭게 연결하는 과정이 많기에 오히려 더 안정적인 배움의 모습을 보일 수 있다. 앞에서 언급한 다양한 정보 하나하나씩을 알아가는 것은 아이들이 무엇인가를 배울 때 머릿속에서 벌어지는 모습과 닮았고, 그러한 각각의 정보들을 하나로 묶어서 제목을 붙이는 시인의 모습은 어른이 무엇인가를 배워갈 때 사용하는 모습과 닮았다.

의식한다는 것

칙센트미하이 교수는 의식에 관한 글에서 '의식이란 의도적으로 순서화된 정보(칙센트미하이, 《Flow》, 2004년)'라는 말을 했다. 그리고 이러한 의식은 우리 주변의 다양한 정보들 중 필요한 것을 선택하여 의도를 가지고 순서화하였을 때 생겨난다고 했다. 결국 의식을 갖는다는 것도 낱낱의 정보들에 의도를 가지고 순서를 정했을 때 생긴다는 말이다. 이미 존재하는 정보들을 새롭게 구성하는 것이 중요하다는 말이다. '생전 듣도 보도 못한 것은 생각해낼 수 없다!'고 김정운 교수는 말한다(김정운, 《에디톨로지》, 2014년). 그래서 세상을 창조적으로 살아가는 것은 기존 정보들의 편집에 있다고 한다. 편집한다는 것엔 그 사람의 의도가 들어가 낱낱의 정보들에 순서를 붙이는 것과 비슷하다. 낱낱의 정보들에 흐름을 만들어 가는 것과 비슷하다.

세상에 자신의 목소리를 내는 아이들

아이들 머릿속에서 수많은 뇌 흔적들이 만들어지고 있고, 그것이 정신없이 복잡하게 얽혀 있다는 전제라면 배움의 과정에서 중점을 둬야 할 부분이 조금은 명확해지지 않을까? 정신없이 흩어져 있어 낱낱으로 존재하는 뇌 흔적들이 하나의 큰 흐름을 가질 수 있도록 하는 것이다. 그리고 큰 흐름 속 수많은 정보들을 연결하는 경험을 많이 하도록 하면 어떨까?

아이들이 낱낱의 의미 없는 정보들이 큰 흐름으로 연결되어 있으며 서로 연결되면서 새로운 정보나 새로운 지식으로 탄생하는 모습을 보며 자신의 머릿속 정보들도 그렇게 정리할 수 있는 힘을 얻을 수 있으리라 생각한다. 그리고 그렇게 자신만의 새로운 지식을 세상에 내어놓고 외칠 수 있도록 하는 것이 배움이다.

인권은 존중이다

노키즈존(No Kids Zone)

2017년 11월 24일 국가인권위원회는 노키즈존 구역은 아동 차별이며 합리적 이유가 없다는 권고문을 발표했다. 많은 매체들이 앞다투어 제동이 걸린 노키즈존에 대해 보도했다. 하지만 한편으론 노키즈존이 반드시 필요하다고 느끼는 시민들도 많다는 이야기도 빠지지 않았다. 교사로 아이들과 생활하는 나로선 난감한 이슈였다.

아이들을 싫어하는 사회?

아이들은 산만하다. 주의력도 깊지 않아서 문제를 잘 일으킨다. 그런데 이런 행동을 하는 존재가 아이다. 그런데 아이는 우리 사회에서 약자이기도 하다. 버스

나 지하철에 적혀 있는 '노약자'라는 말을 보면 난 아이들이 떠오른다. 아이들 또한 약자니까. 아이들과 영화를 보려고 단체로 영화관에 갈 때마다 긴장하지 않을 수 없다. 아이들은 주변에 누가 있는가보단 자신이 느끼고 행동하고 싶은 대로 움직인다. 그래서 컴컴한 영화관 속에서 영화를 보면서 동시에 아이들이 혹시라도 다른 사람에게 피해가 가는 행동을 하지 않는지 확인하는 것이 일이다. 아이들이 다른 사람에게 피해를 주지 않도록 노력하는 어른이 있다는 것을 알고 있어도 주변의 다른 어른들의 시선은 차가울 때가 많다. 왜 그럴까? 진심으로 아이들을 싫어하는 것일까?

인권은 권리의 문제인가?

사회가 발전할수록 인간에 대한 권리 즉 '인권'에 대해 민감하게 반응하는 것 같다. 학교에서도 인권감수성 같은 교육이 중요한 교육요소로 자리 잡고 있다. 학교에서의 학생들 또한 학생인권이라는 것으로 보호받아야 한다는 이야기가 진행되어 대부분의 학교가 학생들의 의견을 듣고 학칙을 정하고 있다. 그런데 이렇게 바람직한 인권이 오히려 문제가 되는 모습이다. 노키즈존 문제에 대한 국가인권위원회의 발표가 있었지만 여전히 우리 사회 속 많은 가게들과 시민들은 노키즈존을 지지한다. 그 이유에 대해 이선옥닷컴의 이선옥은 이렇게 이야기한다.

"약자나 소수자, 피해자의 권리 보장 관점으로는 해결할 수 없다."

노키즈존 문제에서 많은 사람들에게 명쾌하게 해결점을 주지 못하는 이유가 권리들끼리 상충하는 상황이기 때문이라는 이야기다. 음식점에 들어가서 식사라는 서비스를 받을 수 있는 부모와 아동의 권리, 자신이 지불한 비용만큼의 쾌적한 서비스를 누릴 일반 손님의 권리, 그리고 이윤창출을 위해 부당한 침해를 받지 않을 식당주인의 권리가 엉켜 있다. 권리는 동등한 것이지 우선순위나 우열이 존재하지 않는다.

학생인권과 교사인권도 우열의 문제가 아니다

학생인권이 강조되면서 학교에서 교사의 인권은 실종되었다는 이야기가 떠돈다. 이 이야기 속에도 결국 권리가 서로 상충하고 있는 것이다. 학생의 권리와 더불어 교사의 권리도 동등해야 한다. 그런데 비교적 약자인 학생의 권리가 더 앞서 있고 우선시되어야 한다고 이야기하는 분위기가 학교현장을 오히려 어지럽히고 있다. 어떤 인권은 더 소중하고 어떤 인권은 덜 소중한가? 이런 판단이 가능하긴 한 것일까? 그렇다면 어떤 인권은 제한해도 괜찮다는 논리가 성립하는 것은 아닐까?

차시	단계	교수 · 학습 활동	자료 및 유의점

	도입	● 학생 인권 문제 토론하기
		  - 〈 주제 : 학생 인권, 어디까지 보장해야 할까? 〉
		    찬성 : 공부를 위해 어느 정도는 제한되어야 한다.
		    반대 : 자유, 인권을 충분히 누려야 한다.
			[인권쟁점] 책

_○○ 교육청의 교육과정 수업 평가의 일체화 관련 자료 중 발췌

인권문제를 토론하는 주제가 이상하다. 인권 자체는 제한할 수 있는 것이 아니다. 인권은 당연히 인간으로서 누려야 할 권리니까. 그런데 토론에선 인권을 제

한할 것인지 말 것인지를 다룬다. 이러한 논의는 아이들에게 인권 역시 제한될 수 있다는 의식을 심어주게 된다. 그래선 안 된다. 기본 전제는 확실해야 한다. 인권은 제한할 수 없는 근본적인 권리다.

인권문제의 접근법은?

인권문제로 토론하고 싶다면 이런 식의 토론이어야 하지 싶다.

– 휴대폰 사용을 학교에서 자유롭게 하는 것은 인권인가?
– 학교에서의 화장을 허용하는 것은 인권인가?
– 인간이 자신이 하고 싶은 일을 자유롭게 하는 것이 인권인가?

구체적인 생활 속 사례를 통해 그 행위가 우리가 당연히 누려야 하는 인권에 속하는지를 따져야 하는 것이다. 그리고 그것이 누구나 누려야 할 인권이라면 그것을 제한할 수 없다는 것도 배워야 하고 실천해야 한다. 만약 학교에서의 휴대폰 사용이 인권에 속하지 않는다면 왜 그런지를 따져보고 실천하면 되는 것이다. 이렇게 함으로써 인권이 가진 속성을 더 깊이 이해할 수 있다.

다시 노키즈 식당

"노키즈 식당은 아동 차별이며, 진정의 대상이 된 해당 식당이 13세 이하 아동의 출입을 전면금지한 행위는 합리적 이유가 없다."

_국가인권위원회 권고안

국가인권위원회의 권고는 아동의 권리를 먼저 우선시하고 식당주인의 권리를 덜 중요하게 판단한다는 이야기가 아니다. 모두의 권리가 동등하지만 어느 쪽의 권리를 차별하게 되었을 땐 그 행위가 합리적이어야 한다는 판단이다. 즉, 13세 이하 아동이 식당에 출입하지 못하게 하는 방법 말고 다른 합리적인 방법을 찾아서 해결하라는 이야기다. 이 권고안은 아동이 누려야 할 권리도 소중하고 식당주인이 행사할 권리도 동시에 소중하다고 말한다. 그 합의점을 찾아가는 것은 우리의 몫이다. 이 권고안을 보고 아이들이 식당에서 맘대로 떠들고 다녀도 된다고 해석하는 사람이 있다면 권리에 우선순위가 있다고 믿는 어리석은 사람이 되고 말 것이다.

인권 = 동등한 권리 = 존중의 문제

인권문제를 동등한 권리의 문제로만 생각하면 서로의 권리가 상충하는 현상을 피할 수 없다. 그렇다면 어떤 식의 방법이 있을까? 인권문제를 '존중'의 문제로 보았으면 좋겠다. 왜냐하면 세상엔 분명 나와 다른 존재들이 있고 그 존재와 내가 같지는 않기 때문이다. 세상의 모든 것이 평등한 상태로 존재할 수도 없다. 결국 서로가 다름을 인정하는 것이 인권문제의 기본이 되어야 하지 않을까 생각한다.

'존중은 선택의 문제가 아니라 반드시 해야 할 문제'

인권이 누구나 누려야 할 당연한 것인 것처럼 존중 또한 대상을 가리지 않고 누구에게나 적용되어야 할 것이다. 서로가 어떤 존재든 서로를 존중할 수 있다면 누구도 자신의 인권을 침해받았다고 생각하지 않을 것이다. 식당에서 다른 사람에게 피해를 주는 아이의 부모라면 다른 사람을 존중하지 못한 자신의 태도를 돌아보고 아이를 진정시키면 된다. 아이가 소란스럽게 했지만 부모의 통제가 있고 조용히 하기 위해 노력하는 모습을 보인다면 그 상황을 존중해주면 되는 것이다. 존중하게 되면 서로를 이해할 수 있다.

학교 내에서의 존중

교육의 주된 덕목 중 하나는 '꾸준함'이다. 꾸준히 다른 사람을 존중하는 태도를 배울 수 있는 최적의 장소는 학교다. 꾸준히 다른 사람을 존중하는 모습을 보여줄 수 있는 사람은 교사다. 이런 환경 속에서 자란 아이들은 분명 다른 존재를 존중하는 태도를 가지게 될 것이다. 그렇기에 서로의 인권을 존중하고 지켜주게 될 것이다.

아이들 세계로 들어간 교사,
그 스토리가 시작됩니다!!

함께한다는 것
: 아이들 세계로 들어간 교사

01

도와준다는 것 vs 함께한다는 것

다음의 물음에 답하시오.

교사는 아이들을 도와주는 사람일까?
아니면 아이들과 함께하는 사람일까?

위의 질문에 대한 답을 생각해보자. 만약 교사가 아이들을 도와주는 사람이라 생각한다면 '도와준다'는 의미에 대해 깊이 생각해보는 게 좋을 것 같다.

돕는다?

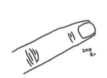

돕는다는 것은 어떤 대상이 있을 때 주로 사용된다. '스스로를 돕는다'라고 사용하기도 하지만 일반적으론 내가 아닌 다른 존재를 돕는 것이다. 그래서 많은 교사들은 아이들을 도와주는 것이 교사의 역할이라 생각하는 경향이 있다. 그리고 그 의미 속엔 결국 모든 문제의 해결은 스스로의 힘으로 해야 한다는 것을 역설적으로 이야기하고 있다. 이렇듯 스스로 해결해야 하는 아이들의 입장에서의 도움은 어떤 것이어야 할까? 그저 멀리 떨어져 바라보면 되는 것일까? 아닐 것이다. 아이들이 진정 원하는 도움은 그런 것이 아니다.

도움을 넘어서는 도움

아이들이 원하는 도움이 되려면 도움을 넘어서야 한다.

▶ 이러한 도움은 도움의 성격을 넘어 함께하는 것과 같다.
▶ 그 순간을 아이와 함께 겪으며 스스로 그 도움을 발판으로 새로운 자신으로 나아가는 것이다.
▶ 새로운 자신의 모습을 위해 주변에 나와 함께하는 사람이 있다는 것을 알게 하는 것이다.
▶ 주변에 나와 함께하는 사람이 어른이라는 것을 알게 함으로써 누군가를 믿고 따르는 것이 얼마나 가치 있는 일인지 알게 하는 것이다.

함께 배움을 경험하는 존재, 교사

아이들과 함께하는 교육이란 이런 것이다! 교사는 아이들과 함께 배움을 경험하는 존재인 것이다.

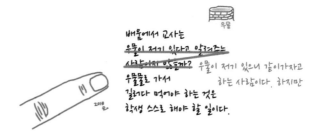

배움에서 교사는
우물이 저기 있다고 알려주는
사람이 아닐까? 우물이 저기 있으니 같이가자고
우물로 가서   하는 사람이다. 하지만
길러다 먹어야 하는 것은
학생 스스로 해야 할 일이다.

"부모나 교사가 아이를 가르친다는 것은 가능한 존재 방식을 의도적으로 보여주는 것이다."

_Maxvan Manen, 《가르친다는 것의 의미》, 학지사, 2012년

그리움을 먹는 것

교육에서 우리가 해야 할 일은 무엇일까? 사실 이것은 음식을 먹는 것과 비슷한 측면이 있다.

음식을 먹으며 자라는 우리들
어릴 때 먹었던 음식이 지금의 나를 만들어 가고
어릴 때 먹던 음식 습관이 지금의 나를 만든다.

어릴 때 경험했던 음식을 나이가 들어서 다시 당기게 되고
어릴 땐 못 먹던 음식을 나이가 들어서 먹기도 한다.

교육도 이와 같다.

교육을 받으며 자라는 우리들
어릴 때 받았던 교육이 지금의 나를 만들어 가고
어릴 때 받았던 공부 습관이 지금의 나를 만든다.
어릴 때 경험했던 활동들이 나이가 들어서 다시 하고픈 활동이 되고
어릴 때 깨닫지 못했던 배움을 나이가 들어서 다시 시작하기도 한다.

'음식이란 그리움을 먹는 것!'이라는 식객의 한마디!
이 말을 듣는 순간 내 마음속 깊은 곳에 있던 교육을 바라보는 눈이 번쩍!
교육이란 그리움을 먹는 것, 교육이란 그리움을 남길 수 있는 것을 만드는 과
정이지 않을까?

어릴 때 나에게 큰 그리움을 남기신 선생님
그 선생님의 자리가 내 마음속 빈 곳을 채워주었고
그 빈 곳이 채워짐으로써 헛된 것을 바라지 않고
내가 가야 할, 내가 해야 할 일에 집중할 수 있었던 것이 아닐까?

아이들과 함께한다는 것
그것은 함께 그리워할 무언가를 만드는 것
그것이 교육이다!

02

법과 제도를 넘어 아이들과 함께한다

때   2015년 어느 날

곳   6학년 교실

쉬는 시간 평소 아이들과 뒤엉켜 놀던 선생님이 웬일로 책상 앞 컴퓨터 화면을 뚫어져라 보며 한숨을 쉬고 있다. 잠시 후 컴퓨터 옆의 프린터에서 종이 한 장이 출력된다. 그 종이를 집어 들고 무엇인가 고민에 빠진 선생님의 모습이 보인다.

아이들   (선생님 주변으로 조심스럽게 다가와 말을 건넨다.) 선생님? 무슨 걱정이 있으세요?

선생님   아! (외마디 후 다시 손에 든 종이를 바라본다.) 너희도 알다시피 선생님은 공무원이잖아? 그래서 그래.

아이들   (어리둥절한 표정을 지으며) 네, 우리도 선생님이 공무원인 건 알아요. 그런데 무슨 문제가 생긴 거예요? 왜 그러세요?

선생님	(잠시 생각에 잠긴 듯한 표정을 짓다가 아이들을 바라보고 이야기한다.) 공무원은 공문이라는 것을 처리해야 한단다. 특히 선생님은 부장교사라 이런 공문들을 처리해야 하는 책임이 있어.
아이들	(걱정스런 표정으로) 아니 어떤 공문인데 그렇게 걱정이세요?
선생님	이 공문 내용이 뭐냐면 (아이들 쪽으로 공문을 보여주며) 학교폭력예방교육을 몇 월 며칠 무슨 교과 시간에 몇 시간 했는지 보고하라는 내용이야.
아이들	(말도 안 된다는 표정을 지으며 동시에 여럿이 대답한다.) 아니 그런 게 어딨어요? 우리는 매일 매시간 어떤 교과를 공부하든 항상 다른 사람을 존중해야 하고 배려해야 한다고 배우고 있잖아요. 쉬는 시간이나 점심시간에도 그렇구요. 특정한 시간에 그런 것을 따로 하는 것이 아니잖아요!
선생님	당연하지. 선생님도 그렇게 생각해. 하지만 어쩌겠니? 선생님은 공무원이라 이런 문서를 처리해야 하는 거야. (풀죽은 모습이다.)
아이들	(선생님을 바라보는 눈빛이 빛나고 있다. 확신에 찬 모습으로) 선생님, 뭘 그리 걱정하세요. 그냥 대충 아무 날이나 써서 보내세요. 혹시 누가 그날 진짜로 했는지 물어보면 우리가 다 했다고 이야기할게요.
선생님	(당황하며) 아, 그래.

免而無恥(면이무치)

논어에 나오는 말로 '법과 제도를 이용해 질서를 유지하려 한다면 법과 제도를 피하는 것만 배우고 양심의 가책을 느끼지 않는다'는 의미다. 즉 내가 법과 제도를 어겨도 형벌로 이어지지 않는다면 괜찮다는 생각인 것이다. 이런 생각의 이면엔 무엇이 있을까? 우리는 흔히 우리 사회가 제대로 돌아가지 않고 많은 문제들이 발생하는 것을 법과 제도의 문제라고 이야기한다. 그런데 혹시 이런 태도 속에서 나의 잘못을 아니 우리의 잘못을 남에게 떠넘기고 있는 건 아닐까? 여기서의 '남'은 사람으로만 한정지어 생각하지 않는다. 나를 제외한 모든 존재 즉 사람, 제도, 법, 관습, 전통 등 모든 것이 포함된다. 내 문제를 내가 책임지려는 태도가 아니라 남에게 미루고 도망가는 것이다. 혹시 이런 태도가 만연한 곳 중 하나가 학교인 것은 아닐까?

학교폭력예방교육을 언제 어떻게 했는지 보고하라는 공문은 그 목적이 진정 학교폭력을 예방하기 위한 것일까? 아니면 혹시라도 학교폭력이 발생했을 때 우리는 우리(교육청이나 학교)가 할 수 있는 모든 행정적 제도적 노력을 다 했으니 책임지지 않겠다는 의미인가? 만약 전자의 의미였다면 바보인 것이고 후자의 의미였다면 비겁한 것이다. 학교폭력이라는 복합적이고 다양한 현상을 단 몇 시간의 계기교육으로 예방할 수 있다고 믿는 것 자체가 바보스럽다. 학교폭력이라는 현상을 마주하고 그것을 예방하고 치유하기 위해 노력해야 할 많은 부분들은 제쳐두고 그저 몇 장의 계획서와 결과물로 책임을 피하려는 태도가 비겁이 아니면 뭔가? 그렇다면 법과 제도가 우리에게 필요 없는 것일까? 물론 아니다. 반드시 필요하다. 하지만 스스로에게 이 물음을 해보자.

"법과 제도를 넘어 아이들이 진정 원하는 도움의 손길을 내밀어보았는가?"

만약 우리의 삶에 법과 제도만 존재하고 그것을 통해서만 살아간다면? 행복하지 않을 것 같다. 아니, 행복하지 않을 것이다. 인간이란 이러한 법과 제도를 넘어 인간의 가치를 찾아가며 살아가야 하는 존재라고 생각하니까. 그리고 그것이 바로 교사의 삶이고 학교가 추구하는 삶의 모습일 테니까. 하지만 학교의 현실은 여전히 녹록지 않다.

표준화운동과 교육

켄 로빈슨이 쓴 《학교혁명》에는 표준화운동에 대한 비판이 많이 제시되어 있다.

"표준화운동은 창의성, 자기표현, 발견과 상상놀이를 통한 비언어적이고 비수학적인 공부와 학습 방법에 대해 회의적이며, 심지어 미취학 아동에 대해서도 같은 태도를 취한다. (중략) 정량화가 그다지 쉽지 않은 방식에 대해서는 당연히 회의적이다."

어쩌면 공교육이 가진 한계를 보여주는 하나의 사례일지 모른다. 모두를 위한 교육은 결국 이러한 표준화를 추구할 수밖엔 없을 테니까. 그리고 그렇게 관리되지 않는다면 공교육으로서의 의미나 질 관리에 실패할 수 있으니까. 하지만 이렇게 표준화되고 제도와 법으로 규정된 것으로만 살아가고 싶진 않다. 이러한 표준화를 대표하는 법과 제도 뒤에서만 살아가는 교사는 결국 자신이 책임져야 할 부분에 대해서 쉽게 포기하고 법과 제도 탓으로만 돌릴 가능성이 커지기 때문이다. 교사로 살아가는 것은 그런 것이 아니다. 법과 제도를 기반으로 하되 그것을 디딤돌로 삼아 넘어서는 가치를 창출하는 사람이 교사여야 한다.

법과 제도를 넘어간 두 사람

절대 넘을 수 없어 보였던 남북 분계선도
두 사람이 손잡고 한번에 넘어서는 것!
이것이 진정한 한계의 극복이지 않을까?

2018년 4월 27일. 우리나라의 역사에 남을 한 장면을 전 국민이 마주했다. 남과 북의 정상이 판문점 군사분계선에서 만나 서로의 선을 넘는 장면이다. 두 정상은 예정에 없던 파격을 보였고 그 파격은 현재 우리나라에 존재하는 법을 어긴 행동이기도 했다. 하지만 그것이 법을 어겼으니 무효가 되거나 파기되어야 한다 생각하는 국민은 거의 없다. 그저 그 순간의 감동을 온몸으로 느꼈을 뿐이다. 그 상황에 대해 JTBC〈뉴스룸〉의 손석희 앵커는 이렇게 말했다.

"두 사람의 만남의 과정에 갖가지 상징의 코드가 동원됐지만 사실 가장 명징한 상징의 코드는 계획된 것이 아닌 파격에서 나왔습니다. 군사분계선을 말그대로 하나의 선으로 만들어버린 두 사람의 전혀 예정돼 있지 않았던 월북, 월남이었습니다. 언제 넘어가보냐, 지금 그냥 넘어가보자. 그렇게 해서 65년을 그어져온 분계선이라는 것이 서로가 마음먹기에 따라서는 얼마나 무의미하고 보잘 것 없는 선에 지나지 않는 것인가를 보여준 것이겠지요. 오늘 하루 남북은 말 그대로 지난 11년을 극복하는 드라마틱한 장면들을 보여줬습니다."

65년을 그어져온 저 붉은 분계선, 누구도 감히 넘을 생각을 하지 못하는 철옹성 같던 법과 제도를 두 사람의 마음만으로 훌쩍 넘어버린 일. 어쩌면 교사로 살아가며 꿈꾸는 교사의 모습을 난 이 장면에서 보았다. 교사라는 직업에 필연적으로 따라오는 각종 제도와 법, 하지만 그 이상으로 나아갈 용기를 다시 보여준 장면이었다. 여러분은 어떠한가? 법과 제도가 진정 우리를 지켜줄 수 있다 생각하는가?

03

'법을 넘어서 살아간 사람들'의 개념으로
수업을 개발하다

때	1930년 어느 날
장소	뉴욕 법원
등장인물	판사, 노인, 법원경찰, 시민들

1930년 어느 날, 상점에서 빵 한 덩어리를 훔쳐 절도혐의로 기소된 노인이 재판을 받게 되었다.

법원경찰　(위엄 있는 목소리로) 판사님께서 들어오십니다. 모두 자리에서 일어서주시기 바랍니다. (판사님이 자리에 앉은 후) 피고인도 입장해주시기 바랍니다. (피고인 입장 후) 모두 자리에 앉아주시기 바랍니다.

판사는 법정 가운데에 웅크리고 서 있는 노인을 지긋이 바라보고 있다. 재판을 보기 위해 시민들은 법정을 둘러싸고 앉아있다.

판사　(정중하게 묻는다.) 전에도 빵을 훔친 적이 있습니까?

노인　(떨리는 목소리로) 아닙니다. 처음 훔쳤습니다.

판사　(여전히 정중하게 묻는다.) 왜 훔쳤습니까?

노인　(눈물을 글썽이며) 사흘을 굶었습니다. 배는 고픈데 수중에 돈은 다 떨어지고 눈에 보이는 게 없었습니다. 배고픔을 참지 못해 저도 모르게 빵 한 덩어리를 훔쳤습니다. 죄송합니다. 용서해주십시오.

노인의 외침을 들은 시민들은 모두 노인의 처지를 불쌍하게 여기며 수군거린다. 이때 판사가 판결을 내렸다.

판사　(단호한 말투로) 아무리 사정이 딱하다 해도 남의 것을 훔치는 것은 잘못입니다. 법은 만인에게 평등하고 예외가 없습니다. (잠시 심호흡을 하고서) 그래서 법대로 당신을 판결할 수밖에 없습니다. 당신에게 10달러의 벌금형을 선고합니다.

노인의 사정이 딱해 판사가 용서해줄 것으로 알았던 사람들은 판결이 인간적으로 너무하다고 술렁거리기 시작했다. 판사는 어수선한 분위기에 상관하지 않고 이야기를 계속했다.

판사	(부드러운 목소리로) 이 노인은 이곳 재판장을 나가면 또다시 빵을 훔치게 되어 있습니다. 이 노인이 빵을 훔친 것은 오로지 이 노인의 책임만은 아닙니다. 이 노인이 살기 위해 빵을 훔쳐야만 할 정도로 어려운 상황임에도 아무런 도움을 주지 않고 방치한, 이 도시에 살고 있는 우리 모두에게도 책임이 있는 것입니다. (잠시 심호흡을 하고서) 그래서 저에게도 10달러의 벌금형을 내리겠습니다. 동시에 이 법정에 앉아있는 여러 시민들께서도 1달러의 벌금형에 동참해주실 것을 권고합니다.
법원경찰	(모자를 뒤집어 들고 시민들에게 벌금을 받는다. 그리고 노인에게 전달한다.)
판사	(자기 지갑에서 10달러를 꺼내어 모자에 담았다.)
노인	(연신 고개를 숙이며 고맙다는 말을 하며 법정을 퇴장한다.)

이 놀라운 판사의 선고에 이의를 제기하는 사람은 아무도 없었다. 그렇게 거두어진 돈이 57달러 50센트였다. 판사는 그 돈을 노인에게 주었다. 노인은 10달러를 벌금으로 내고 남은 47달러 50센트를 손에 쥐고 감격의 눈물을 글썽이며 법정을 나갔다.

생각 없는 인간의 모습

이 이야기는 미국의 라과디아 판사의 이야기이다. 판사에서 뉴욕 시장까지 지냈던 분으로 지금도 뉴욕의 공항 중 한 곳의 이름이 라과디아 공항이다. 항공기 사고로 돌아가신 분을 기리기 위해서라는데 왜 라과디아 판사가 이렇게 존경받는지 알 수 있는 에피소드가 되겠다. 법을 가장 엄정하게 집행해야 하는 판사임에도 불구하고 법을 넘어 사람에 대한 연민으로 판결을 내리는 라과디아 판사에게 법을 어겼으니 죄를 물어야 한다고 누가 말할까? 이 이야기를 아이들과 나누고 싶었다. 특히 6학년 사회교과에선 정치에 대한 부분을 다루는 단원이 있다. 기본적인 정치의 개념과 권력분립의 이야기 등이 다뤄진다. 법이란 것이 무엇인지 우리의 헌법에서 규정하는 인권이 무엇인지 등 다양한 부분을 다루는 것이다. 하지만 딱 거기까지다.

아이들과 이 단원을 수업할 때 가장 많이 사용하는 수업 방법 중 하나는 아이들이 직접 헌법이나 법을 제정하고 그것을 바탕으로 자신들만의 미니 법정을 열어 재판을 해보는 활동이다. 아이들은 재판을 좋아한다. 다른 사람의 잘못에 대해 비판하고 그것에 책임을 지도록 벌을 내리는 것을 좋아한다. 그래서 벌을 받지 않기 위해 법과 규칙을 잘 지켜야 함을 이야기할 수 있다. 하지만 그대로 수업을 끝내기엔 아쉬움이 컸다. 왜냐하면 법이란 것도 결국은 사람을 위해 존재하는 것인데 이렇게만 끝내면 법이 모든 것의 판단기준, 절대적인 기준이 되는 것처럼 보일 수 있기 때문이다. 그래서 법과 제도를 넘어 우리 모두에게 생각할 기회를 줄 수 있다 생각한 라과디아 판사의 판결 이야기를 가져와 수업을 했다. 아이들은 역할극 형태로 라과디아 판사와 노인을 맡아서 연기했고, 다른 아이들은 방청객이 되어 지켜보았다. 역할극을 시작하기 전에 모두에게 1달러짜리 가짜 지폐를 인쇄해 주고 판결을 지켜보게 하였다. 아이들의 반응은 어땠을까?

"그는 생각 없이 법으로만 따지는 판사가 아니다. 그는 인간적으로 재판을 하고 우리는 그것을 배워야 할 것 같다."

법으로만 세상을 보려는 태도에 대해 한 아이는 생각 없다고 말했다. 그렇다. 난 이 아이의 말에 동의한다. 법과 제도만으로 세상을 바라보는 것은 내 생각을 개입시키지 않겠다는 의미를 넘어 난 생각하기 싫으니 그저 시스템적으로 굴러가길 바라는 마음과 다를 바 없다. 하지만 어쩌랴? 우리는 인간이다. 끊임없이 생각하고 되돌아보며 살아가야 하는 인간이다. 인간이기에 단순하지 못하다.

아프리카에서 들려온 지혜의 말

아프리카에서 전해져 내려오는 이야기 중 이런 이야기가 있다고 한다.

"만약 당신이 나무를 심는다면 절대 한 그루만 심지 말고 세 그루를 심어라!"

자, 그러면 여기서 문제! 세 그루의 나무를 심는다면 어떤 나무를 심고 싶은가? 아이들에게 물어보았을 때 많은 아이들이 고민하고 쓴 답변은 사과나무, 배나무, 수박나무 등 자신이 좋아하는 과일이나 벚꽃나무, 아까시나무 등 꽃이 피는 나무들이었다. 위에서 봤듯이 수박이 나무에서 열린다고 대답하는 아이들도 있다. 하지만 이 물음에 대해 아프리카에서 전해져 내려오는 대답은 다음과 같다.

"한 그루는 그늘을 위해, 또 한 그루는 열매를 위해, 나머지 한 그루는 아름다움을 위해"

_요한 크리스토프아놀드, 《아이들의 이름은 오늘입니다》, 포이에마, 2014년

처음 이 이야기를 읽고 받았던 신선한 충격이 지금도 느껴진다. 열사의 땅이자 빈곤이 휘감아 돌고 있는 아프리카에서도 인간이 살아가는 데 먹을 것과 쉴 곳만 필요한 것이 아니라 아름다움이라는 가치도 필요함을 이야기하는 것이다. 법과 제도만이 존재하는 세상은 결코 아름답지 못하다. 법과 제도가 필요 없다는 말이 아니다. 하지만 법과 제도만으로 살아가선 안 된다는 말을 하는 것이다. 열매를 배불리 먹고 시원한 그늘에서 쉴지라도 아름다움이 빠진다면 무언가 중요한 것을 놓치고 사는 것과 같다. 인간이 우선인지 제도와 법이 우선인지 생각해보면 그 답은 명확해지리라 생각한다.

04

교육청은 정말로 '교육'에 도움을 주고 있나?

학내망 시스템

외모만 보자면 체육부장교사로 오랫동안 일했을 것 같은 나지만 컴퓨터를 오랫동안 다뤄왔다. 지금도 집에는 초창기 컴퓨터 한 대가 창고에 잘 보관되어 있을 정도로 어릴 때부터 컴퓨터와 인연을 맺었다. 덕분에 교사들 중에선 나름 컴퓨터를 잘 다루는 교사로 살아가고 있다. 직접 여러 가지 프로그램을 다루고 개발하기도 했고, 컴퓨터 각 부품의 역할에 대해 잘 이해하고 있으며, 실제 컴퓨터 부품을 다 따로 구입해서 조립해 사용한 기간도 무척 오래되었다. 이런 사람을 '파워유저'라고 한다던데 아마 나 같은 사람을 말하지 싶다.

하지만 이런 내게도 어려운 일이 있다. 개인 컴퓨터 유저로 경험할 수 없는 네트워크 서버와 보안 영역이다. 라우터, 허브, 파이어월, 리눅스시스템 등은 명칭 자체가 낯설기만 하다. 그런데 이런 장비들이 학교에 있다. 각 학교들은 이러한 장비들이 중심이 된 학내망이라는 시스템이 구축되어 있고, 그것을 통해 컴퓨터와 영상장비 등 각 교실의 정보화기기들이 작동된다. 문제는 각 학교에 있는 이런 장비들을 누가 관리할 수 있느냐이다. 교사로 발령받은 후 가장 황당한 것 중 하나가 바로 이것이다. 학교의 모든 기기들은 공공재이고 당연히 장부를 통해 그 수량과 상태 등이 파악되는 관리대상이다. 그런데 이러한 장비 관리를 교사가 한다는 것이다. 단순히 수량을 파악하는 정도가 아니라 그 장비들의 유지 보수업무까지도 맡아야 한다. 왜? 그런 규정이 존재한다. 학교가 해야 할 일이라고 나온다. 즉 네트워크 장비의 보안을 학교에서 책임져야 한다는 것이다.

문제는 학교에서 다루는 네트워크 서버 장비들은 일반인들의 정보화기기와는 다르다는 점이다. 훨씬 전문적인 영역이라 당연히 그 장비들에 대한 이해가 충분치 않다. 그런데 그런 장비를 학교에서 관리하라고 공문이 내려온다. 그러니 학교에선 안 할 수 없다 생각하고 이런 부분에 대한 서비스를 제공하는 외부 용역 업체와 계약을 맺는다. 이 분들이 학교에 와서 서버 장비를 세팅하고 유지·관리한다. 교사는 이런 부분에 대한 이해가 부족하기에 외부 업체가 하는 것을 그저 바라볼 뿐이다. 만약 이런 상황이 어색하고 싫다면 교사가 스스로 나서서 공부해야 한다. 컴퓨터 서버와 보안을 말이다. 지금 당장 내 앞에 있는 아이들과 어떻게 살아갈지 고민하기도 벅찬 교사들 중 누가 이런 일에까지 신경 쓰고 공부할 수 있을까? 그리고 서버와 정보 보안을 연구하는 것이 지금 내 앞의 아이들의 교육에 어떤 도움이 되는 것일까? 이러한 문제를 해결하기 위한 방법은 무엇일까?

학교폭력예방 및 대책에 관한 법률

"제1조(목적)

이 법은 학교폭력의 예방과 대책에 필요한 사항을 규정함으로써 피해학생의 보호, 가해학생의 선도·교육 및 피해학생과 가해학생 간의 분쟁조정을 통하여 학생의 인권을 보호하고 학생을 건전한 사회구성원으로 육성함을 목적으로 한다."

학교폭력예방 및 대책에 관한 법률이다. 1조로 시작한 법률은 23조의 법률과 20개의 부칙(2017년 기준)을 가지고 있다. 중간중간 개정된 사항까지 포함하면 엄청난 양의 법률적 안내가 나와 있다. 가해자와 피해자가 명시되어 있고 서로의 입장이 갈릴 수 있는 사안들이 대부분인 상황에서 법률에 제시된 단어 하나 소홀히 다룰 수 없다. 그래서 이런 까다로운 법률 서비스를 대신하는 변호사가 존재하는 것 아니겠는가? 그런데 이 또한 학교에서는 교사들이 담당하고 있다. 소위 학폭 담당교사는 학폭 관련 법률적 내용들을 깊이 숙고해야 하고 그 절차에 따라 엄정하게 진행해야 민원의 소지를 피할 수 있다. 학생들의 문제를 교육적인 해결책으로 접근하는 것이 아니라 법률적 잣대에 맞추어 민원이나 오류가 생기지 않도록 노력하는 꼴이다. 과연 이것이 교육적이라 할 수 있을까? 그리고 이런 법률에 대해 공부하고 적용시켜야 하는 일도 교사가 해야 하는 일일까? 학교라는 곳이 점점 제도와 법률로 뒤덮여가는 모습으로 보이는 것은 나만의 착각이고 오해일까?

교사의 교육행위

"교육행위 능력이 있는 교육자는 모든 상황을 개별적으로 다룬다."

_Max van Manen, 《가르친다는 것의 의미》, 학지사, 2012년

교사의 교육행위는 일률적인 법과 제도로만 만들어지지 않는다. 법과 제도의 틀 안에서 이루어지지만 그곳을 뛰어넘어 다른 세상까지 넘볼 수 있어야 한다. 교사의 교육행위란 이런 것이다. 학교에 있는 교사들이 이런 상상력과 함께 살아갈 수 있도록 해주자. 학내망 서버관리를 전문으로 하는 사람들을 지역 교육지원청에서 고용해서 학교들을 관리해주자. 학교폭력예방이라는 말 자체에 동의하지 않지만 반드시 필요하다는 것이 사회 인식이라면 각 교육지원청에 담당하는 전담 변호사와 위원회를 두자. 대신 학교엔 교육적인 교사문화를 만들 것을 요구하고, 교육적으로 학생들과 함께 살아가라고 요구하라. 그러면 교사들은 행정업무보다 교육적인 교사문화와 학생들과 함께 살아가는 길을 선택할 것이라 믿는다. 난 우리 교사들이 그러리라 믿는다.

05

교사의 시선에 아이들의 시선을 담다

핑크대왕 퍼시왕

핑크색을 극단적으로 좋아하는 퍼시왕 이야기가 있다. 왕의 막강한 권력을 이용해 자신이 다스리는 왕국 전체를 핑크색으로 만들려는 내용이 나오는 이야기다. 비록 이야기 속 왕이지만 현실 속 우리를 돌아볼 수 있는 내용이라 생각한다. 우리 또한 이야기 속 퍼시왕처럼 내 주변의 모든 것을 핑크색으로 만들려고 하는 것은 아닐까? 그리고 현실적으로 퍼시왕과 같은 권력이 나에게 주어져 있지 않음을 일찍 깨달은 교사들이 현장을 포기하고 낙담하는 모습을 보고 있는 것은 아닐까? 교사로 살아간다는 것? 그것은 권력을 가지고 내 주변을 나에게 맞추도록 하는 것이 아닌 나와 세상이 함께 소통하며 살아갈 삶의 힘을 기를 수 있도록 함께 하는 존재다.

닭이 먼저? 달걀이 먼저?

하지만 여기에 함정이 있다. 세상과 소통하며 함께 살아가야 한다 생각하기에 먼저 세상이 변해야 한다고 말한다는 것이다. 세상이 우리가 원하는 모습으로 변하길 바라는 것은 너무나도 당연한 일이다. 하지만 과연 그것이 우리의 바람대로 바로바로 바뀔 수 있는 것일까? 퍼시왕이 자신이 좋아하는 핑크색으로 자신의 왕국 모든 것을 바꿔야 한다고 말하는 억지 주장과 같은 것은 아닐까?

퍼시왕 이야기를 보면 결국 하늘까지 핑크색으로 바꾸려는 퍼시왕이 등장한다. 그렇지만 금방 난처한 상황임을 알아차린다. 하늘의 색을 바꾸는 것은 불가능하다는 것을. 지금까지 많은 교사들이 세상이 변화되지 않음을 한탄하며 자신이 생각하는 교육에 대한 열정을 조금씩 잃어 가는 모습을 보아왔다. 나 또한 그런 교사 중 하나였다. 부정하지 않겠다. 첫 발령을 받을 때는 내가 세상의 교육을 바꿀 수 있다는 희망을 품지만 거대한 세상 앞에 무너지고 마는 것이다. 하지만 퍼시왕 이야기에서는 도저히 불가능할 것 같은 하늘색 바꾸기에 성공한다. 어떻게? 슬기로운 사람이 나타나 퍼시왕에게 핑크색 안경을 선물했다.

'성찰 = 기적'

내 발을 보호하기 위해
온 대지를 감싸는 것이 아니라
나의 발만을 감싸는 것.

'나'를 먼저 돌아보고
'성찰'하는 것.

　　내 발을 보호하기 위해 주변의 모든 것을 감쌀 수 없듯이 결국 내가 원하는 것을 얻기 위해 주변의 모든 것이 변해야 한다고 이야기하는 것은 불가능을 가능하게 하라는 것과 다르지 않다. 노력하면 가능하지 않겠냐고 말할 수도 있지만 퍼시왕이 원하는 것처럼 하늘의 색을 핑크색으로 만들 순 없는 불가능한 일들 투성이다. 결국 우리가 생각해야 할 것은 내가 누군가를 변화시켜야 하는 존재이고, 우리 사회가 변해야 내가 하고자 하는 것을 할 수 있다고 생각하는 것 자체가 무리라는 것을 깨닫는 일이다.

　　세상이 변해야 내가 하고자 하는 일을 할 수 있는 것이 아니다. 그저 내가 변할 수 있다면 아니 내가 변할 수 있는지 계속 고민하는 것이 필요하다. 내가 누군가를 변화시켜야 할 사람이 아니라 내가 보여줄 수 있는 최선의 것을 보여주며 살아가야 한다. 왜? 어쩌면 우리 아니 각 개인은 자신이 가진 만큼의 삶을 살아가는 존재니까. 그리고 그러한 나를 받아들이는 것 자체가 '기적'이니까. '내가 먼저 알았으니 너희들은 나에게만 배워야 하는 거란다'라며 아무리 친절하게 이야기해도 결국은 내가 원하는 것을 주변에 강요하는 퍼시왕과 같은 것은 아닐까? 교사가 이런 생각만을 가지고 아이들과 생활한다면 결국 아이들에게 교사는 그 무엇보다 강력한 괴물이 될 것이다. 아이들은 괴물의 눈치를 살피며 살아갈 것이다. 퍼시왕의 눈치를 살펴가며 어떻게든 살아갔던 퍼시왕 나라의 백성들처럼 말이다.

"저도 '전직' 어린이였으니까 어린이에 관해서는 할 말이 많아요. 게다가 아이를 키워보지 않았으니까 '요즘 애들은 그런 것 싫어해' '10대 아이들에겐 뭐가 필요해' 등의 틀에 박힌 사고를 하지 않아서 훨씬 생각이 자유롭고 아이디어도 많을 수 있어요. 연기를 위해서가 아니라 어린이를 이해하기 위해 책도 많이 읽고 어린이 영화들도 봤는데 우리나라엔 아이들이 주인공인 성장영화나 가족영화가 드물더군요. 그만큼 어린이에 대한 배려가 없었던 거죠."

_배우 겸 교수 장미희

그렇다. 모든 어른들은 전직 어린이였다. 어린이였기에 그때의 실수를 되풀이하지 않으려고 우리 아이들에게 이런저런 조언을 한다. 하지만 아이들은 조언만으론 성장하지 않는다. 몇 마디 멋진 말, 바른 말을 한다고 달라지지는 않는다. 아이들은 그런 조언들이 아닌 자신들이 어떻게 살아가야 할지를 몸으로 직접 보여주는 대상을 볼 때만 배우고 성장할 수 있다. 몇 마디 조언이 아니라 그 아이들과 같이 살아가는 것이 우리 어른들이 할 일이라는 뜻이다. 아이들의 모습으로 함께 살아가는 것이다. 그것도 가장 바람직하다고 생각하는 아이의 모습으로 말이다.

'1학년 어른?'

1학년 선생님은 가장 바람직한 1학년의 모습이, 2학년 선생님은 가장 바람직한 2학년의 모습이 있어야 한다. 6학년 선생님에게도 6학년의 가장 바람직한 모습을 한 아이의 모습이 있어야 한다. 그랬을 때 아이들은 본능적으로 그 모습을 보고 배우며 성장할 수 있다. 바로 그런 모습으로 갈 수 있는 존재가 바로 진정한 어른의 모습이고 교사의 모습이다. 자신의 예전 모습을 다시 떠올리며 아이의 눈으로 아이의 감성으로 지금을 바라보는 일을 하는 존재가 교사인 것이다. 난 이미 어른인데 어떻게 해야 어린아이의 모습이 될 수 있을까? 이것은 퍼시왕이 자신이 좋아하는 핑크색을 핑크색 안경을 통해 보며 만족하는 것과 같다.

'내가 가진 시선에 내가 함께해야 할 아이들의 시선을 담아내는 것!'

　그것이 바로 퍼시왕의 교훈이 아닐까? 다른 누군가를 바꾸기 위해 조언하고 관여하는 것이 아닌, 세상을 바꾸기 위해 여러 가지 문제들에 대해 주장하는 것이 아닌, 먼저 내가 가진 시선에 지금 내가 원하고 해야 할 시선을 함께 담아내는 것. 파란 하늘을 자신이 좋아하는 핑크색으로 바꾸라고 억지 주장을 해놓고 그것이 실현되지 않아 실망하는 퍼시왕이 아니라 직접 핑크색 안경 하나를 착용하는 것으로 모든 것들을 새롭게 볼 수 있도록 하는 것. 난 이것을 '성찰'이라고 부르고 싶다.

　내가 젊고 자유로워 상상력에 한계가 없을 때
　나는 세상을 변화시키겠다는 꿈을 가졌었다.
　좀 더 나이가 들고 지혜를 얻었을 때
　나는 세상이 변하지 않으리라는 것을 알았다.
　그래서 내 시야를 약간 좁혀 내가 살고 있는

나라를 변화시켜야겠다고 결심했다.
그러나 그것 역시 불가능한 일이었다.

황혼의 나이가 되었을 때 나는 마지막 시도로
나와 가장 가까운 내 가족을 변화시키겠다고 마음을 정했다.
그러나 아무도 달라지지 않았다.
이제 죽음을 맞이하기 위해 누운 자리에서
나는 문득 깨닫는다.

만일 내가 내 자신을 먼저 변화시켰더라면
그것을 보고 내 가족이 변화되었으리라는 것을
또한 그것에 용기를 얻어 내 나라를
더 좋은 곳으로 바꿀 수 있었으리라는 것을
그리고 누가 아는가? 세상도 변화되었을지

_웨스트민스터 대성당 묘지 어느 사제가 남긴 비문

    사제가 깨달은 것은 결국 자신이 세상을, 국가를 아니 누군가를 변화시킬 수 있는 존재가 아니라는 것이었다. 우리는 무엇인가가 변화되기만을 바라고 살면 안 된다. 자신이 지금 현재 가지고 있는 시선이 무엇인지 그 시선을 바꿔줄 안경을 찾아내는 것이 우리가 할 일이다. 똑같은 상황을 만나지만 누군가는 그 상황을 그저 바라볼 뿐이고, 다른 누군가는 그 상황을 새롭게 해석할 것이다. 내가 교사라면 내가 만나고 있는 아이들에게 맞는 안경을 찾아야 하고 써야 할 것이다. 그렇게 되었을 때 아이들은 자신들에게 일방적으로 조언하는, 자신들에게 명령하는 교사가 아니라 자신들과 같은 생각과 같은 감수성을 가졌지만 왠지 다른, 그리고 그 다름이 왠지 좋아 보이는 어른을 만날 수 있을 것이다. 그리고 그 모습을 보며 자신의 성장을 고민할 것이다.

우리 모두 성찰의 안경, 퍼시왕의 핑크색 안경을 써보면 어떨까?

06

교육이란 '그리움'을 먹고 자란다

마음 교육이 먼저다!

교사가 된 후 10년을 보내는 동안 아이들을 보며 항상 안타까웠다. 아직 어린 아이일 뿐인데 우리 어른들이 너무 많은 것을 요구하고 있다는 생각이 강하게 들었기 때문이다. 그래서 수업시간에 아이들이 조금이라도 힘들어하면 교과서를 내려놓고 다른 이야기를 하기 일쑤였다. 하지만 아이들이 힘을 낸다 싶으면 다시 교과서를 붙잡고 아이들에게 내가 알고 있는 것을 그리고 아이들이 알아야 한다고 정해진 것을 알려주기 위해 열심히 노력했다. 그래서 아이들이 지금 배우고 있는 것을 잘 기억하고 잘 기능할 수 있도록 만드는 것이 교사의 역할이고 책무성이라 생각했다. 하지만 그것만으로 모든 것이 충분한지는 모르는 상태로 지냈던 것 같다.

그러던 중 오래 전 선생님의 엽서를 기억해냈다! 결국은 아이들이 '학교에서 배운다'라는 말은 머리를 채우는 것이 아니라 먼저 마음을 채우는 것이 필요하다고 생각했다. 마음이 정확히 어디에 있는지는 모르겠다. 하지만 일반적으로 마음을 우리 가슴 쪽에 있다고 이야기한다면 가슴에서 머리로 치고 올라가는 것이 교육이어야 한다. 마음은 영어에서도 Heart인데, Heart의 다른 뜻은 심장이기도 하다.

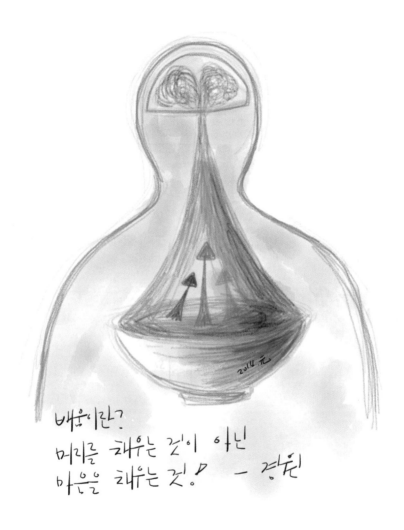

배움이란?
머리를 채우는 것이 아닌
마음을 채우는 것! — 경원

어쩌면 자연스러운 현상은 아니다. 우리가 사는 세상엔 대부분의 사람들이 인정하는 일반적인 법칙이 분명 존재한다. 물이 높은 곳에서 낮은 곳으로 흐르는 것 또한 일반적인 법칙이다. 만약 마음이 가슴에 있고 그것이 채워져 머리로 올라간다면 그 자체는 일반적인 법칙에 어긋난 모습일 것이다. 그런데 교육이라는 것이 그런 것은 아닐까? 자연스럽게 둬야 하는 것도 있지만 이끌어주는 것도 있어야 우리의 삶에 균형이 생긴다.

교육자를 뜻하는 '페다고그(Pedagogue)'라는 단어는 그리스어에 어원을 두고 있는데 고대 그리스에서 주인의 아이를 교육 장소로 데려가던 노예를 말한다고 한다. 당연히 아이는 가지 않으려 떼를 썼을 것이고 그 아이를 달래기도 하고 혼내기도 하며 데려갔던 것처럼 우리가 교육이라 부르는 것은 자연스러움만을 이야기하지는 않는다. 이렇게 생각하면 가슴 부위에 있다고 이미지화된 마음이 머리로 올라가 채워지는 것이 교육의 모습이고 그것이 결코 쉽지 않음을 뜻한다는 생각이 든다. 자연스러운 일과 부자연스러운 일을 동시에 추구하되 두 가지가 서로 균형을 이루도록 하는 것이 교육인 것이다.

마음의 힘을 느끼게 하는 그림책

여러분은 아이들에게 매년 읽어주고 소개해주고 싶은 책이 있을까? 난 개인적으로 몇 가지 책은 매년 아이들에게 소개하고 읽어준다. 그림책은 그런 면에서 참 좋은 친구 같은 존재다. 가끔씩 봐도 볼 때마다 따뜻해지는 것이 오랜 친구를 만나는 기분이라고 할까? 내가 좋아하는 책은 《심술쟁이 보시베어》라는 그림책이다.

내가 가장 좋아하는 보시베어 그림책의 장면을 그리다.

　일단 그림이 원색이라 눈으로 들어오는 색의 느낌이 너무 좋다. 캐릭터에 어울리는 큰 얼굴과 작은 몸은 아이들과 학년을 시작할 때 함께 그려보며 이야기를 나누는 캐리커처 수업과 연계하기에도 아주 좋다. 《교육과정콘서트》를 보면 자세한 이야기가 나온다. 수업을 떠나서 이 책을 좋아하는 이유는 이 책의 내용이 아주 단순하고 너무나 뻔하지만 그래서 더 선명하게 우리 마음속에 들어온다는 점 때문이다.

　보시베어는 모두를 힘들게 하는 아이다. 항상 자기만 최고고 다른 사람들의 입장은 고려대상이 아니다. 보시베어는 점점 친구들을 잃어간다. 어떻게 해야 할지 모르는 상태로 혼자만의 시간을 보내고 있을 때 거북이가 나타나 보시베어를 친구로 삼는다. 그리고 이런 거북이의 마음이 보시베어의 마음을 돌려놓는다. 보시베어 자체는 변하지 않았지만 거북이 친구를 통해 자신의 마음이 움직이자 전혀 다른 보시베어로 새롭게 태어난다는 이야기다. 결국 마음이 움직이면 모든 것이 새롭게 변할 수 있다는 내용이다. 난 이 마음이 움직인다는 것에 집중하고 싶었다. 그래서 마음이라는 것에 대해 더 관심을 가지게 된 것 같다.

What if Age Is Nothing but a Mind-Set?

Oct. 22, 2014

The Health Issue

Photo illustrations by Zachary Scott for The New York Times. Hair and Makeup: Bruce Spaulding Fuller, Aimee Macabeo, Stephanie Daniel. Wardobe: Gillean McLeod. Set and Props: Patrick Muller. Retouching: Electric Art, Amy Dresser.

_〈마음챙김〉, 엘렌 랭어 교수, 《뉴스위크》 기사 이미지

1981년 하버드에서 여성으론 처음으로 심리학과 종신교수가 된 엘렌 랭어 교수의 실험이 소개된 기사다. '시계 거꾸로 돌리기(Counterclockwise study)'라는 실험인데 70~80대 노인들을 대상으로 현재 자신들이 50대로 살아가고 있다고 생각하고 생활하도록 한 결과 그 전보다 훨씬 더 활기차고 젊은 모습으로 지냈다. 랭어 교수는 이러한 마음의 힘을 '마음챙김(Mindfulness)'이라 부르며 우리의 마음에 따라 모든 것이 달라질 수 있음을 이야기하고 있다. 랭어 교수는 자신의 이러한 심리학적 연구를 학습에도 적용할 수 있도록 마음챙김 학습(MindfulLearning)을 이야기하는데, 멍한 마음 상태(Mindless)로 무작정 연습하고 따라하는 것을 경계한다. 무작정 연습하고 따라하는 것은 양적인 부분의 축적이 중요한 학습방법이다. 하지만 랭어 교수가 주장하는 것처럼 마음으로 학습을 바라본다면 양적인 부분만이 아닌 질적인 변화와 상황들까지 우리의 학습에 들어오게 된다. 이러한 질적인 변화가 교육에선 어떤 역할을 할까? 아이들의 교육에도 마음챙김이 필요하다! 엘렌 랭어 교수는 이렇게 말한다.

> "우리가 하는 대부분의 '일'은 사전에 정해진 엄격한 단계들이 있다. 수업을 할 때 이 12가지 점들을 검토하게 하는 등 우리의 업무를 아무리 상세하게 규정한다 하더라도 더 좋은 선택과 구별, 그리고 다양한 접근방법에 대한 여지는 항상 존재한다."

우리는 우리 스스로 만들어서 가지고 있는 고정관념이 있다. 이러한 고정관념들을 세상에서 가장 덜 가진 존재가 우리 아이들이다. 하지만 안타깝게도 학교를 다니며 아이들은 기존에 존재하는 고정관념을 배우게 되는 것 같다. 기존에 존재하는 고정관념 중 일부는 '전통'이라는 탈을 쓰고 우리에게 다가오기도 한다. 이러한 고정관념을 누구를 통해 전달받고 있는가? 물론 학교에서만 이런 고정관념을 준다고 생각하지는 않는다. 세상의 모든 것들로부터 우리는 고정관념을 전달하고 전달받게 됨을 인정한다. 하지만 최소한 학교에서만이라도 이러한 상황에 물음을 던져야 하지 않을까? 당연한 고정관념이 아닌 좀 더 상황에 맞게, 질적인 작은 변화까지 고려하는 것이다. 그리고 이러한 생각들이 우리의 수업과 학습에 반영된다면 많은 것이 해결될 수 있을 것이다.

'어려움은 고정관념에서 비롯되는 것이지, 활동 자체에 의한 것은 아니다.'

아이들이 학교에서 배우는 것에 대한 어려움 중 하나는 여전히 암기를 통해서만 배울 수 있다는 고정관념이다. 실제 아이들이 학교에서 배워야 하는 것은 암기가 아니라 그 상황에 대한 다양한 관점을 이해하는 것이고, 이렇게 이해한 것은 아주 오랫동안 그 사람의 삶에 영향을 줄 것임에도 불구하고 우리가 그동안 익숙하게 해오던 방식 그대로 수업을 진행하고 암기하고 평가하는 행위를 하고 있다는 게 문제다. 이러한 어려움은 학교를 입학하기 전의 아주 어린아이들도 예외가 아니라는 점이 무섭다.

당뇨병에 대해 알고 있을 것이다. 일반적으로 당뇨병은 우리 몸의 인슐린이 더 이상 분비되지 않아서 생기는 병이다. 인슐린이 있어야 혈액 내 당분이 우리의 세포로 전달되어 에너지를 생성할 수 있는데, 에너지가 제대로 생성되지 않으니 몸이 아플 수밖에 없다. 그런데 당뇨병 중에는 인슐린이 분비되지 않아서 생기는 당뇨병이 아니라 인슐린이 너무 많이 분비되어 기능을 못하게 되는 노인성 당뇨병도 있다. 이러한 노인성 당뇨병의 발병 원인은 지나치게 많은 음식을 지속적으로 섭취할 때 생기는 것이라고 한다. 그런데 지나치게 많은 음식을 지속적으로 섭취한다는 말을 지나치게 많은 내용의 학습을 지속적으로 받고 있다고 바꾸면 어떻게 될까? 혹시 주변에서 이러한 일로 고통스러워하는 학생이 있진 않을까?

정신적 당뇨병을 앓고 있는 아이들

매년 아이들을 만나는 첫날이면 나에 대한 소개와 아이들과의 첫 만남에 대한 기대감으로 하루를 보내게 된다. 그런데 이런 기대와는 다르게 아이들에게 첫날부터 호통을 친 경험이 있다. 그 당시 교실 속 상황은 도저히 새로운 학년에 올라온 아이들이라 볼 수 없을 정도로 처참했다. 첫날 교실 속 아이들 중 몇몇은 다리를 꼬고 앉아서 삐딱하게 앞을 보고 있었고, 몇몇은 껌을 질겅질겅 씹고 있었다. 그리고 또 몇몇은 선생님이 오든 말든 책상에 엎드려 있었다. 교사에 대한 예의도 예의지만 새로운 시작을 위한 첫날부터 이런 자세를 보이는 것은 큰 문제가 있다고 생각했고, 아이들에게 바르게 앉는 것이 왜 중요한지부터 이야기한 날이었다. 그 뒤로 우리 모두가 함께 지낸다는 것의 의미를 이해하며 모두가 함께 지내기까지 여러 가지 일들이 있었다.

그중 한 아이의 이야기는 내겐 충격이었다. 그 아이의 부모님은 눈물로 아이의 상태를 이야기하셨고, 그 이야기를 통해 아이의 상태에 대해 알게 되었다. 어릴 때부터 부모가 시키는 일이라면 뭐든지 열심히 하고, 항상 말을 잘 듣는 아이였다는 아이는 초등 고학년이 되면서부터 갑자기 말도 하지 않고 자기 방에서 나오지도 않았으며 학교에도 가지 않으려 했다는 것이다. 다행히 함께 지내며 이러한 부분들을 스스로 극복해갈 수 있었지만 그 당시 부모님이 흘리던 참회의 눈물을 잊을 수 없다. 아이에게 잘해준다는 것에 대해 다시 생각해볼 필요가 있다. 아이에게 무엇인가를 많이 준다고 모든 것이 해결되는 것은 아니다.

왜 이런 일이 벌어질까? 결국은 우리가 가진 고정관념이 문제라는 결론을 얻었다. 우리가 배운다고 말하는 것은 결국 얼마나 많은 것을 암기하고 있나로 결정된다고 생각하는 고정관념이 이런 과도한 학습에 아이들을 몰아넣고 있는 것이다. 그게 무엇이든 양으로 채우다 보면 뭔가를 알게 될 것이라는 우리의 오랜 생각들이 이런 상황을 만들어낸 것이다. 우리의 아이들이 혹시 '정신적 당뇨병'을 앓고 있는 것은 아닌지 걱정스럽다. 이런 상황을 이제는 떠나보내야 하지 않을까? 우리가 그동안 그렇다고 믿고 있던 교육의 목적이 뭔가 잘못된 것일 수도 있다는 것을, 머리를 채우는 교육이 더 이상 교육의 목적이 아닐 수 있음을 마음 깊이 인정해야 한다. 마음을 채워주는 교육, 마음을 챙기는 교육, 양보단 질을 생각하는 것들이 우리 교육의 목적임을 말이다.

"전통은 그렇게 전설이 되는 거지."

_〈요시노 이발관〉 대사 중

07

교사는 지혜로운 자인가? 힘센 자인가?

"남을 이기는 것은 힘이고,

자기를 이기는 것은 지혜다."

_파멜라 메츠, 《배움의 도》, 민들레, 2010년

힘을 가진 자가 해야 할 일

공부하는 목적이 힘을 가지기 위한 것일까? 흔히 말하는 대기업에 들어가려는 이유는 무엇일까? 고위공직자를 하려는 이유는? 높은 지위를 가지려고 하고 돈을 많이 벌려는 이유는 무엇일까? 모두 다 '힘'을 더 많이 가지기 위한 행위들은 아닐까? 그런데 그 힘을 가지게 된다면, 온 세상 누구보다 강력한 힘을 가지게 되면 그다음은 무엇인가?

세상 누구보다 힘센 사람이 되었다고 해보자. 그다음 벌어질 일은 당연하게도 수많은 도전자를 상대하는 것이다. 힘을 갖고 싶은 욕구를 가진 도전자는 주변에 넘쳐날 것이고 가장 센 힘을 가졌다는 사람에게 도전하는 것은 당연하다. 그래서 가장 센 힘을 가진 사람은 그 힘을 지키기 위해 최선을 다해야 한다. 그런데 여기서 생각해보자. 도전자를 이기기 위한 최대의 전술은 무엇일까?

2002년 월드컵은 우리 민족이 하나임을 보여준 의미 있는 행사였다. 너 나 할 것 없이 모두가 광장으로 뛰쳐나와 '대한민국'을 끝없이 연호하던 시간이었으니까. 축구가 모두를 하나로 만든 일대의 사건이라 할 수 있을 것이다. 그런데 그 당시 우리나라와 다른 나라의 축구경기를 지켜본 많은 사람들은 이런 이야기를 들었던 기억이 있을 것이다. 우리나라 선수들의 연습이 비밀리에 진행되었다는. 다른 나라도 마찬가지로 비공개 연습 일정이 존재했다. 즉 상대편을 이기기 위한 비책을 담은 연습 과정이 필요하다는 것이다. 이러한 일은 다른 곳에서도 나타난다. 누군가를 이기기 위해선 나를 숨겨야 한다. 자신이 가진 장점을 쉽게 드러내서도 안 되고 더구나 자신의 단점은 철저히 숨겨야 한다. 강함이란, 힘 있는 사람이란 이런 일에 익숙해져야 한다는 의미일 것이다. 그렇다는 것은 힘을 가질수록, 힘이 세질수록 자신을 더 많이 숨겨야 한다는 말이다. 그래야 상대편을 이길 수 있을 테니까.

지혜를 가진 자가 하는 일

반면에 지혜를 가진 자는 상대편이 아닌 자기 자신을 이기는 사람이다. 자기 자신을 이기기 위해 최선의 노력을 다해야 한다. 그런데 앞서 설명한 힘 센 사람과는 다르다. 힘을 가지기 위해, 가장 센 힘을 지키기 위해 자신을 가리고 숨겨야 했던 사람과는 반대로 자신을 드러내야 한다. 자신을 이기기 위해선 자신이 어떤지 다양한 자료를 수집해야 한다. 자신이 어떤 모습인지를 제대로 알아야 대처하고 이길 수 있을 테니까. 그런데 그러한 자신에 대한 이해는 자신만으론 부족해 보인다. 다른 사람들이 보는 자신의 모습은 그 자체로 훌륭한 자료가 될 것이다. 결국 지혜로운 사람은 힘 있는 사람과는 반대로 자신을 드러내고 자신에 대해 알고자 노력하는 사람인 것이다. 자신에 대한 이해가 깊어질수록 자신이 할 수 있는 일들이 더 늘어날 것이다. 자신을 더 많이 드러낼수록 함께하고자 하는 사람들이 더 많이 늘어날 것이다. 지혜로운 사람은 지혜가 쌓일수록 할 일이 더 많이 늘어나게 된다. 그렇다면 이 정도에서 물어보고 싶다.

'당신은 힘을 가지고 싶은가? 아니면 지혜를 가지고 싶은가?'

돈을 가진 자가 모두 지혜롭다고 할 수는 없다. 반대로 돈이 없더라도 지혜로운 사람일 수는 있다. 좋은 대학을 다닌다고 모두 지혜로운 사람이라고 할 수는 없다. 반대로 대학을 다니지 못했더라도 지혜로운 사람으로 살아갈 수는 있다. 우리 교육의 목적은 지혜로운 사람이 되는 것은 아닐까?

지혜롭다 = 슬기롭다

지혜롭다는 한자어는 우리말 '슬기롭다'와 같다. 초등 저학년 교과서 중 '슬기로운 생활'이라는 교과가 있었던 것은 그냥이 아니다. 그렇다면 지혜롭다는 것의 의미를 슬기롭다는 의미로 생각할 수도 있을 것이다. 그렇다면 슬기롭다는 말에 담긴 뜻은 무엇일까? 말이란 본디 그 나라의 문화적 의미를 담고 있다고 하니까 말이다.

슬겁다 슬기롭다의 옛말

백과사전에는 슬기롭다의 옛말이 '슬겁다'라고 나와 있다. 슬겁다는 '집이나 세간 따위가 보기보다는 속이 꽤 너르다'라는 의미와 '마음씨가 너그럽고 미덥다'라는 두 가지 의미로 쓰인다. 슬기롭다는 말이 '가르다'라는 말에서 온 것이라는 주장도 있다. 그렇다면 이 둘을 합쳐보면 슬기롭다의 진정한 의미를 알 수 있지 않을까?

'속이 넓고 마음씨가 고우며, 사리 분별을 잘하는 것'

우리말 슬기롭다에 이런 뜻이 있다면, 우리가 공부하는 목적은 힘을 가지기 위해서라기보다는 슬기로운 사람으로 살아가기 위해서가 아닐까라는 생각을 해본다. 그래서 배운 사람으로서 누구를 만나도 고운 마음으로 이해하고 어떤 상황에 처하건 바른 판단을 내릴 수 있기를 바란다. 이것이 교육의 중요한 목적이다.

지혜로운 교사

그렇다면 교사는 어떤 모습을 가져야 할까? 일단 교사로 살아가며 중요한 마음가짐 중 하나는 '다름'에 대한 인정이다. 아이들 한 명 한 명이 다름을 이해해야 한다는 의미다. 또 상황별로 벌어지는 모든 것이 예전과 다름을 인정해야 한다. 그런데 다름을 제대로 받아들이려면 결국 잘 구별할 수 있어야 한다. 잘 구별할 수 있어야 서로가 다르다는 것을 이해하고 받아들일 수 있을 테니까. 그러니 교사는 잘 구별하는 사람이어야 할 것이다. 지혜로운 사람이어야 한다. 작은 차이라 하더라도 그 상황을 교육적 상황으로 구별할 수 있는 사람, 아이들의 행동을 통해 다양한 이해를 끌어낼 수 있는 사람이 바로 교사다.

08

아이들 세계로 들어간 교사

"자기 몸을 따로 가지지 않은 것이 틈 없는 곳에 들어갈 수 있다."

_파멜라 메츠 풀어 씀, 이현주 옮김, 《배움의 도》, 민들레, 2010년

　책의 한 구절이다. 노자의 도덕경 81장을 '배움'이라는 것을 중심으로 다시 풀어낸 글 속에 있는 어쩌면 너무도 당연한, 하지만 사람들이 쉽게 놓치는 부분을 짚어주고 있다. 몸이 없어야 틈 없는 곳에 들어갈 수 있다는 것은 누구나 공감할 수 있다. 하지만 그냥 고개를 끄덕이고 넘어갈 문제만도 아니라는 생각이 들었다.

아이들의 세상!

　《어린왕자》를 보면 "어른들도 한때는 어린이였다!"라는 말이 있다. 분명한 사실은 지금은 어린이가 아니라는 것이고, 어른들 중 이 사실을 항상 기억하는 이는

극히 소수일 뿐이다. 그래서 어른인 교사가 아이들과 생활하는 것은 쉽지 않다. 어른의 몸과 마음으론 아무리 노력해도 아이들의 세상에 들어갈 수 없으니 말이다.

　하지만 교사가 자신을 돌아보고 성찰하면서, 아이들 속에 섞여 생활하다 보면 어느새 아이들 세상에 들어가 있는 자신을 발견할 때가 있다. 아니, 기회가 있다. 그런데 문제는 이때부터 시작이다. 아이들의 세상에 들어간 교사는 그 속에서 방황하는 경우가 더 많다. 어느새 자신의 몸과 마음이 어른으로 세팅되어 있었는데 그것이 해체되고 아무것도 가지지 않은 채 아이들 세상 즉 틈이 없어 보이는 세상으로 들어가버린 것이다. 그 속은 지금의 내가 감당할 수 없는 미묘하고 어지러운 세상이다. 나도 어릴 땐 이런 세상에 살았을 것 같지만 쉽게 기억나지 않는다. 그래서 어렵고 당황스럽다. 그 상태가 지속되면 어느새 힘들어하는 스스로를 보게 된다. 알 수 없는 죄책감에 시달리기도 한다. 아이들을 내가 제대로 이해하지 못하는구나 혹은 아이들과 함께 지내기엔 내가 부족하구나 등의 마음의 소리가 커진다. 이런 경험은 경력이 많고 적음과도 큰 관련이 없는 것 같다. 경력이 20년이 다 되는 나조차도 가끔은 이런 경험을 하고 있으니 말이다.

아이들 세상은 어른의 세상과는 분명 다르다!

　"선생님, 제 책상에 있던 필통이 사라졌어요!"
　너무나도 당당하게 자신의 필통이 사라졌음을 이야기하는 아이. 하지만 반 아이들 모두가 어리둥절할 뿐 누가 가져갔는지 모르는 눈치다.
　"그래? 언제 없어졌는데?"
　"아까 쉬는 시간엔 분명히 있었거든요!"
　아이는 여전히 분명하고 당당한 목소리로 이야기한다. 그런데 아무리 생각해보고 상황을 살펴보아도 누가 필통을 가져갔는지 알 수 없고, 필통을 왜 가져갔는지 원인도 찾을 수 없다. 그때 한 친구가 불쑥 이런 이야기를 한다.

"아까 전담시간에 거기다 필통 두고 온 거 아니야?"

"아니야, 내가 분명히 가지고 와서 이 책상 위에 있었어!"

아이는 친구의 말을 듣고 화를 내듯이 자신이 정확하게 기억하고 있다고 이야기한다. 그래서 일단 확인만 해보자며 전담실로 갔다.

필통은 그곳에 있었다. 아이는 이럴 때 무척 당황한다. 전담실에 있을 것 같다고 이야기했던 친구는 큰 소리를 치며 아이를 비난하기도 한다. 거기다가 이 필통 사건의 당사자인 아이가 평소 반에서 문제가 있었거나 다른 친구들보다 학습에 어려움을 겪고 있었던 아이라면 이 사건은 굉장히 큰 사건이 된다. 눈여겨볼 것은 아이들 중 학습능력과 사고력이 아주 뛰어난 아이도 종종 이런 일을 벌인다는 점이다. 아이들의 학습능력이나 지적인 수준 차이 때문에 발생하는 문제는 아니라는 생각이다. 물론 어른들의 세상에서도 이런 일들이 있을 수 있다. 하지만 어른들의 대처방법은 아이들과 다르다.

인식의 범위

아이들과 영화 번개를 위해 전철에 탑승했다. 아이들은 전철 안에서 지켜야 할 예절이 있음을 알고는 있지만 작은 소리로 수군대는 것을 멈추지 않는다. 그래도 나름의 예의를 지키기 위해 노력하는 모습이 대견하다. 그러나 전철 안에서 이동하는 사람들이 아이들 곁으로 다가왔을 때 아이들은 다가오는 사람에 대해 전혀 느끼지 못하는 사람처럼 우두커니 서 있다. 지나가는 분이 손짓을 하거나 몸으로 살짝 밀면 그제야 누군가가 지나간다는 것을 느낀다. 그리고 이러한 행동이 계속 반복된다. 심지어 이야기를 하지 않고 있어도 말이다. 반면에 전철 안의 어른들을 잠시 관찰해보자. 스마트폰을 들여다보고 있어도 주변에서 누가 다가오면 몸을 자연스럽게 비켜준다. 옆 사람과 이야기를 하다가도 누가 다가오면 자연스럽게 살짝 비켜준다. 이런 어른들의 모습과 대비되는 아이들의 모습을 많은 어른들은 짜증 섞인 시선으로 바라본다. 아이들이 보는 인식의 범위가 어른과 다르다는 것을 대부분의 어른들은 이해하지 못한다. 그리고 그 모습을 보며 교사는 안타까워한다.

사소한 것이지만 아이들은 분명 어른들과는 다른 세상에 살고 있다. 그리고 그러한 아이들의 세상과 조우하고 살아가는 존재가 교사다. 그런데 교사는 어른이다. 거기서 모든 문제가 시작될 수도 있다. 아이들의 행동이 어른과 다르다는 것을 알지만 막상 아이들 세상 속에 들어간 어른들은 당황할 수밖에 없다. 자신을 책망할 수도 있다. 하지만 잊지 말아야 할 것은 현재 난 아이가 아니라 어른이라는 점이다. 아이들 세상에 들어갈 수 있다. 하지만 그 속에서 자신을 잃지 않고 자신을 다독거리며 아이들과 어울려 살아가야 하는 어른이고 교사다. 그렇게 스스로를 정확히 알게 되면 스스로를 위로해줄 수 있다. 그 위로가 새로운 에너지가 된다. 그래서 아이들과 다시 힘차게 살아갈 수 있다.

"아이들 세계에 들어간 게 처음이라 낯설고 힘들었다는 것을 어제 깨달았어요. 그리고 낯선 곳으로 들어가 당황하고 있는 저 스스로를 돌보지 않았음을 알아차렸지요. 어젠 진심으로 저 스스로에게 사과했어요. 그러고 나니까 마음이 엄청 편해지더라고요. 선생님께서 의미를 찾아주지 않으셨다면 더 늦게 알았을 것 같아요. 감사해요, 선생님."

"제 생각에 선생님이 아이들 세계로 들어간 것이 처음은 아니지 싶어요. 하지만 이번처럼 깊이 그리고 오랫동안 들어간 경험은 없었을 것 같다는 생각이 들었어요. 지금의 저도 가끔씩 그래요. 아이들 세상에 푹 빠져 있을 때가 있어요. 그런 시기에 학교에서 집으로 돌아가면 말도 않고 혼자 멍하니 앉아있다고 누가 그러더군요. 같이 힘내서 아이들 세상에서도 열심히 살아봐요. 고맙습니다, 선생님."

교사로 살아간다는 것!

그것은 아이들의 세상 속으로 가는 티켓을 손에 들고 있는 존재로 살아간다는 의미이다. 하지만 그 티켓을 매표소에 제출하고 들어가는 것은 오로지 교사의 의지와 삶의 태도에 달려 있다. 그 속에서 자신의 길을 그리고 아이들의 길을 함께 찾아가길 바란다.

09

학교 환경과 더불어 성장하는 아이들

아이들 떠난 교실

아이들이 떠난 교실 가득 늦둥이
햇살이 쏟아졌다.
쏟아내린 햇살 한 조각 흩어질까
책상 위 한 녀석
칠판 위 한 녀석
교과서 위 한 녀석
심심한지 희미한지
아이들 떠난 교실 문만 쳐다본다.

물리적인 + 내용적인 학교 구성

아이들이 떠난 학교는 어떤 곳일까? 학교를 이루는 구성요소는 무엇일까? 학교라는 공간이 아이들의 인식엔 어떤 영향을 미칠까? 이러한 물음들을 던지며 학교의 구성요소에 대해 생각해본다. 학교를 구성하는 것은 크게 두 가지로 볼수 있을 것이다. 먼저 학교 건물과 학교 내 시설들로 대표되는 물리적인 학교 구성 그리고 학교교육과정과 각 교실에서 이루어지는 수업이 중심이 되는 내용적인 학교 구성이다. 내용적인 학교 구성에 대한 이야기는 교육과정과 수업에 대한 이야기를 통해 더 깊이 있게 다룰 부분이고, 여기서는 물리적인 학교 구성에 대한 이야기를 해보고자 한다.

물리적인 것의 변화속도

물리적인 학교 구성에서 빼놓을 수 없는 대표적인 것은 '학교' 하면 떠오르는 이미지인 책상과 걸상 그리고 휑하니 뻗어있는 복도와 일률적인 형태의 교실, 그리고 칠판일 것이다. 사회가 빠르게 변화되어 가고 있고 그로 인해 수많은 새로운 건축기술과 도구들이 사용되고 있음에도 불구하고 여전히 학교의 모습은 크게 다르지 않다. 최첨단 기기들이 '정보화 기자재'란 이름으로 학교 내 교실을 점령하고 있지만 기본적으로 네모난 교실과 네모난 학교의 모습은 크게 달라지지 않았다. 최첨단 기기라고는 하지만 최근엔 이마저도 사회 변화의 속도를 따라가지 못하고 있다. 사회에선 IOT로 대표되는 무선인프라가 본격적으로 가동되고 있지만 대부분의 학교는 여전히 무선인터넷조차 설치되지 못하고 있는 실정이다.

최근에 지어지는 학교들은 그나마 새로운 형태의 건물이나 교실을 추구하지만, 변화의 속도는 아주 더디다. 기존의 학교를 모두 허물고 새로 짓지 않는 이상 크게 달라질 것 같지도 않다. 오랜 시간이 흘러 새로운 건물을 짓고 물리적인 학교 구성이 바뀔 때까지 그저 기다려야만 하는 것일까?

물리적인 것에 질적인 변화 더하기

그렇다. 물리적인 것의 변화속도는 우리의 예상보다 더 많이 느릴 수 있다. 학교에 투입되는 예산이라야 고작 얼마 되지 않으니까. 기본적으로 학교는 공공기관 중에서도 가장 관리가 안 되는 공공기관 중 하나가 아닐까? 이런 현실 속에서 학교의 물리적인 변화를 이끌어내기 위해서 생각해야 할 것은 질적인 변화에 대한 부분이다. 기존의 건물형태나 교실의형태가 변화되지 않더라도 그 속에서 질적인 변화를 꾀해야 한다는 말이다. 이러한 질적인 변화에는 그렇게까지 많은 예산이 필요하지 않다. 그러나 기존의 생각들을 다시 되짚어보고 새롭게 창조하려는 노력이라는 대가가 필요하다.

학교라는 공간의 고정관념 깨기!

지금까지 학교를 다니며 미술 시간 등을 이용해 만든 작품들을 어디에 전시했었는지 기억하는가? 아마 대부분 교실 뒤편이나 복도 등이라는 기억을 가지고 있을 것이다. 여전히 전국의 많은 학교들은 교실 뒤쪽에 학생들의 작품을 전시하고 있고, 가능한 한 깔끔하게 전시될 수 있도록 노력한다. 매년 학년 초가 되면 초록색인 교실 뒤편의 밋밋함을 종이나 인쇄물로 덮어보려는 시도들이 있다.

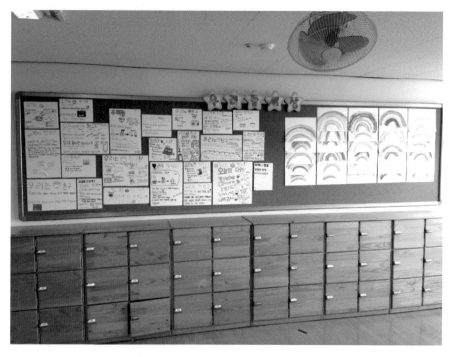

교실 뒤편의 초록색 칠판은 학생들의 작품을 예쁘게 붙이는 도구로 활용되는 시설이다

나 또한 이러한 생각에서 벗어나지 못했었고, 교실 뒤편을 어떻게 하면 깔끔하게 정리해서 작품들을 붙여놓을 수 있을지만 걱정했었다. 학교가 가진 공간의 지루함에 대해 불평하면서 말이다. 아이들이 돌아간 후 교실 뒤편에 작품을 붙이기 위해 작업하던 어느 날 생각을 전환하게 되었다.

'왜 지금까지 교실 뒤편을 꾸밀 때 무조건 종이를 오려서 붙여야 한다고만 생각한 걸까? 그냥 분필로 그릴 수도 있는데!'

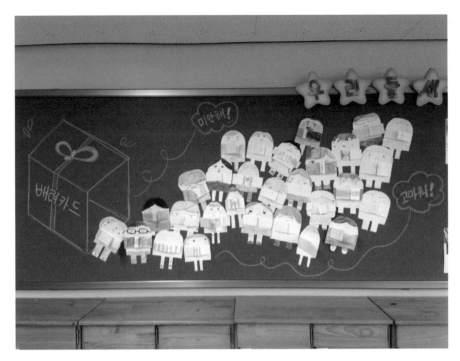
아이들의 작품과 교실 뒤편에 직접 분필로 그린 그림의 조화

사실 예전의 교실 뒤편은 고무소재 칠판이 아니었다. 부직포 같은 것으로 되어 있어서 할 수 있는 거라곤 오로지 작품을 압정이나 스테이플러로 고정시키는 것뿐이었다. 하지만 요즘은 대부분 고무소재의 칠판으로 바뀌었으니 그 특징을 이용하기만 하면 되는 것이었다. 또 교실 뒤편을 꾸밀 때 교사 혼자 해야 하는 업무가 아니라 아이들과 함께할 수도 있다는 생각으로 발전하게 되었다. 그래서 아이들에게 교실 뒤쪽 칠판의 활용법에 대해 알려주고 사용하게 하였다.

교실의 어떤 공간이라도 아이들과 교사가 함께 사용하는 곳이고, 그렇다면 함께 꾸미는 것이 더 의미 있다. 교실 뒤편의 물질적 구성이 바뀐 것은 아니지만 기존과는 전혀 다른 공간이 되어감을 느끼게 되었다.

교실 뒤편에 직접 분필로 역사 연표와 관련된 그림을 그리며 꾸미고 있는 모습

소비적인 공간 vs 생산적인 공간

학교는 소비적인 공간일까? 아니면 생산적인 공간일까? 지금까지의 학교는 아이들에겐 소비적인 공간이었다. 학교라는 곳에 오면 주어진 주변환경이 있었을 뿐 학생들이 만들어 가는 공간은 없었으니까. 그래서 일부 학교들에선 학생들과 교사들이 힘을 합쳐 학교의 공간을 만들어 가는 작업을 펼친다. 그 순간 학교의 공간 중 일부는 생산적인 공간이 되는 것이다.

학교라는 공간이 이렇게 생산적인 공간일 때 학교는 질적인 변화를 꾀할 수 있다. 특별한 예산이 필요한 것도 아니다. 여기서 한 가지 더 생각해볼 문제가 있다. 학교의 빈 공간에 벽화를 그린다는 것은 보통 페인트 작업을 의미한다. 그래서 일단 뭔가 작업을 한 후에는 페인트를 새로 칠하기 전까진 그 상태 그대로 남아있다는 의미다. 그렇다면 학교의 생산적인 공간으로서의 역할을 처음 페인트 작업에 참여한 아이들 외엔 못 하게 되는 것이 아닐까? 여기까지 생각해보니 생산적인 학교에 변화의 개념까지 더해져야 한다는 걸 느끼게 되었다.

아이들과 함께하는 공간에 대한 인식변화

아이들은 새로운 것을 좋아한다. 아니 대부분의 사람은 새로운 것을 좋아한다. 그리고 자신의 손으로 무엇인가 만들어내는 작업 즉 생산적인 작업을 좋아한다. 그런 의미로 학교의 공간을 바라보면 다른 생각을 가질 수 있다.

보통 학교에 이런 공간이 있다면 멋진 그림으로 도안하고 색칠하는 페인트 작업을 생각하게 된다. 그래야 학교가 깔끔해 보인다고 생각하기도 하고, 또 학교라는 곳이 생산적인 공간이라고 생각하지 못하는 결과이기도 하다. 물론 아이들과 함께 그림을 그리고 페인트 작업을 할 수 있다. 하지만 그림을 그리는 당시에만 한정되는 활동이 될 수밖엔 없다. 그래서 이곳에 변화의 개념까지 넣어보았다. 벽면에 칠판 페인트를 칠하는 간단한 아이디어였다.

학교 현관의 텅 비어있는 공간을 페인트 작업으로 멋지게 꾸밀 것인가? 아니면?

벽면에 칠판 페인트를 칠한 모습

아이들 손으로 직접 만든 학교 현관의 모습

이렇게 칠해진 벽면은 앞으로 학교의 주요 행사나 특정한 목적을 가진 일을 알리는 게시판 역할까지 하게 된다. 그것도 아이들의 손으로 직접 말이다.

학교라는 물질적 공간은 국가의 소유이고 공공재임에 틀림없다. 하지만 그 공간 속에서 살아가는 아이들과 교사에게 그런 의미만을 제공한다면 그 공간은 죽어있는 것과 다름없다. 학교라는 곳이 소비적인 곳이 아니라 생산적이면서도 변화의 가능성이 무궁한 곳임을 알아차리고 시도하는 것, 그것이 학교라는 물리적 구성요소의 질적 변화지 싶다. 그리고 이러한 학교의 물리적 구성요소의 변화는 우리가 기존의 고정관념을 깰 수만 있다면 지금 당장 시작할 수도 있다. 공간에 대한 인식의 전환은 아이들의 인식의 범위를 확장하는 데도 큰 영향을 줄 것이다.

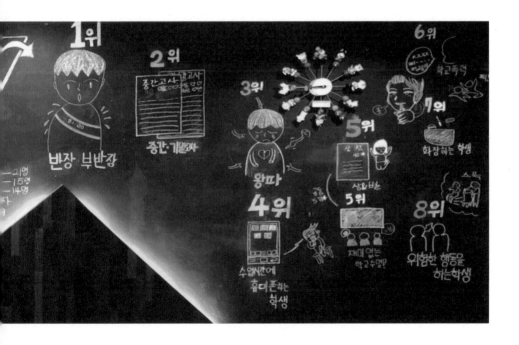

10

교사 임용고시, 그리고 교육과정 바라보기

교대신?

얼마 전 EBS 다큐프라임 〈번아웃 키즈〉에서 교사에 대한 이야기가 방영되었다. 교육대학교를 다니는 학생들끼리 공유하는 일명 '교대신'이라는 캐릭터가 소개되었는데 몇 년 전 처음 접했을 때 당황하던 내 모습이 떠올랐다. 그 그림 속 캐릭터는 인도의 다양한 신들 중 하나와 비슷해 보였고, 여러 개의 손엔 교대를 다니며 배우는 다양한 교과들에 대한 내용이 표현되어 있었다.

왠지 우리나라 교육대 학생들이 공유하는 그림치곤 너무 이국적이라 좀 더 의미를 담아보면 좋겠다는 생각이 들었다. 그래서 새롭게 그려본 그림이 위의 교대신 그림이다. 이미 존재하는 교대신 캐릭터를 새로 그린 이유는 교대를 다니며 다양한 교과들에 대해 공부하는 교대생들의 모습을 적절히 표현했지만 다양한 교과를 배우는 것이 본질은 아니라는 생각이 들었기 때문이다.

최근 교대는 웬만한 명문대보다 더 입학하기 어려운 곳이 되어버렸다. 그래서일까? 최근 진행되는 신규 임용교사 연수나 저경력 교사들이 1급 정교사가 되기 위해 받게 되는 자격연수에서 만나는 젊은 선생님들은 하나같이 영민하고 스마트한 모습이었다. 당연히 다양한 분야에 관심도 많았고 재능도 많았다. 하지만 모든 일에 자신 있어 보이는 것이 전부가 아니었다. 마음속 깊은 곳에 자리 잡고 있는 불안감이 보였기 때문이다. 붉은 망토에 'S' 자가 새겨져 있을 정도로 모든 것에 슈퍼맨 같은 능력을 가지고 있고, 교사라는 자부심이 가슴 가운데 새겨져 있지만 마음 저 깊은 곳엔 불안감이 꿈틀댄다. 나름 성공적인 학창생활을 거쳐 현재까지 왔고, 안정적인 사회생활을 하고 있지만 학교 내에서의 자존감은 사회적으로 보이는 것과는 다르기 때문이다.

교대신의 좌절

"선생님, 저는 교사가 되기 위해 교대를 입학하고 이제 졸업을 앞두고 있어요. 이번에 임용고시도 합격해서 조금만 있으면 발령받아 학교로 가는데 사실 전 자신이 없어요. 아이들 앞에서 무엇을 어떻게 해야 할지도 모르겠구요."

임용을 앞둔 선생님들과의 연수 중 들었던 이야기다. 선생님의 표정은 심각했고 그 이야기를 듣는 나도 심각해졌다. 선생님이 얼마나 불안한지 느낌만으로도 알 수 있었다. 하지만 내가 할 수 있는 일은 한 가지밖에 없었다.

"선생님, 너무 걱정하지 마세요. 지금 선생님이 가시는 길이 가치 있고 행복한 길임을 제가 보증할게요. 너무 걱정하지 마시고 그저 아이들 속에서 살아간다고 생각하세요."

이 말이 바로 위로가 되거나 불안감을 해소할 수 있다고 생각하지 않는다. 하지만 분명 교사로 살아가는 것은 가치 있고 행복한 길이고 그것을 이야기해줄 순 있다고 생각했다. 그런데 이런 불안감은 언제부터 싹트기 시작한 걸까?

교원임용고시

1999년, 처음 발령을 받은 내게 임용고시는 먼 옛날의 추억거리일 뿐이다. 사실 어떤 문제가 나왔었는지 기억도 나지 않는다. 단지 지필평가를 보았고 면접을 했으며 수업 시연도 한 것 같다. 지필평가에선 교육학과 교육과정에 대해 공부했던 기억이 난다. 이 또한 정확하진 않다. 마침 두 명의 제자가 교대를 입학하고 임용고시를 준비하고 있었기에 물어볼 수 있었다. 요즘 임용고시는 어떻게 준비하느냐고. 그런데 제자들의 이야기를 듣고 난 후 깊은 한숨을 쉴 수밖엔 없었다. 교육학 분야는 다양한 교육철학에 대해 교사의 기본 소양으로 알고 있으면 도움이 되기에 필요한 공부겠지만, 교육과정 분야는 그 평가 방법이 너무나 이상했기 때문이다. 제자는 정확하게 이렇게 표현했다.

"선배들 말로는 교육과정 공부하다 돌아버릴 것 같다고 했어요. 저도 지금 공부하는데 정말 돌아버릴 것 같아요."

교사가 되기 위한 임용고시 준비 과정이 돌아버릴 것 같다는 표현이 이상하지 않은가? 이 말 속에 숨은 뜻은 실제 임용고시 문제를 살펴보면 알 수 있다.

1) 다음은 2015 개정 수학과 교육과정의 1~2학년군 '자료와
가능성' 영역의 성취기준의 일부이다. ⓐ, ⓑ에 들어갈 용어를
사용하여 (가)의 ㉠에 들어갈 내용을 쓰시오. [1점]

[2수05-01] 교실 및 생활 주변에 있는 사물들을 정해진 (　ⓐ　)
　　　　또는 자신이 정한 (　ⓐ　)(으)로 (　ⓑ　)하여 개수를 세어
　　　　보고, (　ⓐ　)에 따른 결과를 말할 수 있다.

2018학년도 초등학교 임용시험 교육과정 문제

　　임용시험 문제가 이런 식이다. 문제에서 보이는 '2수05-01'은 암호가 아니라 우리나라 교육과정 성취기준을 분류하는 방법이다. 앞의 수 '2'는 초등학교 1, 2학년을 뜻하고(학년군이라는 의미로 1, 2학년 그리고 3, 4학년 그리고 5, 6학년을 묶어 놓았다.) '수'는 수학교과를 뜻한다. '05-01'은 수학교과의 영역 중(연산, 도형, 측정, 규칙성, 자료와 가능성) 한 영역의 첫 번째 성취기준임을 말하는 것이다. 즉 우리나라 수학교과 교육과정 성취기준으로 국가에서 제시하고 있는 다음의 문장을 암기해야 풀 수 있는 문제인 것이다.

　⬜ 분류하기
[2수05-01] 교실 및 생활 주변에 있는 사물들을 정해진 기준 또는 자신이 정한 기준으로 분류하여
　　　　　　개수를 세어보고, 기준에 따른 결과를 말할 수 있다.

실제 초등학교 수학교과 교육과정 성취기준

　　이런 문제를 풀어야 하기에 임용고시를 준비하는 학생들은 우리나라 초등학교 교육과정에 제시된 성취기준을 그저 외울 뿐이라고 했다. 문제를 외우는 것에 아무리 익숙한 사람이라 하더라도 이렇게 무작정 외우는 일은 고통스럽다. 외워서 위의 문제를 풀었다고 해보자. 그렇게 문제를 풀어서 교사가 되면 이렇게 열심

히 외우기만 한 성취기준이 어떤 도움이 될까? 교육과정에 대한 이해와 성취기준에 대한 이해는 교사의 필수조건이다. 하지만 성취기준은 절대적인 것이라기보다는 그 시대에 어울리는 내용으로 채워지는 가변적인 것으로, 외워야 할 대상이 아니라 제대로 이해하고 해석할 수 있어야 하는 대상인 것이다. 이런 의미를 가진 성취기준을 임용고시라는 시험을 핑계 삼아 외우도록 강요하는 시스템이 존재하는 한, 교대를 다니며 배우고 생각한 자신의 재능과 반짝이는 아이디어를 학교 현장에서 적용해보는 일은 저 멀리 딴 나라 이야기처럼 되고 싶다. 그저 임용고시에 통과하기 위해 열심히 외우는 것이 더 현실적일 테니까. 임용고시를 통과하는 순간 아니 임용고시를 준비하는 순간 교대신은 죽었다!

우리는 전직 교대신이다!

그렇다. 지나온 자신의 일에 대해 모든 것을 기억할 수는 없다. 심지어 자신이 전직 어린이였음을 잊고 살아가는 것이 우리 어른들이다. 교사도 마찬가지다. 처음 교대를 입학하고 학교를 다니며 꿈꾸던 것들, 희망들 그리고 교사가 되어서 무엇을 할지 밤새 이야기하던 일들을 잊고 살아갈 수 있다. 하지만 우리는 기억해내야 한다. 그리고 진정한 교대신으로 살아갈 수 있도록 노력해야 한다. 한때 교대신이었음을 다시 떠올리기 위한 방법은 뭘까? 먼저 임용고시를 통해 나를 괴롭혔던 교육과정을 다시 살펴보는 것이 필요하다.

'교육과정을 다시 본다'

지금 내 눈에 보이는 평범한 이 풍경이 누군가에겐 평생 한 번이라도 보고 싶은 풍경일 수 있다. 그런데 내가 보는 풍경은 과연 모두에게 똑같이 보이는 것일까? 우리 모두가 알고 있는 헬렌 켈러는 평생 보지 못하고 살아가면서 단 하루만이라도 세상을 보고 싶다고 했는데, 그녀가 말한 '본다'에는 단순히 풍경을 본다는 것뿐만 아니라 세상을 제대로 보고 싶다는 의미가 포함되어 있었다. 개인적으로 'How to use your eyes'라는 제목의 수업을 만들어야 한다고 말했다고 한다. 실제 우리의 뇌는 눈에 보이는 것을 그대로 인식하기보단 자신에게 익숙한 방향으로 해석한다. 대표적인 실험이 똑같은 커피를 두 잔 준비하고 한쪽엔 4000원, 한쪽엔 2000원이라 붙여놓으면 대부분의 사람들은 4000원짜리 커피가 맛있다고 하는 것과 같은 것이다. 바로 이 지점이 우리가 본다의 의미를 고려해야 할 부분이다. 교육과정은 우리 모두에게 똑같이 주어지지만, 그 교육과정을 어떻게 바라보는가는 개인적인 문제가 될 수 있다는 말이다. 자신의 개인적 경험과 시선으로 교육과정을 바라보는 일, 이러한 시선을 끊임없이 새롭게 하고 조화롭게 보는 것이 교육과정을 다시 보는 첫 시작이 될 수 있다.

교육과정 다시 보기는 왜 필요한가?

《어린왕자》에 등대지기를 찾아가 만나는 대목이 나온다. 등대지기는 쉴 새 없이 등대를 껐다 켰다 하고 있다. 어린왕자가 이해할 수 없어 물었다. 왜 그렇게 자주 등대를 껐다 켜냐고. 그 대답을 기억할까? 등대지기가 처음 이 일을 시작했을 땐 그 작은 별이 천천히 돌아가고(자전하고) 있었고 낮과 밤이 천천히 바뀌었기에 등대는 하루에 한 번만 껐다 켜면 되었다. 하지만 시간이 흘러 작은 별의 자전 속도가 엄청 빨라졌고 지금은 1분에 한 번씩 낮과 밤이 바뀌는 것이다. 즉 나를 둘러싼 세상이 변했고 그로 인해 규칙 또한 달라졌음을 말하고 있다. 우리가 그 등대지기가 될 차례인가 보다. 예전엔 그저 우리에게 주어진 교육과정을 효과적으로 아이들에게 전달하기만 하면 되는 것처럼 보였지만, 지금 세상은 그러한 모

습이어선 안 된다. 무작정 외운 것을 아이들에게 잘 정리해서 알려주는 것이 지금의 시대와는 어울리지 않는다는 의미다. 이러한 새로운 시대의 흐름에 대해 이미 우리나라 국가수준 교육과정은 대응하고 있다. 대표적인 것이 '자율화'와 '분권화'와 같은 것이다.

교육과정 바라보기는 어떻게 시작해야 하나?

'나를 통한 변화의 이름 = 성찰'

우리는 개인의 '나'이면서 동시에 사회적인 '나'이기도 하다. 사회적인 나는 '교사'라는 직업을 가진 나일 것이다. 교육과정 바라보기가 나를 변화시키는 것부터 시작해야 한다면 나는 어떤 모습이어야 할까? 미하이 칙센트미하이(Mihaly Csikszentmihalyi) 교수의 《flow》라는 책에는 이런 부분이 나온다.

> "삶의 질을 향상시키기 위해 우리가 채택할 수 있는 두 가지 전략이 있다.
> 첫째, 외적 조건들을 삶의 목적에 부합하도록 만드는 것이다.
> 둘째, 외적 조건들이 우리의 목적에 더욱 잘 부합되도록 우리가 경험하는 방식을 변화시키는 것이다."

위의 이야기를 칙센트미하이 교수는 이렇게 풀이한다. '생활 속에서의 안전함을 느끼는 것은 행복의 필수요소이므로 첫째는 범죄로부터 자신을 보호하기 위한 노력을 통해 향상될 수 있고, 둘째는 안전하다는 의미를 수정하는 것'이라고 말한다. 그러면서 이렇게 말한다.

> "이 두 전략은 따로 사용될 때는 효과적이지 못하다. 초기에는 외적 조건을 변화시키는 방법이 효과적인 것처럼 보일 수 있다. 그러나 만일 자신의 의식을 통제할 수 없다면 예전의 공포나 욕망이 또다시 그때의 불안을 되살릴 것이다."

위의 이야기를 교사의 삶과 연계해보면 이렇게 해석할 수 있겠다. 행복한 교사로 지내기 위해 첫째로 배움을 위한 노력을 게을리하지 않는다. 각종 연수와 모임에 참여하는 것이다. 둘째로 배움에 대한 의식을 수정하는 것이다. 즉 내가 가르치는 것이 배움을 의미하지 않는다는 것 등과 같은 배움에 대한 기존의 생각을 변화시켜야 한다. 지금까지 학교에 속해 교사로 살아가는 많은 교사들이 이 두 가지를 동시에 적용하고 있었을까? 첫째에 해당되는 외부적인 연수나 노력에 비해 둘째에 해당되는 나의 성찰에 대한 노력은 얼마나 하고 있었을까?

"교사의 교육행위 능력이란 일상의 상황을 교육적 상황, 즉 학생이 그 상황에서 뭔가를 배울 수 있는 상황으로 만드는 능력이다."

_Maxvan Manen, 《가르친다는 것의 의미》, 학지사, 2012년

우리는 교사다. 교사이기에 교사의 시선을 가져야 하지 않을까? 이러한 교사의 시선은 교대와 사대를 졸업했다고 자연스럽게 생긴다기보다는 스스로 변화의 주인공이라는 생각으로 우리 교육을 끊임없이 고민하며 살아가는 자에게만 주어지는 것이라 생각한다. 바로 당신이 이 시대의 주인공이다. 자신이 주인공으로 스스로 변화의 주체라는 생각을 가지는 것, 그리고 나를 둘러싼 모든 존재가 각자 주인공임을, 그래서 모두가 함께 공감할 수 있는 최선의 노력을 다하는 것, 그것이 시작이고 나를 돌아보는 성찰이다. 이러한 성찰이 결국 나를 다시 '교대신'으로 살아갈 수 있도록 해주었다.

소크라테스의 명제

"자기 자신과 불일치하는 것보다는 세계 전체와 불일치하는 편이 낫다. 나는 통일체니까."

내가 나로 살지 못하는 것은 감당할 수 없는 일들을 만들어낸다. 그렇기에 나로 살기 위해 고민해야 했다. 다음은 이런 고민으로 나온 질문들이다.

'내 삶의 주인공으로 산다는 것이 의미하는 것은?'
'나와의 불일치가 아닌 세상과의 불일치를 받아들일 수 있는 것은?'

'자존심이 아닌 자존감을 가진다는 것은?'

'나 자신에게 말을 건다는 것은?'

'사유한다는 것은?'

'나 자신과 대화한다는 것은?'

　당신은 당신으로 살기 위해 어떤 의지와 삶의 태도를 가지고 있는가? 비록 여러 가지 한계들이 눈앞의 까마득한 현실로 다가오더라도 희망을 잃지 말고 열심히 뛰어보는 거다. 내가 할 수 있을까 걱정 말고 일단 뛰어보자. 그대는 이미 전직 교대신이었으니까.

11

교육과정, 교사의 의지와 삶의 태도를 담다

세상이 복잡해지고 있다. 복잡한 세상이기에 선택의 폭이 넓어졌고 우리는 순간순간 많은 것을 선택해야 하는 자유로움과 더불어 혼란스러움을 함께 가지고 살아간다. 이렇게 복잡한 세상에서 우리는 어떤 배움의 자세를 가지면 좋을까? 세세하게 하나씩 분할하여 알게 하는 배움? 아니면?

오히려 이런 세상에서의 배움은 무엇인가 중심을 놓치지 않으면서 자유롭게 생각의 폭이 넓어지기도 하고 다시 수렴되기도 하는 배움, 즉 창조적인 배움이 필요하다고 생각한다. 발산적인 배움과 수렴적인 배움이 교차하는 교육, 이렇게 자유롭게 변형되기 위해서는 무엇보다 그 핵심을 잃지 않아야 할 것이다. 핵심은 그래서 심플하면서도 다른 것들을 포괄할 수 있는 것으로 정해져야 한다.

이야기

이야기 속에는 중심이 되는 큰 흐름이 있고, 그 큰 흐름을 벗어나지 않는 범위에서의 다양한 이야기들이 펼쳐진다. 그래서 이야기를 읽으며 다양한 생각의 흐름을 가질 수 있고, 어느 순간 큰 이야기의 흐름에 함께하는 자신을 보게 되는 것 같다. 그래서일까? 이젠 '스토리텔링'이라는 이야기가 교육과정 속에서도 등장한다. '스토리텔링 수학'이라는 말로 수학 교육에 대한 이야기가 등장한 것은 어쩌면 시대를 반영하는 부분이 크다. 그렇다면 배움에서 이야기는 어떻게 적용될 수 있을까? 먼저 그동안의 학교를 새롭게 바라보아야 할 것이다.

학교, 특히 공립학교들은 지금까지 그저 국가의 공교육체제 속 학교로 전국 어디나 똑같은 교육과정을 거의 비슷하게 운영하는 곳이었다. 물론 학교별로 특색사업이라는 명목하에 여러 가지 행사를 넣거나 학교별 특징을 찾는 노력을 진행했다. 하지만 그 내용이나 운영에서 학교의 특색이나 학생들의 특색, 학부모나 지역사회와의 연계 등은 잘 보이지 않는 부분이 컸다. 그 이유는 학교의 근간을 이루는 교육과정 속에서 이루어지는 것이 아니라 학교교육과정은 그대로 두고 학교에서 특별하게 운영하는 프로그램의 성격이 강해서일 것이다. 그러다 보니 특정한 교장 선생님이 오셔서 자신의 교육적 지향점을 특색사업 명목으로 만들어 진행하거나, 특별한 능력이나 관심사가 있는 선생님들이 모여서 그 선생님들이 잘할 수 있는 것을 특색으로 하는 경우가 많았다. 그 말은 결국 특정한 분들이 학교를 떠났을 땐 다시 바뀐 분들이 중심이 된 새로운 특색사업이 진행된다는 것을 의미한다. 그리고 더 큰 문제는 이러한 학교별 특색사업에 대해 학부모님들은 항상 그저 수혜자의 입장일 수밖엔 없었고, 그저 학교에서 무엇인가 사업을 많이 하는가 보다 정도로 이해하게 되는 것이다.

이런 학교의 모습은 학교라는 곳이 교육과정이라는 큰 틀 속에서 움직이는 기관이 아니라 선생님들이나 학교장의 마인드에 따라 새로운 것들을 시도하는 곳, 그래서 학교교육과정이라는 것이 무엇인지, 학년교육과정이라는 것이 무엇인지 인지할 수 없고 그 결과 학생들이 학교에서 배우는 것은 그저 교과서 속 내용이라는 생각을 만연하게 만들었다. 다른 말로 하면 교사에 따라 학교 운영의 양념처럼 행사가 바뀔 뿐이지 그것이 내 아이의 삶에 영향을 주는 요인이라 생각하지 않는 것이다. 그저 주어진 교과서 속 정보를 얼마나 알게 되었는지가 중요한 목표가 된다. 이러한 생각들이 학교에서 배워야 하는 배움의 폭을 교과서를 가지고 하는 교육이라는 것으로 한정하는 요인이 되었다고 볼 수도 있을 것이다.

만남을 전제하지 않은 교육은 없다!

하지만 '만남'을 전제하지 않는 교육이란 있을 수 없다. 학교에서 만나게 되는 친구들과 교사는 그저 형식적으로 만나는 존재가 아니라 함께 배움을 끌어주고 밀어주는 관계다. 특히 자신의 이야기를 꺼내 놓고 함께 가야 할 교사와 아이들의 관계가 없다면 그것처럼 불필요한 곳이 있을까? 학교란 그 속에 존재하는 모든 존재들의 이야기가 녹아있고 서로 엉켜 있으며 서로의 이야기가 더 새로운 이야기로 만들어지는 곳이다. 그렇다면 이러한 현상을 어떻게 해소해 나갈 수 있을 것인가? 내가 찾은 방법은 학교에 이야기를 불어넣는 것이다.

'이야기가 있는 학교교육과정'
'이야기가 있는 학년교육과정'

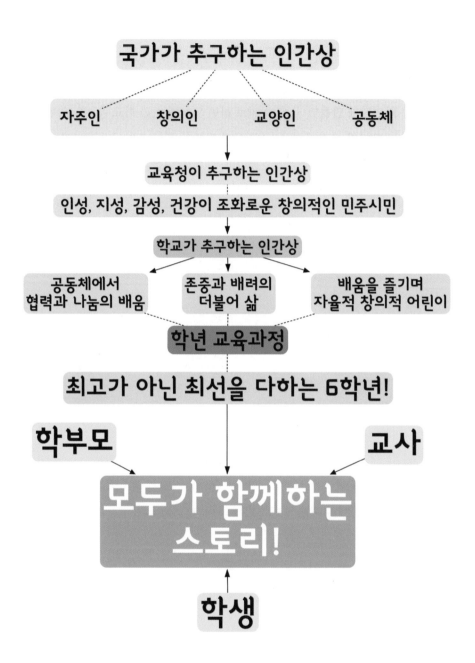

국가가 추구하는 인간상

자주인　　창의인　　교양인　　공동체

교육청이 추구하는 인간상

인성, 지성, 감성, 건강이 조화로운 창의적인 민주시민

학교가 추구하는 인간상

공동체에서
협력과 나눔의 배움

존중과 배려의
더불어 삶

배움을 즐기며
자율적 창의적 어린이

학년 교육과정

최고가 아닌 최선을 다하는 6학년!

학부모　　　　　　　　　교사

모두가 함께하는
스토리!

학생

학년교육과정에서 추구하는 핵심적인 부분은 '모두가 함께하는 스토리'다. 이 스토리엔 교사와 학생 그리고 학부모가 함께 자신들의 이야기를 꺼내 놓기를 바라는 마음이 담겨 있다. 그리고 이 스토리를 뒷받침하는 것은 학교의 교육과정과 교육청의 교육과정, 그리고 국가의 교육과정이다. 결국 교육을 통해 우리가 기르고자 하는 것이 인간이기에 '인간상'을 중심으로 교육과정을 바라본다.

학교 교육의 근간이 되는 교육과정엔 그 학교만의 이야기가 녹아있어야 하고, 더불어 학년교육과정에도 그 학년의 이야기가 녹아있어야 한다. 그리고 이러한 이야기들은 국가수준 교육과정과 해당 교육청의 내용을 녹여서 자신만의 학교 교육과정 이야기가 되어야 할 것이다. 더불어 이 이야기는 누구나 읽고 함께 생각할 수 있는 수준의 것이어야 하고 그로 인해 학부모와 함께 읽으며 같이 생각하는 교육과정 이야기가 되어야 한다. 문서의 체계와 각종 규정, 표의 난립은 이러한 교육과정에선 최대한 자제되어야 할 것이다. 교육과정을 읽으며 그 속에 중심이 되는 핵심과 그 핵심으로부터 펼쳐지는 다양한 활동들에 대한 이해가 쉽도록 구성하는 것, 어쩌면 학교 민주주의의 기초는 이러한 변화에서 시작되는 것이 아닐까? 학년교육과정 이야기 속에 학년을 맡게 된 선생님들의 교육적 철학이 녹아들어가 있다면 그것을 읽는 학부모님들이 내 아이가 있는 학년의 교사들과 소통할 수 있는 근거가 될 수 있을 것이다. 이렇게 만들어진 문서가 진짜 교사가 가져야 할 '공문서'이다.

다음 페이지의 그림은 실제 매년 구성하고 실행하는 교육과정의 목차다. 교사에게 교육과정은 교사 개인의 이야기이면서 동시에 모두의 이야기이기도 하다. 중요한 것은 함께 공감할 수 있을 때 진짜 공문서로서 역할을 하게 된다는 점이다. 함께 공감한다는 것은 기존의 교육과정이라 여겨지던 시수표나 시간표(다음 그림에서 3. 학년교육과정 편성 및 운영 부분)만을 말하는 것이 아니다. 교육과정이라는 문서 속에 교사 개인의 이야기가 녹아있어야 하고 동시에 모두의 이야기가 그 속

나의 유일한 공문서

학년 교육과정

1. 교육과정 편성의 배경 → 2. 교육과정 개발의 배경 → 3. 학년 교육과정 편성 및 운영

이야기가 있는
교육과정이란?

- 이시대의 학력이란?
- 배움이란?
- 주제중심교육과정 이야기
- 학부모와의 협력 이야기
- 교육과정과 평가 이야기
- 현장학습 이야기
- 독서교육 이야기
- 생활지도 이야기
- 동아리 이야기

학생, 학부모, 교사
모두가 공감할 수 있는
교육과정!

- 연간수업일수
  창체 배당시간
  1학기 시수표
  1학기 시간표
- 학년교육과정 운영일정
- 주제중심교육과정 계획표
- 주제별 교과목 수업시수표
- 창의적체험활동 지도계획
- 체험학습 계획
- 교과별 평가영역 및 방법
- 주제별 상시평가 계획
- 과목별 수행평가 계획
- 창의적체험활동 평가

에 살아있어야 한다. 이러한 문서를 매년 새롭게 만들어 가는 것은 그 자체로 교사 개인의 이야기를 풍성하게 만드는 일이다.

예를 들어 학력을 바라보는 선생님들의 시선 및 그 학년의 아이들을 바라보는 선생님들의 시선 등 그동안은 소문으로만 어렴풋이 알 수밖에 없었던 것들을 학년교육과정 이야기를 읽으며 파악할 수 있어야 한다. 이렇게 파악된 학년 선생님들의 교육철학을 믿으며 함께 아이를 키워 가는 것이 진정 아이를 위한 교육과정 운영이다. 지금은 교사 혼자 교육과정을 만드는 시대가 아니라 학부모와 교사가 함께하는 협력의 질이 교육과정을 구성하는 시대이기 때문이다.

'교사가 교육과정인 시기를 지나 학부모와 교사가 협력하는 것이 교육과정이다.'

교육을 서비스라는 측면으로 이야기하는 경우가 많다. 그래서 학생들은 우리가 모셔야 하는 고객이고 그로 인해 교사들은 고객에게 봉사하는 사람이라고 말하기도 한다. 하지만 아무리 세상이 변했다 하더라도 교사가 학생과의 관계를 서비스를 주고받는 판매자와 소비자의 관계로 만들어서는 안 될 것 같다. 교사는 학생과 철저하게 함께 배움을 경험하는 존재다. 함께 실천하고 함께 뒹굴며 같이 존재하는 것이다.

그런데 교사가 아이들과 함께 존재하며 지내도 아이가 학부모와 함께 존재하는 시간은 절대 따라갈 수 없다. 결국 학부모의 존재 자체가 무척 중요한 교육의 기재가 될 것이다. 그 말은 교사가 학부모와 함께 교육을 만들어 가야 한다는 의미다. 세상이 복잡해지고 선택의 폭이 넓어질수록 우리 사회가, 우리의 삶이 풍요로워지기보단 혼란스러운 점이 더 많다고 생각한다. 이럴 때 자녀 교육에 있어서의 부모의 모습도 비슷한 혼란을 느낄 것이다. 교사는 이러한 시대를 살아가는 부모와 함께 손잡고 우리 아이들을 살펴야 한다. 우리 아이들과 함께할 때 부모님의 손도 함께 잡고 나아가야 한다. 그것이 지금의 시대를 살아가는 교사의 모습이다.

교육과정의 공유

때 2013년의 어느 날
곳 분위기 좋은 카페

2012학년도에 졸업한 아이들의 부모님 몇 분과 커피를 마시고 있다. 졸업한 아이들이 어떻게 살아가고 있는지 궁금한 것을 물어보기 위해 만들어진 자리이다. 부모님들 또한 작년의 담임교사에게 아이들 이야기를 하는 것을 즐거워한다.

부모님 1 선생님 덕분에 우리 아이가 좋은 경험을 했어요. 그것이 지금도 굉장히 고맙답니다.

교사 (머리를 흔들며) 무슨 말씀이세요. 제가 한 일이 있나요? 다 아이들이 스스로 해낸 일들이죠. 그리고 부모님들의 적극적인 도움이 없었다면 불가능한 일들이었습니다.

부모님 2 (미소를 지으며) 선생님께서 그리 말씀하실 줄 알았어요. 그런데…….

교사 (긴장된 표정을 지으며) 무슨 일 있는 건가요?

부모님 1 (난처한 표정을 지으며) 그런데 사실 중학교에 진학한 후 중학교에 불만이 생겼어요. 나름 유명한 학교이고 훌륭한 선생님들이 계신 곳인데도 말이죠.

교사 (궁금한 표정으로) 네, 그런데 무슨 일이신지 말씀해주실 수 있을까요?

부모님 3 네, 우리가 학교에 요구한 것이 있어요. 왜 중학교에선 각 교과 선생님들이나 학년 선생님들이 직접 우리 아이들이 공부해야 할 교육과정에 대해 설명해주시지 않으시냐고요. 우리는 그것이 궁금하다고 말이죠.

교사 (당황하며) 아, 그런 이야기를 하셨군요. 그런데 학년이나 교과에 대한 설명회는 일반적인 학교의 모습은 아니라서요. 아이들이 졸업했던 초등학교를 기준으로 중학교에 갑자기 요구하면 당황하실 것 같아요. 그래도 부모님들 말씀처럼 필요한 일이긴 하지요. 분명히 그런 요청 등을 통해 학교가 변화되길 싶은데요. 너무 걱정하지 마세요.

부모님 2　사실 초등학교에선 선생님들께서 어떤 생각을 가지고 우리 아이를 보는지, 우리 아이가 어떤 것을 배우게 되는지를 알 수 있어서 너무 좋았어요. 실제 수업에 참여하는 것도 좋지만 대부분의 부모님들은 그렇게까지 시간을 낼 순 없잖아요. 그럴 때 학년에 대한 이야기와 학급과 교과에 대한 이야기는 많은 도움이 되었거든요. 그런데 중학교에선 그런 이야기는 없고 그저 교장 선생님의 학교 운영에 대한 이야기만 있어서 답답해요.

교사　분명 학교에서도 어떤 방안을 마련할 것 같아요.

실제 이 일이 있은 후 다음해에 만난 부모님들은 웃고 계셨다. 학교에서 각 교과별 선생님들이 나오셔서 어떤 교육과정으로 아이들과 수업을 진행할지 설명회를 했다는 것이다. 교사들이 학부모에게 이런 것까지 설명해야 하느냐고 생각할 수도 있다. 하지만 누구나 불안하지 않을 때 배울 수 있는 것처럼 학부모 또한 불안하지 않을 때 함께할 수 있는 것이다. 이러한 생각으로 학년교육과정을 다시 부모님들께 배부하는 양식으로 만들어 공유한다. 간단히 내용을 요약하고 간단한 그림과 알록달록 색을 입혀 만든다. 그리고 그 내용을 설명하는 '교육과정 설명회'를 진행한다. 말은 설명회일지라도 부모님들의 의견이 있을 땐 반영할 부분이 있는지 같이 고민하는 자리이기도 하다. 이렇게 2010년부터 실행하며 얻게 된 사실은 간단하고 명확하다.

'모두가 함께 공감하는 이야기는 강력한 힘을 발휘한다!'

학년교육과정에 대한 이야기를 담은 안내문을 학부모에게 배부하고 함께 이야기를 나누는 것은 무엇보다 중요한 교육활동이 되었다. 함께하는 협력의 질을 믿고 교육을 펼쳐야 한다.

모당6학년 교육과정

역사를 중심으로 하는 교육과정 운영

역사연표 만들기	→ 나 너 그리고 우리 `3.2~3.30`	→ 협동, 최선
조선후기의 사회변화	→ 모두가 주인공 `3.30~5.11`	→ 배려, 존중
외국과의 접촉~경술국치	→ 자연과 함께하는 우리 `5.11~6.15`	→ 평화, 공생
일제강점기~광복	→ 흐림없는 눈으로 세상보기 `6.15~7.12`	→ 절제, 용기
광복이후~현재	→ 역사저널 그 날! `7.12~7.27`	→ 통일, 믿음

1. 6학년 교육과정 편성의 배경

모당6학년 교육과정 1학기 흐름도

모당 6학년 교육과정은 경기도교육청과 모당초에서 요구하는 인간상을 반영하고 있으며 교사와 학생 그리고 학부모가 함께하는 교육과정입니다.

모당초 6학년 생활지표

"자율"에서 - '자유'가 아닌 '자율', 결과보단 과정

"공동체"에서 - 생명존중, 경쟁이 아닌 협력,
　　　　　　　공동체 갈등을 회복적 관점에서 해결

"존중과 배려"에서 - 나와 다름 인정, 존중의 언어 사용,
　　　　　　　　　들어주고 들어주기

가. 배움이란? : 수업을 넘어 삶 속으로 들어가는 것!

"수업을 넘어 그 아이의 삶에 영향을 줄 수 있음을 깨닫는 과정 혹은 순간을 함께 하는 것."

나. 이 시대의 학력이란? : 학교에서 경험하는 모든 것 : 역량과 창의력

현재 내가 얻을 수 있는 점수가 학력이라 하기엔 우리의 사회가 우리의 삶이 너무 초라하다 생각합니다. 그로인해 새로운 시대를 살아가고 있는 우리 아이들에겐 새로운 학력에 대한 논의가 필요하다 생각했습니다. "학교에서 경험하는 모든 것을 학력의 범위로 하고 새로운 것을 창조할 수 있는 창의력과 스스로 선택하고 행동할 수 있는 역량을 키우는 것이 학력이다." 가 올해 6학년 선생님들의 학력에 대한 이야기 입니다.

4부

영재와 학부모
: 다름을 인정하지 않는 어른들

01

'영재'의 다른 이름 '왕따'

아이들도 원한다.
엄/ 친/ 아/를
단 '엄마 친구 아이'가 아니라
'아이의 친구가 되어주는 엄마'다.

엄마와 아이가 같이 원하는 엄친아
하지만 엄마와 아이가 바라보는 시선이 달라 서로 힘들다.

엄친아 = 영재

왜 우리는 영재란 말에 흥분할까? 영재가 무엇이기에 텔레비전에서 정규방송
으로 꾸준히 방송까지 하며 영재에 대해 소개하는 것일까? 만약 영재가 흔하다

면? 우리 주변에 있는 모두가 영재라면 영재가 이렇게 화제가 될까? 우리 주변의 대부분의 아이들은 영재가 아니니까 그 아이들이 소개되는 것이겠다. 그렇다면 이렇게 영재를 보여주는 이유는? 모두가 영재가 되라는 의미일까? 아니면 영재는 영재고 우리들은 아닌 것을 확인하자는 것일까?

수많은 비교 속에 살아가고 있는 우리들

아이들은 보이지 않는 엄친아와 싸우고 있고 취업을 준비하는 대학생들은 존재한다고 알려져 있는 금수저와 싸우고 있다. 그리고 대부분의 부모들은 특별한 재능을 가졌다고 알려진 영재들과 싸우고 있다. 그런데 문제는 이러한 엄친아나 금수저 그리고 영재들이 우리 주변에 흔한 존재로 있지 않다는 것이다. 분명히 존재는 하겠지만 그렇다고 해서 바로 내 옆에서 매일 매시간 염장질을 하고 있지는 않다. 이것을 음식이랑 비유해보자. 얼마 전 세상에서 가장 비싼 햄버거가 뉴스에 소개되었다.

네덜란드 출신 요리사가 만든 세상에서 가장 럭셔리한 버거(사진: 럭셔리런치)

이 햄버거는 각종 이름도 생소한 재료들을 사용해서 가격이 무려 2600달러다. 이게 다가 아니다. 세상에서 가장 비싼 요리나 음식 재료들은 즐비하다. 유바리 킹 멜론이라 불리는 일본산 멜론은 한 통에 2600만 원까지 거래된 경우도 있다고 한다. 이렇듯 세상엔 나와 다른 특별한 것들이 존재하고 있음을 누구나 알고 있다. 그러나 그런 것들이 있음을 알고는 있지만 그것 때문에 괴로워하는 사람은 거의 없다. 2600달러짜리 햄버거를 맛볼 수 있으면 좋겠지만 동네에서 파는 햄버거도 충분히 맛있다. 2천만 원이 넘는 가격의 멜론을 먹어보면 좋겠지만 그냥 마트에서 파는 멜론으로도 행복하다. 그런데 유독 사람들은 이런 종류의 다름은 인정하면서도 엄친아 금수저 그리고 영재에 대해선 쿨 하게 다름을 인정하고 받아들이려 하지 않는다. 왜 그럴까?

'모든 행동이나 결과 혹은 과정엔 주변의 환경적 영향을 받는다.'

이 말에 동의하지 않는 사람은 거의 없을 것이다. 그만큼 인간은 주변과 어울려 살아가는 존재다. 그런데 유독 사람과 사람과의 관계에 더욱더 예민한 집착을 보인다. 앞에서 든 예들은 사람과 사람이 아닌 것의 관계라 할 수 있다. 즉 햄버거를 보고 감정적으로 질투하거나 미워할 대상이라 여기지 않는다. 마찬가지로 멜론을 보고 질투하고 미워할 사람이 있을까? 만약 미워한다고 말하는 사람이 있다 해도 그 자체가 아니라 그것을 편히 사서 먹을 수 있는 사람들에 대한 미움이거나 그런 것을 만들어 파는 장사꾼에 대한 미움일 것이다. 이처럼 사람은 특히 사람에게 많은 영향을 받게 된다. 어쩌면 그래서 인간사에 가장 중요한 것은 관계가 아닐까?

인간에 대한 깊은 연결고리

본능적으로 인간은 인간에 대한 깊은 연결고리를 가지고 있다. 서로 다른 존재처럼 보일지도 모르지만 결국 우리 모두는 사람이라는 것에선 다르지 않다. 그러다 보니 나와 다르지 않은 존재임에도 불구하고 나와 다르게 살아가는 사람들을 이상하게 보고, 그 이상함을 미워하는 마음으로 바꿔서 생각하는 경우가 생긴다.

나와 다름을 틀림으로 착각하는 사람들

중요한 것은 나와 같은 존재더라도 동시에 나와 다른 존재일 수 있다는 것을 정확하게 인식하는 것이다. 많은 사람들이 이것을 틀린 것으로 생각하고 자신이 가지지 못한 것을 가진 사람들을 미워한다. 그리고 그러한 사람들을 자신에게 위협을 주는 사람이라고 인식한다. 그런데 묘하게도 이러한 미움은 두 가지로 다시 갈라진다. 나와 다르게 사는 사람 중 한쪽은 왠지 나도 저렇게 살고 싶다는 생각이 들어서 밉고, 또 다른 쪽은 저렇게 살기 싫다는 생각이 들어서 밉다.

돈도 많이 벌고 인기도 많은 데다가 잘 생기고 예쁜 사람을 보면 입으로는 그 사람이 부럽다고 말하지만 사실은 그 사람을 미워하는 마음이 있는 것이다. 밉지만 나도 그렇게 되고 싶어 한다. 반대로 항상 우울하고 불행해 보이고 지저분해 보이는 사람을 보면 저렇게 되지 말아야지 하는 마음으로 그 사람을 미워하고 경계하게 된다. 어쩌면 학교의 왕따는 이러한 심리적 선상에 있는 이야기다.

왕따의 본질은 나와 다른 존재를 미워하는 것!

아이러니하게도 영재를 부러워하고 영재가 되고 싶어 하는 마음이 강할수록 왕따 문제도 더 커질 수밖엔 없다. 두 가지 마음은 사실 동전의 양면처럼 본질적으론 같은 이야기다. 우리 모두 같은 인간임을 너무도 잘 인식하고 있으니까 발생하는 문제이기도 하다. 만약 전혀 다른 존재가 있을 때 그 존재가 나와 다르다고 배척하고 미워할까? 곤충처럼 우리와 전혀 다른 존재를 보며 혐오스럽다고 생각하는 것을 보면, 본능적으로 싫어하고 피하는 것이 우리 속에 있는 것 같기는 하지만 그렇다 하더라도 왕따처럼 오랜 기간 심리적으로 미워하진 않을 것이다. 결국 모든 문제의 원인엔 우리가 다른 사람에게 같은 것을 요구하는 본능적인 의식이 존재하기 때문이다. 이것이 본능적이라면 그것을 뛰어넘어 다름을 틀림이 아니라 나와 다른 것을 가진 존재로 받아들이는 것을 연습하고 깨우치는 과정을 거쳐 사람으로 살아갈 수 있을 것이다. 이러한 과정을 거쳐야 하는 과정이 교육의 과정이며, 이러한 과정을 끊임없이 경험하게 되는 장소가 학교여야 한다. 나와 다름을 인정하고 받아들이는 교육이 교육의 궁극적인 목표가 되어야 인간답게 살 수 있다.

몇 년 전에 집필한《교육과정 콘서트》서문에 사용했던 무지개 그림이다. 이 그림을 다시 꺼내든 이유는 그때 다 전하지 못한 이야기에 대한 아쉬움만이 아니다. 어쩌면 내가 살고 있는 아니 더 정확하게 말하면 내 주변의 사람들에게 아직도 이 그림의 의미가 정확하게 이해되지 못하고 있다는 것에 대한 아쉬움이라는 게 더 정확할 것 같다. 나와 다름을 인정하는 것이 모든 것의 시작일 수 있다는 생각이 계속된다. 나와 다름을 받아들이는 곳이 아름다운 사회라는 생각이 계속된다. 이런 생각을 계속할 수밖엔 없는 것이 지금 학교에 있는 내 주변의 상황이다.

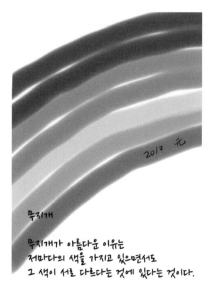

무지개

무지개가 아름다운 이유는
저마다의 색을 가지고 있으면서도
그 색이 서로 다르다는 것에 있다는 것이다.

그리고
그 서로 다름을 인정하며
존중하기에 아름다운 것이다.

2017 元

내 주변의 다름을 인정하면 나와 주변의 평화를 찾을 수 있다.

세상엔 나와 다른 존재들이 분명히 있다. 본질적으론 나와 다르지 않겠지만 분명 현재의 실태는 나와 다르다. 그래 인정한다! 그리고 받아들인다. 왜냐하면 2600달러짜리 햄버거가 아니라 3000원 정도 하는 햄버거를 먹어도 맛있다는 것을 잘 알고 있기 때문이다. 2600만 원짜리 멜론은 아니지만 우리 동네 마트에서 파는 멜론을 시원하게 보관한 후 정성스럽게 잘라 가족과 함께 먹는 것으로도 충분하다. 진짜 중요한 것은 지금 내가 가진 환경 속에서 나의 이야기를 찾아내고 나만의 방식으로 행복하게 살아가는 것이다. 나와 다른 존재 또한 자신이 살아가는 환경 속에서 나름의 고민과 어려움을 겪으며 산다는 평범한 사실에 대해 잊지 않으면 된다. 영재는 영재일 뿐이고, 나는 나일 뿐이다.

02

유.교.무.류: 가르침에 차별은 없다

有敎無類(유교무류)

공자는 말한다. "가르치는데 류(類)적 차별은 있을 수 없다. 오직 가르침만 있다."

우리 모두가 알고 있듯이 예전의 교육은 모두를 위한 교육이 아니었다. 그런 시대를 넘어 모두가 평등한 교육을 받도록 하는 제도가 현재 우리의 공교육 제도다. 그런데 이미 공자는 그 당시 이러한 공교육에 대한 생각을 가지고 있었다. 가르치는 일에 배우는 사람이 어떤 사람인지에 대한 차별을 두지 않았다는 것이다. 그래서 누구라도 자신이 배우고자 하는 마음으로 전력을 다하면 가르침을 나누겠다는 공자의 말은 공교육에 대한 여러 가지 생각들의 단초가 된다.

한때 공교육 교사로 살아가는 것에 대한 회의를 품은 적이 있다. 공교육 교사이기에 주변의 각종 규정들로부터 자유롭지 못하다는 것과 개인적으로 하고 싶은 교육활동에 더욱더 적극적인 자세로 함께 참여할 학생과 학부모를 만나고 싶다는 생각을 했었다. 공교육 교사는 자신이 근무지를 선택하더라도 그것이 특정 수준의 아이들을 만나거나 학부모를 만난다는 것을 선택하는 것이 아니다. 그저 자신이 근무하게 될 학교에 대한 대략적인 정보와 더불어 근무하기 편안한 곳이 선택 기준의 전부인 것이다. 이렇게 선택한 학교에서 어떤 아이들과 생활할지는 말 그대로 예측불허다. 이런 상황인지라 학교를 옮기는 교사는 많은 불안감을 안고 새로운 학교로 출근하게 된다. 그래서였던 것 같다. 나름 유명한 교사가 되고 다양한 교육활동을 하기 시작하자 욕심이 마음으로부터 끓어올랐다.

'아, 진짜. 다른 건 신경 쓰지 않고 그저 아이들과 활동하는 것에만 집중할 수 있는 학교라면 어떨까? 다른 걱정 없이 우리 반 모든 친구들과 우리나라를 벗어나 세계를 무대로 수업하고 학습할 수 있는 그런 학교라면 정말 좋을 텐데.'

그렇다. 말 그대로 욕심이다. 아니, 약간의 유명세를 탄 후 가진 오만함이다. 그리고 지금은 그때의 내 모습을 생각만 해도 부끄럽다. 하지만 이런 생각을 했던 순간이 있었다고 말할 수 있는 것은 지금은 전혀 이런 생각이 들지 않기 때문이기도 하다.

존경하는 선배, 교장 선생님

개인적으로 존경하는 교장 선생님이 계시다. 고백하자면 그동안 나에게도 교장 선생님과 교감 선생님은 그저 학교의 최고 관리자일 뿐이었다. 저 멀리, 나와는 크게 관계없는 분들이라고 생각하고 살아왔다. 그런 나에게 충격적으로 다가온 교장 선생님이 계셨다. 바로 이우영 교장 선생님이다. 좋은 관리자를 만난다는 것은 좋은 선배를 만나는 것과 같다는 것을 알게 해주셨다. 그동안 혼자서 착각하고 있었다. 교장·교감 선생님도 나와 같은 교사였으며 그분들은 학교 관리자 이전에 선배라는 사실을 잊고 있었다. 물론 이러한 생각을 하지 못한 이유야 수 없이 많겠지만 난 이렇게 말하고 싶다.

'그동안 내가 가진 경험의 한계로 인해 수많은 기회를 보지 못하고 그저 내 기준으로만 판단하던 나'

그렇다. 좋은 선배로 생각하고 다가갈 생각보다는 그저 관리자니까 나와 다를 것이라는 벽을 세워두고 있었던 것이다. 그런데 이런 나를 잡아 일으켜 세우고 깨워주신 분이 바로 이우영 교장 선생님이다. 교장 선생님과의 허물없는 대화는 그저 내가 바라는 것을 이야기하는 수준이 아니었다. 교육에 대한 교장 선생님의 철학을 함께 나누는 일이 주요 소재였고 그 대화의 진심이 나를 깨웠다. 처음엔 너무 당황스러워서 교장 선생님의 말씀을 제대로 받아들이지 못하고 온갖 의문만 가졌던 것이 사실이다. 교장 선생님께선 질문을 하셨지만 답을 주진 않으셨기 때문이다.

"수업을 혁신하고, 교실을 혁신하고, 학교를 혁신하자는 것의 최종 목표는 교육과정의 혁신에 있습니다. 그리고 그것의 진면목은 교실수업에 있지요. (* 여기서 교실이란 물리적 공간을 넘어 광의의 개념으로 보아야 하고요.) 아직도 구체적이고 낱낱의 공간으로서의 교실은 여전히 블랙박스인 게 우리 교육의 현실입니다. 같은 동료조차 남의 교실을 들여다보기가 쉽지 않거든요. 그래서 여전히 '교실은 교사의 왕국'이라는 말들이 거리낌 없이 회자되었습니다. 한국 공교육 불신의 중심엔 교육방법보다는 교육내용에 있지요? 동의하시나요? 교육내용을 구성하는 게 바로 교육과정입니다. 속살이 궁금하시나요? 교육과정 들여다보기가 핵심입니다."

'교실은 교사의 왕국'이라는 말 한마디가 머릿속을 떠다니며 어떤 교사로 살아가야 할지 생각하게 만드셨다. 어쩌면 이렇게 책을 펴내고 다양한 곳에서 많은 강연을 할 수 있게 된 시작점은 교장 선생님과의 만남이었다고 해도 과언이 아닐 것이다. 교장 선생님의 모습은 단순히 이런 이야기 속에서만 존재하지 않았다. 교장 선생님의 평소 모습 또한 나에겐 커다란 나침반이 되었다.

교장 선생님의 액자

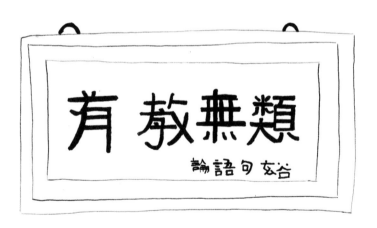

우리나라 교육의 큰 변곡점이 되어준 '혁신학교'와 관련해 이우영 교장 선생님은 그 중심에 있었던 분이다. 누가 뭐라 해도 교육과정을 중심으로 학교가 재편되도록 실천한 학교는 이우영 교장 선생님과 함께 있었던 서정초등학교였으니까. 물론 서정초에 근무한 많은 교사와 교직원들이 모두 힘을 합쳐 만들어낸 결과물이지만 이우영 교장 선생님의 역할이 중요하지 않았다고 말할 순 없다. 교육청에서 교장 선생님을 모셔 가려고 한 것은 당연한 일이다. 이미 교사에서 장학사로, 그리고 교감과 교장을 다 거친 상황이라 교육청으로 들어가게 되면 장학관이나 그 이상의 직책으로 영전할 수 있었다. 하지만 교장 선생님께선 단호히 거절하셨다. 현장에서 교사들과 함께 혁신교육을 일궈 나가겠다는 의지였다. 교장실 교장 선생님 자리 뒤편에 걸려 있는 '유교무류' 액자가 선생님의 의지를 표현한 것이라는 생각이다.

　공교육 교사로 살아간다는 것은 이런 것이다. 누구나 자신이 살고 있는 지역의 학교에 입학하고 다니며 크게 신경 쓰지 않아도 양질의 교육을 받을 수 있는 것, 특별히 돈을 많이 내야지 받을 수 있는 교육이 아니라 누구나 받을 수 있는 양질의 교육을 위해 헌신하는 것, 그것이 공교육에서 근무하는 교사의 모습이자 관리자의 모습이다. 그리고 이러한 생각을 실천하기 위해 노력해야 하는 것 또한 공교육 교사의 자세다. 까마득한 옛날 공자의 유교무류의 정신은 여전히 공교육 교사의 마음과 함께 살아있음을 느낀다.

03

삼인행필유아사: 교사에 대한 오래된 이야기

三人行必有我師(삼인행필유아사)

"세 사람이 길을 가면 반드시 그중 한명은 나의 스승이다."

주위에서 언젠가 들었던 말인데 한자를 살펴보니 옳은 말 같았다. 하지만 옳다는 생각과 동시에 고개를 갸웃거리기도 했다.

왜 하필 세 사람일까?

오랫동안 마음 한편에 자리 잡고 있던 이 의문이 풀린 것은 얼마 되지 않는다. 영화 속 장면 하나가 이 의문에 대한 해답이 되었다. 영화 속에서 여자 주인공은 부모님을 잃고 하나뿐인 남동생을 돌보는 책임을 맡게 된다. 자신에 비해 한참 어린 나이의 동생을 돌보기 위해 무릎을 꿇고 눈을 맞추며 이야기하는 모습이 교사의 모습과 다르지 않았다. 그 장면을 보는 순간 '세 사람'이라는 사람 수가 중요한 것이 아니라는 것을 깨달았다. 꼭 세 사람이 아니라 '여러 사람'이라는 복수의 의미로 쓰였음을 말이다. 두 사람인 경우라도 한 사람이 다른 사람의 스승이 될 수 있다는 의미일 것이다. 더불어 스승이라는 의미에 대해 생각하게 되었다.

스승은 어른 혹은 교사만을 말하는 것일까?

우리 주변에는 많은 직종이 존재한다. 그런데 가만히 들여다보면 의외로 다른 사람을 가르치는 직종에 종사하는 사람들이 많다. 직접적으로 학교에서 학생들을 가르치는 학교 선생님부터 학습지 교사, 학원 강사 등 많은 사람들이 교사로서 살아가고 있다. 어느새 우리 사회에서 '교사'라는 호칭은 특별한 것이 아니라 다른 사람을 가르치는 일을 하는 모든 사람들을 부르는 대명사가된 것 같다. 미용실에서 미용사들끼리 'ㅇㅇ 선생님'이라는 호칭을 사용하는 것을 들었을 때 처음엔 낯설었지만 지금은 아무렇지도 않은 것을 보면 세상의 변화를 받아들이고 살아가는 내 모습을 새삼 확인할 수 있다. 그렇다면 누군가를 가르치는 사람은 모두 교사인가? 난 그렇다고 생각한다. 호칭이야 교사가 아니라 선생님일 수도 있다. 하지만 분명한 것은 누군가를 가르치는 사람이라면 교사라 불러도 좋다는 생각이다. 그것이 직업의 의미가 아니더라도 누구나 교사가 될 수 있다. 이렇게 생각을 확장하면 사실 세상 누구라도 다른 사람의 교사가 될 수 있다. 아니 더 정확하게 말하면 우리 모두가 교사다! 우리 모두가 교사! 그래서 말이 참 많다! 사실 공자의 '삼인행필유아사'에는 뒤따르는 문장이 더 있다.

"여러 사람이 길을 같이 가면 내 스승이 있다. 좋은 점은 가려서 좇고, 좋지 않은 점은 고쳐야 한다. 三人行必有我師焉 擇其善者而從之 其不善者而改之"

_논어(論語)

완전한 문장은 뒤의 '택기선자이종지, 기불선자이개지'까지 함께 보아야 한다. 즉 누구나 좋은 점과 나쁜 점을 가지고 있고 좋은 점은 본받으려고 해야 하고 나쁜 점은 고쳐서 받아들여야 한다는 이야기다. 그 순간 나에게 좋은 점을 보여주는 사람이 있다면 그 사람이 교사다. 반대로 나에게 나쁜 점을 보여주는 사람 역시 교사다. 나쁜 점을 보고 고쳐서 받아들여야 한다는 점은 잊지 말아야 하겠지만 말이다. 중요한 것은 나와 관련된 모든 사람이 나에게 교사이고 나 또한 누군가의 교사라는 것이다. 어쩌면 교육문제가 유독 해결하기 어려운 이유가 그래서일지도 모르겠다. 모두가 교사이니 다들 할 말이 참 많다!

다시 '삼인행필유아사'

나와 관련된 모든 이에게 배울 수 있다는 이 문구의 진정한 의미는 나와 다름을 인정할 때 배움이 있다는 의미다. 나와 다른 존재를 통해 나를 단련시킨다는 의미이기도 하다. 그것이 나를 깨는 일일 것이다. 다름을 인정한다는 것은 나와 다른 존재가 틀렸다고 생각하는 것이 아니다. 다름을 틀림으로 생각하는 순간 우리의 모든 배움은 멈추게 된다. 어떤 존재를 만나더라도 깨닫지 못한다. 나와 다름을 인정하는 마음에서만 배움이 시작된다. 교사라면 나와 다른 존재를 받아들이는 마음으로 지나가다 들리는 개구리 소리에서도 배움의 의미를 받아들여야 할 것이다. 어쩌면 막장 드라마 속에서도 배움의 의미를 찾는 사람이 교사일 수 있다.

04

누가 나를 스타교사라 부르는가?

누가 나를 스타교사라 부르는가?

스타는 화려하다. 스타는 대중의 인기를 한 몸에 받고 살아간다. 스타는 자신이 하고 싶은 일을 마음대로 할 수 있다. 스타는…….

교사들 사이에도 스타교사가 존재한다. 대표적으로 다양한 교사 커뮤니티에서 유명한 교사가 있고, 방송을 통해 유명해진 교사도 있다. 이렇게 유명해진 스타교사들은 전국을 다니며 선생님들을 대상으로 한 연수를 진행하는 경우가 많다. 그렇다. 바로 내 이야기이기도 하다. 나 스스론 내가 스타교사라는 생각이 들지 않지만 내 주변에선 나를 스타교사라고 부르는 경우가 종종 있다. 이런 시선이 참 불편하다. 가끔 이렇게 묻는 후배 교사들을 만나면 더욱 불편하다.

"선생님, 어떻게 하면 선생님처럼 전국을 다니며 강의하는 교사가 될 수 있나요?"
"어떻게 하면 방송에 출연할 수 있나요?"

전국을 다니며 강의하는 교사? 방송에 출연하는 방법? 그런 방법이 따로 있는지 난 모르겠다. 왜냐하면 그런 방법을 찾아본 적도 없고 찾을 생각도 하지 않았으니까. 그저 아이들과 하루하루 열심히 살아가고 있을 뿐인데 말이다. 그런데 어느새 난 스타교사가 되어 있었고, 그로 인해 내 가까운 사람들과 다툼을 겪기도 했다. 내가 나 혼자만의 욕심을 가지고 이런 활동들을 한다고 생각하는 것 같았다. 평소 나에 대해 잘 알고 있을 것이라 생각한 가까운 사람들의 이런 오해는 정말 나를 속상하게 만들었다. 하지만 그렇다고 모든 것을 포기할 순 없었다. 왜냐하면 내 앞의 아이들은 실시간으로 성장하고 있었고, 난 그 아이들 앞에서 절대 쓰러져선 안 되는 교사이기 때문이다.

있는 그대로를 받아들이는 것, 그것이 기적이다!

다른 분들의 오해에는 그 이유가 분명히 있을 것이다. 그 오해가 언젠간 풀릴 것이다. 내가 진실된 마음으로 살아간다면 결국 그 진실의 향이 지구를 한 바퀴 돌아서라도 그분들의 마음에 닿을 것이라 믿기 때문이다. 시간이 필요할 테니 조급하게 생각하지 않으려 한다. 그리고 내 진실된 마음을 알리기 위해 노력하고 있다.

진실의 향이 아니고선
나의 마음이
내 가까운 사람에게
닿지 않을 것이다!

지구를 돌아서 가야하는
나의 진실이...

지혜로운 교사로 살아가기

난 스타교사이기보다는 지혜로운 교사로 살아가고 싶었고 지금도 그렇다. 앞에서 살펴봤듯이 지혜롭다는 것은 슬기롭다는 우리말과 같은 뜻이며, 잘 구별한다는 의미도 들어있다. 또 자기 자신을 이겨내는 사람이라는 의미도 있다. 자기 자신을 이겨야 한다는 것은 결국 자신을 다른 사람들이 볼 수 있도록 열어둬야 한다는 의미다. 이렇게 나를 열어두고 많은 사람들이 나를 볼 수 있게 되었을 때 내게 덧씌워진 오해의 굴레도 벗겨지리라 기대한다. 그래서 나를 열어두기 위한 방안으로 우리 반 수업을 상시적으로 공개하고 있다. 우리 반에 찾아온 분들 중엔 이런 이야기를 보내주는 분들도 있다. 고마울 뿐이다.

2015년 4월 6일 이경원 선생님 반 탐방기 – 경북 교육연구사 김원자

우리는 '교육과정 중심 수업을 해야 한다'라는 이야기를 많이 듣는다. 하지만 우리는 그것이 어떤 모습의 수업인지 잘 모른다. 나 또한 그랬고 지금 학교현장도 마찬가지라고 생각한다. 연구사가 되고 교육과정 연수를 기획하면서 교육과정이라는 주제와 이름으로 이경원 선생님을 만났다. 강의를 듣고 교육과정 중심 수업에 대한 얘기를 나누면서 내가 교실에서 아이들과 수업할 때와는 다른 점을 발견했다. 시간이 지나면서 이경원 선생님의 수업이 궁금해지기 시작했다. 더 솔직하게 말하면 그 반 아이들을 만나고 싶었다. 4월 6일, 드디어 하루를 온전히 내 그 궁금증을 안고 그의 뒤를 쫓아다녔다. (중략)

수업이 시작되기 전 교실의 모습을 한마디로 말하면 어수선함, 비조직화 등의 단어로 표현할 수 있을 것 같다. 하지만 교실에서 신발을 신고 있는 아이는 없었다. 이 정도로 어수선한 분위기라면 한 명쯤은 실내화를 신고 교실을 누빌 법도 한데 말이다. 보는 눈이 없는데도 한 명도 없었다. 교실을 나갈 때는 교실에 공통으로 비치해둔 실내화를 신고 나갔다가 들어오면 다시 맨발로 교실을 다녔다. 그 약속을 어긴 아이들을 하루 동안 단 한 사람도 보지 못했다.

아이들의 책상 배열은 다양한 모습의 마제형으로 되어 있었다. 교실로 들어온 이 선생님은 아이들 속에서 또 다른 아이의 모습으로 아이들과 어울려 운동장을 돌면서 하던 이야기처럼 아주 사소한 이야기를 운동장에서 만나지 못한 아이들과 계속 이어갔다. "왜 운동장에 나오지 않았느냐?" 등의 대화는 전혀 없었다. 무엇을 하지 마라, 무엇을 하라 등의 지시어로 꾸며진 말들도 없었다. 나 같았으면 분명 교실 문을 들어오면서 난발을 했을 법한 분위기였는데도 이 선생님은 아무 거리낌 없이 아이들 분위기의 한자리를 차지하고 그 속으로 스며들었다. 그런데 "자, 우리 이제 오늘 공부를 시작할까?"라는 이 선생님의 말에 모두 하던 일들을 멈추고 자리를 잡고 앉으면서 삽시간에 난잡하던 분위기는 사라졌다. "오늘은 '모두가 주인공' 공부가 끝나는 마지막 날이야."로 수업이 시작되었다. 조금 전까지의 혼잡함을 찾아볼 수 없었다. 눈은 모두 교사를 향해 있었고, 뭔가를 하기 위한 준비 자세로 아이들의 태도가 변해 있었다.

사람은 자신의 모습을 쉽게 인식하지 못한다. 스스로 자신의 모습을 인식하는 것을 메타인지라고도 하는데 쉽지 않다. 그래서 어쩌면 자신의 모습을 잘 몰라 많은 어리석은 행동을 하는지도 모른다. 그래서 지혜로운 사람은 자신을 열어두고 자신을 알아갈 수 있는 기회를 얻는 것이다. 지혜로운 교사도 마찬가지다. 자신의 수업을 열어 다른 사람의 시선으로 볼 수 있도록 한다. 이렇게 수업을 열어둠으로써 내가 진짜 원하는 교육이 무엇인지를 보여줄 수 있는 것이다. 누군가에게 잘 보이기 위해, 나의 현실과는 다른 이상적인 것만을 이야기하는 것이 아님을 보여주는 것이 오해에 대응하는 나의 방법이다. 이러한 수업공개는 계속 이어지고 있다. 서울, 경북, 제주, 충청, 경기 등의 많은 곳에서 우리 반을 찾아오고 있다.

2016년 10월 학급을 방문한 경북 구미 선생님들과 함께 사진을 찍던 모습

아이들 속에서 살아가는 교사가 스타교사

스타교사는 따로 존재하는 것이 아니다. 그저 아이들 속에서 하루하루 열심히 살아가는 모든 교사가 아이들의 스타이자 진정한 스타교사이다. 혹시 이런 가장 기본적인 것을 놓친 상태로 남들이 보기에 화려해 보이는 스타교사로 살아간다면 지탄받아야 한다. 반대로 아이들 속에서 열심히 살아가는 교사를 왜곡된 의미의 스타교사로 칭하고 외면하는 것 또한 우리가 버려야 할 태도다. 결국 본질에 충실한 교사는 누구나 스타교사라고 생각한다. 혹시라도 아이들 속에서 아무리 열심히 살아도 아무도 나를 알아봐주지 않는다고 생각하는 분이 있다면 이 말을 생각해주면 좋겠다.

"아름다운 향기가 주변에 퍼지는 속도는 코를 찌르는 악취와는 다르게 느리지만, 그 향의 지속력은 아주 오랫동안 유지된다."

그래서 난 진심을 다해 아이들과 함께하는 교사는 절대 잊히지 않음을 믿는다.

05

학교 안 교사의 벗, 동료교사!

동료교사

동료라는 말이 가진 의미는 무엇일까? 동료라는 말의 사전적 의미는 '함께 일하는 사람' 정도다. 하지만 '벗'이라는 의미도 있다. 그렇다면 동료교사는 함께 일하는 교사이기도 하지만 벗과 같은 교사 즉 친구교사라 할 수 있을 것이다.

그렇다면 친구는 어떤 특징을 가지고 있을까? 우리는 어떨 때 친구라고 할까? 어려울 땐 함께하고 기쁠 때도 함께하는 존재, 좋은 게 좋은 거라며 무조건 편들기보다는 함께 좋은 방향으로 나아가도록 노력하는 존재. 난 이런 존재가 친구라 생각한다.

그렇다면 동료교사의 모습은 어떠해야 할까? 적어도 교직사회에서 동료교사라 부르는 관계 속에 있다면 서로가 자신의 처지만을 기준으로 삼지 않고 그것이 우리가 만나는 학생들과 학부모들에게 어떤 영향을 미칠지, 그리고 그 영향이 좋은 영향일지를 함께 고민해야 하는 존재가 아닐까? 그리고 내 기준과 다르기에 '난 할 수 없는 일을 자꾸 벌이는 네가 미워'라는 생각이 들더라도 우리가 함께 해나가는 동료이자 친구라는 생각을 가지고 그런 생각들을 넘을 수 있어야 하는 것은 아닐까? 물론 어떤 때는 동료교사가 하는 활동이나 생각에서 부족함을 발견할 수도 있다. 그럴 땐 같이 그 부분을 이야기하자고 먼저 다가서는 용기가 필요한 것이 아닐까?

한 사람의 열 걸음이 아닌 열 사람의 한 걸음이라는 말의 딜레마

동료교사는 서로에게 힘이 되는, 용기를 함께 실천하는 존재다. 아마 많은 사람이 이러한 말에 동의할 것이다. 하지만 현실은 어떨까? 학교에서의 동료교사는 함께하는 사람이면서 동시에 같이 가야만 하는 사람으로 비친다. 동료성이라는 것이 같이 보조를 맞춰 나아가자는 의미로 사용되는 것이다. 이런 의미를 담아 한 사람의 열 걸음보다 열 사람의 한 걸음이 더 소중하다고 이야기한다. 그것도 무조건!

"제가 발령받아서 무언가를 해보려고 할 때 주변의 선배교사들이 눈치를 줘서 하지 못하는 경우가 많았어요."
"뭔가 새로운 시도를 하려고 할 때면 너 혼자 튀지 말라는 은근한 압박을 받아요."

열 사람이 손을 잡고 함께 걸으면 '길 막' 현상이 벌어진다!

왜 모두가 함께 그리고 동시에 한 걸음씩 가야 하는 것일까? 그리고 이렇게 가는 것이 진짜 동료성일까? 이러한 동료성이 내 주변의 모든 길을 막아서는 현상(아이들 말로 '길 막'이라고 부른다)을 만드는 것은 아닐까? 아마도 이렇게 생각하게 된 이유는 주변의 동료들을 나 몰라라 하고 혼자서만 앞으로 나아갔던 사람들 때문일 것이다. 자신만의 욕심을 채우기 위해 주변을 내팽개치고 살아간 사람들 때문이리라. 충분히 일리 있는 이야기면서도 동시에 이런 식이라면 누가 새로운 시도를 할 수 있을지 걱정되는 부분이기도 하다. 그렇다면 어떻게 해야 진짜 동료성이 무엇인지 알 수 있을까? 결국 본질은 서로가 서로에게 손을 내밀 수 있느냐 없느냐의 문제다.

서로에게 손 내밀기

누구나 등산을 해본 경험이 있을 것이다. 등산을 할 때면 누군가는 앞서가고 누군가는 뒤에서 천천히 혹은 힘겹게 따라간다. 이럴 때 앞서 가던 동료가 뒤에 오는 동료에게 손을 내밀어 잡아준다면 큰 도움이 된다.

교사들 사이의 동료성도 이와 같다. 교육은 결코 만만하거나 쉬운 행위가 아니다. 꼭 험하고 높은 산을 오르는 것처럼 힘든 부분이 많다. 그러다 보니 어떤 교사는 그러한 상황을 잘 이겨내며 앞서 가기도 하고, 어떤 교사는 적당한 수준에서 맞춰 가기도 할 것이다. 그리고 어떤 교사는 완전히 뒤처질 것이다. 중요한 것은 이러한 상황이 자연스러운 현상이라는 점이다. 비슷한 능력을 가진 교사라 하더라도 자신이 속한 학교나 지역의 여건 혹은 개인적인 일들로 인해 여러 가지 어려움을 겪을 수 있다. 교사들 사이의 동료성도 이러한 자연스런 차이에 대해 인정하고 들어가야 한다. 모든 교사가 똑같이 생각하고 똑같이 행동한다고 생각하는 것 자체에 오류가 있다. 이러한 현실 인식을 바탕으로 동료성을 생각해야 한다.

1. 앞서가는 교사가 앞만 보고 올라가지 않고 뒤돌아 다른 동료들을 바라보는 것이 동료성이다.
1. 뒤에서 힘겹게 오는 동료에게 손 내밀어 같이 가자고 하는 것이 동료성이다.
1. 뒤에서 따라오는 동료가 앞서가는 동료가 내민 손을 꼭 잡는 것이 동료성이다.

진정한 동료교사 관계는 서로에게 손을 내밀 수 있느냐로 결정된다. 자신은 손을 내밀지도 않고 그저 다른 교사가 먼저 손 내밀기만을 기다리는 것도 안 된다. 앞서가는 교사가 내민 손을 아무 이유 없이 뿌리쳐서도 안 된다. 결국 진정한 동료교사가 되기 위해선 서로가 서로에게 손 내밀고 서로 잡아줄 수 있으면 되는 것이다. 교사들만의 손 내밀기를 넘어 교사와 관리자, 그리고 학교와 관련된 모두와 손 내밀기를 할 수 있다. 이렇게 되었을 때 교사들 사이의 손 내밀기 문화가 아이들 사이에 꽃을 피우는 것을 보게 될 것이다.

06

우아한 학부모는 없다!

공익광고 '교육과 청소년의 미래 – 부모와 학부모편', 2010년

우리 사회엔 자녀 교육 때문에 생긴 새로운 명칭들이 존재한다. 대표적인 것으로 '헬리콥터맘'이 있는데 자녀의 일거수일투족을 모두 관여하는 부모를 말한다. 이러한 용어 중엔 '사커맘'이라는 미국에서 시작된 명칭도 있다. 자녀가 축구하는 모습까지 관찰하고 옆에 있는 부모라는 뜻으로 헬리콥터맘과 비슷한 의미다. 이 외에도 저 멀리 떨어져 자녀를 바라보는 '인공위성맘' 그리고 최근 노령화에 발맞추어 '슈퍼그랜드맘'이라는, 손자나 손녀를 돌보는 것에 대한 명칭까지 등장했다. 이런저런 말들이 생겨나고 사라지는 것은 결국 그 사회가 가진 속성을 보여주는 것이다. 결국 자녀 교육과 관련된 이런 새로운 명칭들은 이 시대를 온전히 자신의 삶으로 살아가지 못하는 우리 부모들의 아픔이 담겨 있는 말이기도 하다. 그리고 자녀로부터 자유롭지 못한 부모를 우리는 부모가 아닌 '학부모'라 부른다.

호킨스 교수의 의식지도

극심한 취업난 속에서 자녀들은 대학을 졸업해도 마땅히 취직할 곳이 없다. 대학에서 공부하면서 학점을 잘 받아야 취업에 도움이 될까 노심초사하며 자녀를 대신해 대학교의 교수에게 찾아가 학점이 낮은 이유를 설명해달라고 요청한다. 걱정하는 것을 하루도 멈추지 못한다. 요즘 우리 주변의 학부모님들의 모습이지 싶다. 이런 환경 속에서 제대로 정신을 챙겨가며 학부모로 살아간다는 것은 참 어려운 일이다. 학년이 올라갈수록, 자녀가 나이를 먹을수록 이러한 불안감은 더 커지기만 한다. 이러한 학부모의 의식변화를 미국의 데이비스 호킨스 교수의 '인간의 의식지도'와 연계해 생각해보면 다음과 같다.

데이비드 호킨스의 의식지도

대수의 수치	의식 수준	감정	상태	발생 과정
700~1000	깨달음	언어 이전	존재	순수 의식
600	평화	축복	완전한	지각
540	기쁨	고요함	전부 갖춘	거룩함
500	사랑	존경	자비로운	계시
400	이성	이해	의미 있는	추상
350	포용	용서	화목한	초월
310	자발성	낙관	희망에 찬	의향
250	중용	신뢰	만족한	해방
200	**용기**	**긍정**	**가능한**	**힘을 주는**
175	자존심	경멸	요구가 많은	과장
150	분노	미움	적대의	공격
125	욕망	갈망	실망하는	구속
100	두려움	근심	무서운	물러남
75	슬픔	후회	비극의	낙담
50	무기력	절망	절망의	포기
30	죄의식	비난	사악한	파괴
20	수치심	굴욕	비참한	제거

호킨스 교수는 인간의 의식 상태를 수치로 표현할 수 있다고 주장한다. 전체 인구의 80% 정도의 의식수준이 200 이하로 추정되고 전체 인류의 평균치가 207 정도라는 주장이다. 평균이 생각보다 높은 것은 의식이 강력한 사람들도 분명 존재하기 때문에 그렇다고 한다.

_박경숙, 《문제는 무기력이다》, 와이즈베리, 2013년

호킨스 교수의 주장은 흥미로웠다. 일단 교사인 내 상태는 어느 단계인지 살펴보게 된다. 여러분은 어느 정도의 의식수준을 가지고 있는 것 같은가? 그런데 이 의식지도를 보며 학부모의 의식 변화가 떠올랐다. 아이가 유치원을 다니기 시작하며 겪게 되는 학부모의 의식수준은 어떤 변화를 겪게 될까?

학부모의 의식지도

순전히 상상력에 의존하여 학부모들의 의식수준의 변화를 가늠해보았다.

의식수준 200   아이가 유치원에 다닐 때의 학부모는 내 아이가 무엇이든 될 수 있고 가능성이 풍부하다는 생각을 하게 된다. 유치원 선생님들도 친절하게 대해주고 아이에 대한 사랑이 가득해 보인다. 내 아이의 가능성을 위해 무엇이든 할 수 있다고 생각한다.

의식수준 175   초등학교에 입학하고 나면 유치원과는 근본적으로 다른 차가운 분위기에 경직된다. 선생님들도 유치원 선생님들처럼 항상 웃으며 대화하지 않고 반듯한 자세로 엄한 표정이 많다. 초등학교를 다니며 학년이 올라갈수록 내가 가졌던 자녀의 가능성들이 하나씩 줄어드는 모습을 보게 된다. 처음엔 그러한 사실을 인정하지 못하고 자존심을 내세운다.

의식수준 150   일정 시간이 지나면 자신 혹은 자녀 그것도 아니면 학교나 사회에 불만을 표시하기 시작한다.

의식수준 125　　이러한 실망감이 극에 달하는 시기가 중학생 때다. 중학교는 초등과는 비교도 되지 않을 정도로 정신없고 차가운 현실을 보여준다.

의식수준 100　　아이 또한 사춘기를 겪으며 이런저런 충돌이 생기기 시작하고 어느새 실망감을 넘어 불안함만 가득하다.

의식수준 75　　이런 상태로 중학교 시기를 거치며 고등학교에 올라갈 때가 되면 이미 마음은 그동안 지내온 자신의 모습을 돌아보며 후회하고 있다.

의식수준 50　　그리고 그 후회가 커져 결국은 무기력한 상태로 빠져든다.

　　순전히 상상에 의존한 것이다. 하지만 우리의 학부모들은 이 상상에 웃음으로 넘길 수 있을까? 만약 이러한 상상이 지금 나에게 벌어지는 일이라 생각된다면 이제라도 함께 이 문제를 해결하기 위해 노력해야 한다. 지금 당장!

07

교육은 교사와 학부모의 합의로 만들어진다

아이가 학교를 다니는 동안은 학부모로 살아가는 것은 당연하다. 굳이 학부모를 버리고 부모로 살아가라고 하고 싶지 않다. 학부모로 당당히 살아가면 되는 것이다. 그런데 문제는 학부모로 살아가는 방법을 제대로 아는 사람이 없다는 점이다. 더구나 건강한 학부모로 살아가기 위해선 어떻게 해야 하는 것인지도 모른다. 그렇다면 이 문제를 어디서부터 풀어야 할까? 먼저 건강하기 위해 우리가 하는 노력들과 그 노력들이 결실을 맺는 상황부터 살펴보자.

건강한 삶을 위한 노력

우리 몸에 이상신호가 오면 우리는 병원을 찾는다. 아무 병원이나 가던 시대는 끝났고 최대한 좋은 의료 서비스를 받고자 노력한다. 어느 순간 우리 사회에서 병원 또한 서비스의 공간이라 여겨지고 있고, 의사 또한 서비스를 제공하는 사람으로 다가와 있다. 그러다 보니 병원에서의 진료가 서비스임에도 불구하고 딱딱하게 다가온다. 잠시 자신이 아픈 곳을 이야기하고 의사의 진찰을 거친 후 바로 처방이 내려진다. 처방은 간호사가 인쇄물로 건네주고 거기에 적혀 있는 약을 약국에서 구입하면 되는 것이다. 병원에 입원하지 않는 이상 의사와 대면하고 이야기하는 시간은 극히 짧다. 의사 또한 환자인 우리에게 뭔가 특별한 것을 설명하기보단 그 증상에 대한 처치 방법을 알려주는 일로 자신의 일을 마무리한다. 이 또한 의료행위를 경제적 관점으로만 보는 시각이 존재하기에 벌어지는 일이다. 의사에게 시간은 곧 돈으로 연결될 수밖엔 없으니 말이다. 실제 서울대학교 암병원에서 발표한 자료를 보자.

"전국 2,556명 암 생존자 조사,
암 환자가 느끼는 진료상담시간 7.1분, 선호하는 진료상담시간 9.1분, 암 환자 중 37.1%가 의사와의 진료상담이 불충분함을 느끼며 진료에 대한 만족도도 낮음."

최근엔 의사와의 짧은 진료시간을 환자가 몰래 녹음해 다시 들어보는 일까지 있다고 한다. 의사 입장에선 당황스럽겠지만 환자 입장에선 한마디라도 붙잡고 싶은 마음일 것이다. 세상이 이런데 나는 조금은 특별한 의사를 만났고, 그 경험을 이야기하고 싶다.

때   2014년 5월
곳   ○○ 한의원

몸이 피곤하고 피부에도 문제가 생겨서 그날도 종합적인 몸 관리를 위해 다니던

한의원에 예약시간에 맞춰 갔다. 평소처럼 편안한 차림으로 진료를 받기 위해 기다리고 있었다.

의사　요즘은 어떠세요? (말이 끝나기가 무섭게 내 손을 잡고 진맥을 하였고 눈과 혀 등을 살펴본다. 그리고 계속해서 치료받고 있던 피부의 상태도 꼼꼼히 살펴본다.)

나　아, 요즘은 몸이 예전보다 가벼워진 것 같아요. 그리고 피부도 나름 안정적인 상태를 유지하고 있는 것 같아서 좋아요.

의사　네, 좋습니다. 그러면 현재 경원님은 자신의 치료 결과에 대해 몇 프로 만족하시나요?

나　(굉장히 당황하며) 네? 몇 프로 만족하냐고요? 무슨 말씀이신지?

당연히 의사가 전문가로서 치료의 결과에 대해 설명하고 완치 혹은 계속 치료 등의 판정을 내려줄 것으로 기대했던 나에게 이 말은 그 자체로 충격이었다.

의사　(아무렇지도 않은 듯 바라보며) 치료행위는 환자와 의사 간의 합의라고 생각합니다. 그래서 여쭤보는 겁니다. (웃음 가득한 얼굴로) 자, 얼마나 치료가 되었다고 생각하시나요?

왠지 막연하게 가지고 있던 건강에 대한 두려움이 많이 치료된 느낌이 들었다. 누군가의 일방적인 결정으로 내 상태를 아는 것이 아니라 내가 실제로 느끼는 점을 같이 이야기할 수 있고, 그로부터 나를 이해할 수 있다는 것 그 자체가 나에겐 치료효과로 다가왔다. 더군다나 이 병원의 의사는 다른 부분이 아파서 갔을 때도 그 부분이 왜 아픈지 다른 기관들이 왜 그런 반응을 보이는지를 상세히 설명해주었다. 위가 아프다 했는데 그 위의 움직임이 약해서 횡경막을 잘 움직이지 못하게 하고 그로 인해 가슴 부위의 근육들이 아프고 그로 인해 어깨와 팔까지 아프다고 말이다. 그러다 보니 위를 움직이게 하려고 우리 몸이 매운 음식을 먹고 싶어 할 거라는 이야기를 들으며 내 몸에 대해 많은 부분을 이해할 수 있었다. 병원에 갈 때마다 흔히 듣는 스트레스 때문이라는 상투적인 이야기가 아니었기에 가능한 일이었다. 어쩌면 우리는 이렇게 전문가와 자신의 이야기를 나눌 수 있기를 원하는 것이라는 생각이 들었다. 이런 치료를 통해 난 건강을 유지할 수 있었고 지금도 나름 건강하다. 왜냐하면 건강 문제를 오롯이 의사에게만 의지하는 것이 아니라 나 스스로 내 몸을 이해하며 치료할 수도 있기 때문이다. 다시 본론으로 돌아가 건강한 학부모가 되기 위해 무엇이 필요하냐고 물어본다면 난 이렇게 대답할 수 있다.

"교사와 함께 교육적 문제를 합의하며 자녀를 키워 가야 합니다."

학부모와 교사의 소통의 개념을 합의의 개념으로 보면 어떨까? 교육문제에 있어서 그래도 전문가는 교사다. 하지만 지금까지의 교사들이 학부모와 얼마나 시간을 들여 합의하며 지냈는지 생각해볼 필요가 있다. 어쩌면 교사 자신을 위해서도 학부모와 합의하며 지냈어야 했다. 하지만 우리 사회가 어느 순간 교사의 역할을 소비자에게 일정한 서비스를 제공하는 역할로 한정짓는 바람에 교사 역시 앞의 의사들처럼 제도 속에서만 학부모를 만나고 있었던 것 같다. 하지만 그래서는 누구도 만족할 만한 결과를 얻지 못한다. 결국 건강한 학부모가 건강한 아이를 성장시킨다는 것은 당연한 일이다. 그리고 건강한 학부모와 함께 아이를 성장시켜야 할 사람이 바로 교사인 것이다. 건강한 학부모로 살기 위해선 결국 건강한 학부모가 될 수 있도록 교사 또한 함께해야 한다. 그래서 교육의 문제는 아무리 작은 활동이라 하더라도 합의가 기초가 되어야 한다.

08

우아한 교사도 없다!

'갓난아이를 키우는 부모의 모습'과 '아이 세 명을 키우는 부모의 모습'에서
일반적으로 볼 수 없는 모습을 고르시오.

1. 헝클어진 머리 스타일

2. 단정함과는 거리가 있는 옷매무새

3. 피곤에 찌든 눈 밑 다크서클

4. 우아하고 단정하며 세련된 모습

혹시 답을 4번이 아니라고 생각하는 분이 있을까? 세상 모든 부모는 자신의
아이를 위해 헝클어진 머리 스타일과 단정하지 못한 옷매무새, 그리고 피곤에 찌
든 눈 밑 다크서클을 마다하지 않는다. 아이를 키운다는 것은 온 세상을 돌보는
것과 같기 때문이다. 그런데 이런 아이들이 한두 명도 아닌 서른 명 가까이 모여
있고, 그들의 올바른 성장을 위해 노력하고 있는 교사의 모습은 어떠할까?

우아한 백조?

물 밑
백조의 발은
누구보다 빠르게 움직인다!

"당장 다음 주 제출할 원고를 작성해야 한다. 당장 이번 주에 나가야 할 안내장을 작성해야 한다. 당장 졸업여행 준비와 컨설팅을 준비해야 한다. 당장 내일의 수업을 준비해야 한다. 정말 정신이 없다. 잠시 눈을 붙여 보지만 개운치 않다. 하지만 아이들 앞에서 수업할 땐 절대 이런 내 모습을 보일 순 없다. 아니, 보여선 안 된다. 아이들 앞에서 당황하는 모습은 아이들에게 믿음을 주지 못할 수 있다. 교사도 사람인지라 힘들다고 표현할 수도 있다. 하지만 당황해선 안 된다. 그래서 어쩌면 교사는 백조와 같다. 겉으론 고고해 보이지만 속으론 내 무거운 몸을 띄우기 위해 수없이 발길질하고 있다. 그렇다! 우아한 백조는 없다! 백조는 자신의 삶에 최선을 다하고 있을 뿐이다. 겉으로 보이는 것이 전부인 양 오해하지 않았으면 좋겠다. 교사를 바라보는 세상의 시선 또한 이러하리라. 하지만 교사는 백조와 같다. 겉으론 우아해 보일지 몰라도 속으론 그렇지 않은 존재가 교사다. 그래서 우아한 교사는 없다!"

_2016년 나의 일기 중

하루하루 자신의 일에 최선을 다하는 교사라면 이 일기에 공감할 것이다. 교사의 삶은 부모가 겪고 있는 삶의 모습과 닮은 부분이 많다. 아이들 속에서 아이들과 함께 생활하는 교사 역시 우아하고 단아한 모습으로 살 수 없다. 어쩌면 이러한 교사도 도움이 필요할 수 있다. 그 도움이란 것이 일방적인 누군가의 도움이라기보다는 스스로 자신을 구제하는 도움이 되어야 할 것이다. 맞다! 교사이기에 누구보다 열심히 그 해결책을 스스로 찾아야 한다. 동시에 함께 문제를 해결하기 위해서도 노력해야 한다. 동료들과 함께! 부모님들과 함께!

하지만,

현실은 쉽지 않다. 아이를 키우는 부모처럼 교사 역시 절대 우아하게 아이들과 지낼 수 없음에도 불구하고 교사들은 자신이 학교에서 만나 생활하는 아이들의 부모가 아님을 되뇌며 우아하게 지내고 싶어 한다. 아이들 속에 있기보다는 교사라는 사회적 위치에 속해 있고 싶어 한다. 아이들과는 철저하게 책임과 의무의 관계일 뿐 그 이상의 만남은 피하고 싶어 한다. 이러한 마음과 행동 속에 부모님들과의 협력은 없다. 아니, 있을 수 없다. 그저 적절한 거리를 유지하며 지내길 바랄 뿐이다. 그리고 이런 관계가 우리 교육에 뿌리 깊게 남아 전해지고 있다. 그래서 이런 관계를 넘어 새로운 협력관계를 만드는 일이 쉽지 않다. 심지어 그런 관계를 만드는 것에 부모님들의 반대에 부딪치는 경우도 많다. 하지만 힘을 내야 한다. 교사가 힘을 내지 못한다면 결코 이 벽을 넘을 수 없을 것이기 때문이다.

"선생님께서 걱정하시는 부분이 뭔지 알 것 같아요. 참여하지 못하는 분들에 대한 서운함이겠지요. 하지만 직장맘들도 참여할 수 있는 통로를 열어 놓고 노력하는 모습을 보이면 반드시 선생님을 믿고 지지하실 거라 생각합니다. 도리어 이런저런 이유를 들며 학부모들에게 선을 긋는다면 소통의 어려움 때문에 서로 불신의 골이 깊어진다는 걸 느낍니다. 학교라는 곳이 선생님들께서 손 내밀지 않으면 학부모가 들여다보기 힘든 높은 벽에 둘러싸여 있으니까요. 선생님과 학부모 사이의 원활한 소통이 무척 그립고, 또 꼭! 필요하다고 생각합니다. 신뢰는 서로 쌓아가는 거 아닐까요? 서로 소통해야 신뢰가 쌓이죠."

_ 어느 학부모님과 나눈 글

그렇다. 교사가 손 내밀지 않으면 학부모가 들여다보기 힘든 높은 벽이 우리 주변에 산재하다. 그 벽을 넘을 수 있도록 어렵더라도 손을 내밀어야 하는 사람이 교사다. 처음엔 오해를 살 수도 있고 불필요한 잡음이 생길 수 있지만 결국 진실한 마음을 담아서 노력한다면 알 수 있다는 믿음을 가지고 나아가야 한다. 그저 교사들이 잘하면 부모님들이 따라올 것이라고 믿는 순진한 생각을 버리자. 쉽지 않다. 하지만 노력해보자. 우아함을 버리고 아이들 속에서 부모님들과 손잡고 나아가보자.

09

교.학.상.장의 핵심, 학부모상담

교학상장의 핵심, 학부모상담

　해마다 전국의 학교들은 학년 초 학부모상담을 진행한다. 학년 초 담임교사와 학부모가 함께 아이에 대한 이야기를 나누는 것은 아이에 대한 깊은 이해와 더불어 새로운 담임에 대한 기대로 진행된다. 하지만 현실은 쉽지 않다. 많은 교사들이 학부모상담을 부담스러워하고, 학부모 또한 상담을 가야 하는지 고민한다. 하지만 분명한 것은 아이가 가진 삶의 다양한 모습을 서로 이해하는데 학부모상담 같은 활동은 반드시 필요하다는 점이다. 교육적으로 의미가 있다. 이런 상담을 교학상장의 시간으로 활용할 수 있는가는 교사가 가져야 할 중요한 책무성 중 하나가 될 수밖에 없다. 학부모상담에 대한 여러 가지 이야기들이 있겠지만 실제 내가 경험했던 일들과 전국의 선생님들을 만나서 인터뷰하며 들었던 학부모에 대한 이야기들을 전하고자 한다. 학부모상담이라는 것도 결국은 학부모에 대한 이해가 먼저일 것이기 때문이다.

아이들 속에서 살고 있는 선생님들의 학부모에 대한 이야기

교사 A   부모님이 아이들의 사랑스런 모습을 볼 수 있도록 하는 기회를 주는 것이 중요하지요.

교사 B   아이들이 느끼는 배움에 대한 느낌, 좋은 느낌을 같이 공감할 수 있도록 하는 것이 중요하다고 생각합니다. 선생님과 아이들의 눈빛이 하나가 되는 모습을 부모님들이 보고 느끼기를 바라요. 또 학부모 공개수업에서는 아이들이 몰입해서 선생님의 이야기를 듣는 모습을 보여주는 것이 중요할 것입니다.

교사 A와 교사 B의 이야기 속엔 학부모와 교사가 나눠야 하는 것에 대한 이야기가 보인다. 교사가 학부모에게 보여주고 싶어 하는 것, 보여줘야 하는 것은 아이들의 사랑스런 모습이고 교사와 아이들이 소통하는 진솔한 모습이라는 부분에 동의한다. 결국 학부모가 원하는 것은 내 아이가 학교에서 존중받고 있고 교사와 잘 소통하고 있다는 점일 것이다. 내 아이의 부족한 부분에 대해선 학부모인 나도 잘 알고 있다. 그래서 학교에 와서 지내는 내 아이의 부족한 부분을 이야기하면서도 동시에 내 아이의 가능성에 대해 이야기해주는 교사를 바란다. 내 아이를 따뜻한 시선으로 바라보고 있다는 느낌을 원한다. 아무리 개구쟁이라 하더라도 그 아이는 앞으로의 가능성 면에서 어른보다 훌륭하다. 그 훌륭한 점을 어른의 시선이 아닌 아이의 시선에서 바라봐야 한다. 그러한 부분에 대해 학부모가 이해할 수 있도록 안내하고 함께 손잡고 성장시켜 나가자고 이야기해야 한다. 그래야 학부모도 위로받을 수 있다. 위로받는 학부모의 모습을 보며 교사도 위로를 받게 된다. 이러한 부분에 대해 생각하며 상담에 임하는 것은 굉장히 중요하다.

교사 C	부모님들과 함께 이야기하는 내용의 대부분은 삶에 대한 이야기입니다. 아이들의 삶의 모습을 해석하는 것으로 접근하지요. 학습에 대한 이야기는 많지 않은 것 같습니다. 아이들과 있었던 이야기들 중 의미 있는 사건들을 부모님들께 알려드리는 일, 이런 이야기를 많이 공유하는 것이 필요하다고 생각합니다. 이러한 소통이 결국 아이들의 배움에 큰 영향을 미친다고 믿으니까요. 결국 학부모와 함께 해나가는 것이 중요하다는 것을 절실하게 느끼고 있습니다.
교사 D	1학년 학부모님들과는 학교생활에 대한 이야기를 많이 합니다. 전화통화는 오후시간이 아니라 저녁시간에 부모님의 퇴근에 맞추어서 진행하지요. 1학년이라서 3월 한 달 동안 관찰한 다음 그 동안 있었던 일들에 대해 이야기하고 전달합니다.

교사 C와 D는 직접적으로 학부모상담에서 이야기할 부분에 대해 이야기한다. 삶에 대한 이야기를 나누는 것, 아이들과 있었던 일 중 의미 있는 사건들을 이야기하고 그것이 단순한 전달이 아니라 교사의 삶을 반영한 해석이어야 한다는 것이다. 이 해석엔 아이들이 어른들과 어떻게 다른 존재인지에 대한 부분이 있어야 한다. 특히 남자아이를 키우는 학부모님들은 내 아이가 산만하고 집중하지 못한다고 많이 불안해한다. 하지만 사실 남자아이들뿐만 아니라 어린아이들은 산만하고 집중하지 못하는 부분이 많다. 아이들 스스로는 나름 집중하지만 그 시간이 무척 짧다. 그러한 아이들의 특성에 대해 자세히 설명할 수 있어야 한다. 특히 1학년을 맡은 선생님의 이야기 속에는 학부모와의 상담을 얼마나 적극적인 자세로 하는지에 대해 나와 있다. 자신의 시간에 맞추는 것이 아니라 학부모의 퇴근시간에 맞추어 전화하고 상담한다는 것만 보아도 학부모와의 소통에 특별히 공을 들인다는 것을 알 수 있다. 그 시간을 통해 아이들의 특성에 대해 알리기 위해 노

력하고 있는 것이다. 결국 학부모님들과 교사는 함께 보고 있는 아이들에 대한 서로의 해석을 내놓고 그 해석을 통해 아이를 제대로 이해하기 위한 시간을 가질 수 있을 때 그 의미와 효과가 있다.

교사 E 부모님들과의 소통을 통해 신뢰를 구축하는 것이 가장 중요합니다. 결국 아이들과 어떻게 배움을 펼치느냐가 부모님들과의 소통의 핵심이니까요.

교사 F 아이들 모두를 차별 없이 대한다면 당당하게 이야기할 수 있지 않을까요?

교사 E와 교사 F는 학부모와 교사 간 소통의 중요성에 대해 이야기한다. 결국 학부모상담의 최종적인 해결책은 내가 지금 이 순간 아이들과 어떤 배움을 펼쳐가고 있느냐이다. 아이들과의 관계가 좋고 아이들 모두를 정당하게 대하고 있다면 어떤 상담의 순간이라도 소중한 순간으로 만들 수 있다. 그리고 이런 모습일 때 교사는 아이들의 겉모습을 넘어 그 아이의 다른 모습까지도 볼 수 있고 그것을 학부모와 당당하게 나눌 수 있다. 결국 학부모상담은 학부모와 교사의 일대일 관계라기보다는 학부모와 교사 그리고 학생의 상생의 관계라고 생각해야 한다.

교사 G 처음엔 교사가 중심이 되어 이끌지만 결국 부모님들이 성장하여 부모님들 스스로 이끌도록 하는 것이 가장 좋은 방법이라 생각해요. 결국엔 교사가 그림자가 되어야 하겠지요. 그럴 때 진짜 성장이 일어나고 함께 배움에 대해 고민할 수 있다고 생각합니다.

교사 G의 이야기는 왜 우리가 학부모와 함께 손을 잡고 협력해야 하는지를 보여준다. 결국 교사의 역할은 적극적인 그림자로 남게 될 것이다. 함께하지만 결국은 아이 스스로 자신의 삶을 선택하고 책임지며 살아가야 한다. 더불어 그 아이와 평생을 함께하는 학부모 또한 함께인 것이다. 냉정하게 말해 교사는 잠시 아이와 함께할 뿐이다. 결국 모든 성장은 아이 스스로 그리고 그 아이와 평생을 함께하는 학부모와 함께 존재한다.

교사와 학부모의 협력은 선택의 문제가 아니다. 누군가는 주고 누군가는 받는 일방적인 관계가 아닌 쌍방적인 교감이 중요한 관계다. 이런 관계의 시작 중 하나가 학부모상담이다. 그래서 교사는 학부모와의 만남을 두려워해선 안 된다. 바다와 물고기를 두려워하는 어부가 없듯이 학부모와 만나서 아이에 대해 이야기하는 것을 두려워하는 교사 또한 없어야 할 것이다.

| 실제 학부모상담 내용 중 |

"한 달이라는 시간이 짧았을 텐데 아이를 큰 애정과 관심으로 바라봐주셔서 감사합니다. 언제든지 우리 아이에게 염려되는 일이 있으면 연락주세요. 선생님을 뵙고 오니 마음이 놓이고 올 한 해가 너무 기대가 되네요. 저는 무조건 선생님만 믿겠습니다."

학부모상담이 끝난 후 받은 메시지다. 그런데 사실 이 상담에서의 핵심은 평소 아이 모습이 아니라 그 뒷면에 대한 이야기가 주가 되었다. 항상 밝고 웃음 가득한 얼굴로 친구들과 생활하는 아이가, 오히려 그래서 더 걱정이라는 내용의 상담이었다. 어머니가 집에 돌아가 아이와 만나기 전 내게 보내준 메시지였다. 다음날 다시 메시지가 왔다.

"안녕하세요, 선생님. 어제 선생님과 상담 후 그 뒷이야기입니다. 겉으로 보이는 우리 아이의 해맑은 모습이 전부면 너무 좋겠지만 혹시나 선생님 말씀대로 아이가 속상함이나 슬픔을 혼자 감내하고 감추려 애쓰고 있다면? 상상만 해도 너무 안쓰럽고 마음이 아팠습니다. 그래서 어젯밤 잠자리에 드는 아이와 함께 누워서 한 시간 넘게 이야기를 들어주었어요.

'엄마는 네 웃는 모습만 사랑하는 게 아니야. 너의 화난 모습, 슬픈 모습, 우울한 모습 전부를 사랑해.' 이 말에 아이는 이렇게 말하더군요.
'엄마, 그건 가족이라서 그렇지. 친구는 그렇게 하면 같이 못 놀잖아. 나는 그냥 친구가 많은 게 좋아. 혼자 푸는 게 익숙해져서 이제는 괜찮아.'
'아니야, 네가 기쁠 때도 슬플 때도 함께하는 게 친구지. 그렇지 않다면 그건 진짜 친구가 아니야.'
'음, 그럼 나는 진짜 친구가 한 명도 없는 거야?'

헉! 아이의 반응에 정확한 정답은 무엇이었을까요? 자꾸 혼자 푸는 게 더 편하다는 아이의 이야기를 들으면서 결국 속상한 일이 있으면 엄마한테라도 풀고 얘기하라고 했네요. 네 옆에는 무조건 네 편인 사람들이 있는데 혼자 짊어질 필요 없다고. 그러면 나중에 네가 힘들고 외로워진다고. 심각하게 생각하면 심각할 수도 있지만 어쩌면 내 아이는 그냥 단순하게 엄마, 아빠, 친구들을 너무 좋아하고 함께하고 싶은 마음에 그들을 불편하게 하거나 속상하게 하고 싶지 않은 마음이 가장 큰 것 같아요. 그래서 속상함을 혼자 풀고 이내 웃어요. 제가 혼낼 때도 그랬고요.
선생님 덕분에 그냥 지나칠 수 있었던 내 아이의 마음을 조금이나마 들여다볼 수 있게 되어 너무 감사해요. 우리 아이가 이렇게 배우며 커가는 것처럼 엄마가 처음인 저도 또 이렇게 배워갑니다. 부족하지만 우리 아이의 마음을 잘 들어주고 또 들어주도록 노력할게요. 정말 감사합니다."

아이에게 어떻게 해야 한다는 정답은 없을 것이다. 우리 삶에서 정답이라 할 만한 것은 거의 없거나 뻔한 것들이니까. 대신 아이가 선택한 것에 대한 해답을 끊임없이 찾아가는 것이 우리의 할 일이라는 답장을 보냈다. 이렇게 교사와 학부모는 상담을 통해 아이의 성장을 함께하는 존재가 된다.

10

교사와 학부모는 함께 진동한다

메트로놈(metronome)

일정한 속도로 여러 사람이나 악기들의 박자를 맞출 때 사용하는 기계장치다. 메트로놈이 있어야 함께하는 합주가 안정적으로 연주될 수 있다. 메트로놈은 한 번 박자를 맞춰 놓으면 다른 변화가 생기지 않는 한 절대 그 박자가 변하지 않고 계속 유지된다. 어느 날 이 메트로놈을 가지고 실험하는 장면을 보게 되었다. 실험은 간단했다. 여러 개의 메트로놈을 갖다 놓고 모든 메트로놈이 똑같은 박자로 움직이게 하는 실험이었다. 실험 참가자들은 각각의 메트로놈 바늘을 동시에 잡고 동시에 놓으며 맞춰보려고 무진장 노력했다. 하지만 아무리 정교하게 맞추려 해도 모든 메트로놈의 박자가 일률적으로 맞지 않았다. 그때 한 참가자가 긴 나무판을 가져왔다. 그리고 모든 메트로놈을 그 나무판 위에 올렸다. 그리곤 나무판 아래에 두개의 둥근 봉을 넣고 나무 판을 움직이기 시작했다.

따로 하지만 같이 = 공진하기

처음엔 나무판 위의 메트로놈이 각자 움직이기 시작했다. 10개의 메트로놈 모두가 다 다르게 작동하기 시작한 것이다. 그런데 일정 시간 계속해서 둥근 봉 2개가 나무판을 흔들자 메트로놈에 변화가 생기기 시작했다. 시간이 지날수록 모든 메트로놈의 작동이 하나가 되어 갔다. 결국 모든 메트로놈은 같은 박자로 움직이기 시작했다. 모두가 '공진'하기 시작한 것이다. 처음 이 장면을 보았을 땐 그저 신기하기만 했다. 하지만 어느새 메트로놈의 모습이 아이들로 보였다.

메트로놈 = 아이= 리듬

학교에서 만나는 아이들 중 똑같은 아이는 한 명도 없다. 모두가 자신의 색을 가지고 있고 세상에서 유일한 존재다. 하지만 학교란 곳은 모두가 다름을 인정하면서도 모두가 같이 살아가야 하는 곳이기도 하다. 꼭 여러 개의 메트로놈이 있지만 모두 같은 박자를 맞출 수 있어야 하는 것처럼 말이다. 아이들은 본능적으로 자신만의 리듬 속에 살아간다. 자신만의 리듬을 만드는 일이 성장하는 모습이다. 하지만 동시에 함께하는 리듬도 익혀야 한다. 모두가 같은 리듬으로 움직일 수 있어야 한다. 교사는 아이들 개개인의 리듬을 살피며 동시에 반 전체의 리듬도 살펴야 한다. 그런데 아이들 전체가 함께 같은 박자로 지내기엔 너무 숫자가 많다. 그래서 힘들다. 더군다나 교사는 아이들만 상대하지 않는다. 아이들의 학부모들과도 일정한 박자를 맞춰야 하는 것이다. 어떻게 해야 모두가 한 박자로 움직일 수 있을까?

둥근 봉 = 함께하는 자

결국 방법은 하나밖엔 없다. 아이들과 함께 움직이는 것이다. 아이들 밑에서 아이들 전체를 움직일 수 있는 봉이 되어야 한다. 그러려면 아이들을 도와주는 존재가 아니라 아이들과 함께하는 사람이어야 한다. 그런데 문제가 있다. 둥근 봉은 하나가 아니라 두 개가 필요하다. 그러면 나머지 하나는? 그렇다. 학부모가 나머지 하나의 봉이 되어야 한다. 교사와 학부모는 이렇듯 같이 움직여야 하는 존재다.

아이의 성장 날개

모든 인간은 성장에 따른 고통을 느끼며 살아간다. 성장한다는 것은 결코 쉽거나 즐겁기만 한 일이 아니다. 하지만 성장을 통해서만이 자신을 발견하고 세상을 볼 수 있다. 그런데 계속해서 유혹이 따라온다. 그럴 때 아이는 본능적으로 자신에게 유리한 쪽을 선택하게 된다. 그래서 학부모와 교사는 같이 움직여야 한다. 교사가 아무리 학교에서 필요한 이야기를 하더라도 학부모의 이야기가 교사와 다르면 아이는 듣지 않는다. 반대로 학부모가 아무리 필요한 이야기를 하더라도 학교에서 만나는 교사의 이야기와 다르면 듣지 않는다. 아이는 어느 쪽이든 자신에게 유리한 쪽을 선택하기 때문이다. 그리고 그렇게 해도 결국은 어른 중 한쪽의 이야기를 듣는 것이기에 나쁘다고 생각하지 않는다. 하지만 이렇게 되면 아이는 자신이 하고 싶은 것만 하는 아이로 자랄 수 있다. 이런 상태론 아이의 성장이 제대로 이루어질 수 없다. 그래서 아이의 성장엔 교사와 더불어 학부모의 역할도 중요하다. 교사와 학부모가 같은 생각과 행동으로 아이를 대해야 한다는 의미이기도 하다. 아이의 성장에 함께하는 사람들, 바로 교사와 학부모다.

'교사와 학부모는 아이의 성장에 양날개와 같은 존재다!'

11

'학부모의 의식수준 200'의 오류

동상이몽

○○ 학부모 전 제가 할 수 있는 최선을 다해 내 아이에게 하고 있는데 아이는 그런 저를 좋아하지 않고 오히려 싫어하는 것 같아서 어찌해야 할지 모르겠어요. 우리 아이라서가 아니라 무엇을 하든 열심히 했고 잘 하는 아이였거든요.

○○ 학부모의 자녀 우리 부모님은 저에겐 0점이에요. 전 부모님이 원하는 대로 대입시험 만점 받고 자살할 거예요.

교사로 살아가며 들었던 이야기 중 가장 충격적이었다. 아이를 위해 최선을 다하며 최대한의 지원을 아끼지 않는 부모의 아이가 내뱉은 말은 그 자체로 충격이었다. 아이는 부모님을 떠올리며 화를 참지 못하는 모습을 보였고 나에게 이런 고백을 했다. 정말 안타까워서 이런 관계를 회복시킬 수 있는 방법이 무엇일지 고

272 | 교사의 탄생

민했다. 왜 이렇게 서로 다른 감정을 가지게 되었는지에 대해 고민하다가 그 끝에 인간에 대해서까지 생각하게 되었다.

왜 난 친구가 없을까?

'난 친구가 많으면 좋겠다. 난 다른 친구들에게 무엇이든 빌려주려고 하고 무엇이든 도와주려고 한다. 내가 바쁘더라도 다른 친구의 일을 열심히 도와준다. 내가 써야 하는 물건이라도 친구들이 원하면 먼저 쓰라고 내준다. 친구들이 귀찮아하는 일이 있으면 그 친구 대신에 하기도 한다. 그런데 난 여전히 다른 친구들에게 인기가 없다. 내가 원하는 것은 그저 친한 친구 한 명인데 그런 친구 한 명이 안 만들어진다. 그래서 생각했다. 혹시 내가 무엇인가를 해주고 바라는 것이 있어서 그런 것일까? 그래서 무엇인가를 해주고 바라지 않겠다고 다짐했다. 그랬더니 처음보단 덜 힘들었다. 누군가를 도와준다는 것은 쉽지 않다. 하지만 여전히 친구들이 나를 좋아하지 않는다. 그래서 생각했다. 도대체 무슨 문제가 있는 것일까? 내가 하는 도움이 다른 친구들에게 왜 부담이 되는 것일까? 그 이유를 알기 위해 고민했다. 하지만 답이 없는 것 같아 힘들다.'

이 아이의 문제에 답이 없을까? 혹시 해답을 다른 방향으로 찾아봐야 하는 것은 아닐까? 우리는 흔히 다른 사람을 도와주는 것이 중요하고 다른 사람을 도와주는 사람을 좋아한다고 믿고 있다. 물론 대부분의 경우 다른 사람의 일을 도와주고 살펴주는 사람을 우리는 좋아한다. 단, 그 사람이 나와 아주 가까운 사람이 아닐 경우에만. 중요한 사실은 다른 사람을 도와주는 일에도 정도가 있다는 것이다.

무엇을 하든 발 벗고 나서서 도와주는 사람이 내 옆에 가끔은 필요하지만 그런 사람이 항상 내 옆에 있다면 엄청난 부담으로 작용하게 된다. '좋은 말도 세 번이면 듣기 싫다'는 말도 있다. 그렇다. 우리 삶의 프로세서는 묘하게도 한쪽으로 치우치는 것에 대해 경계한다. 지나친 호의나 배려 또한 다른 사람을 지치게 한다. 이런 관계는 흔히 연인 사이에서 자주 보게 된다. 두 사람이 처음 만나 서로 사랑할 때는 불같이 타오르다가 헤어지기도 한다. 그 이유는 불같이 타올라버렸기 때문이다. 너무 급격한 사랑이 너무 과도한 관심으로 이어지고 그 관심이 모든 것을 해줄 것처럼 보이기 시작하면 서로가 부담스런 관계로 변질되는 것이다. 그래서 우리 주변에 적당한 선을 유지하며 살아가는 사람이 인기 있는 것이리라.

결국 균형의 문제다!

우리가 흔히 사용하는 '차도남'이니 '차도녀'니 하는 단어는 차가운 면이 있어 보여도 세련되고 부담스럽지 않아 만나면 매력적이라고 느껴지는 사람들을 부르는 말이다. 사람과 사람 사이의 관계가 이렇다. 적당한 거리 유지와 더불어 그 사람이 원할 때 함께하는 마음으로 도와주는 관계, 누가 봐도 저 사람은 여유가 느껴지고 내가 원할 땐 나에게 도움을 줄 수 있는 사람이라 생각되는 것이 중요하다. 비록 그 사람에게 도움을 받지 않더라도 그 사람이 있음으로 해서 안정감을 느끼는 것이다. 학부모와 학생의 관계도 이와 같다.

헬리콥터맘의 오류

자녀를 위해 모든 것을 헌신하는 학부모를 일컫는 '헬리콥터맘'이라는 단어가 있다. 하지만 이런 학부모들은 행복한 경우가 드물다. 모든 것을 내려놓고 자녀를 위해 헌신하면서도 행복감이 없거나 적다. 왜 이럴까? 그 이유는 인간관계의 기본적인 속성과 같다. 모든 것을 해주는 것이 결코 다른 사람에게 도움이 되는 것은 아니다. 앞서 동상이몽 속 아이와 학부모의 관계가 바로 이런 관계다. 부모 입장에선 자녀를 위해 모든 것을 했지만 자녀에겐 그런 부모의 행위가 너무 큰 부담이고 그래서 도망치고 싶은 것이다. 절대 가까이 하고 싶지 않은 부모와 한 집에서 지내는 아이 입에서 어떤 말이 나와도 이상하지 않을 것이다. 더군다나 이런 헬리콥터맘이 원하는 것이 '성적'일 때 문제는 심각해진다.

> "어린이와 십대 청소년들이 다소 우울하고 기괴한 분위기로 대변되는 고스 문화나 폭력단, 성관계나 약물에 빠지는 이유는 그것이 위험한 줄 몰라서가 아니다. 그 아이들도 부모와 교사에게 장래와 건강을 위해 무엇을 피해야 하는지 귀에 못이 박히도록 들었다. 그러나 아이들은 바보가 아니다. 부모가 정말 중요하게 생각하는 것이 성적뿐이라는 사실을 깨닫는 순간 아이들은 반항을 시작한다."
>
> _요한 크리스토프 아놀드, 《아이들의 이름은 오늘입니다》, 포이에마, 2014년

아이 입장에서 봤을 때 부모의 나에 대한 행위의 목적이 '성적'일 때 아이들은 절망한다. 그리고 그 절망을 다른 것으로 해소하려 하거나 부모로부터 도망치게 된다. 이래서는 건강한 관계를 만들 수 없다.

여유 있는 삶의 모습을 가진 학부모

교사로 살아가기 위해 중요한 여러 가지 중 하나는 아이들에게 보이는 교사의 모습이다. 교사가 바쁘고 항상 정신없어 보이면 아이들은 교사에 대한 신뢰를 낮추게 된다. 하지만 교사가 항상 여유롭게 무엇을 대하든 당당하면 아이들 또한 교사를 신뢰하게 된다. 학부모와 아이의 관계도 비슷하다. 모든 것을 해주는 것이 중요한 것이 아니라 당당하게 그리고 자신의 삶의 모습을 여유 있게 보여주는 어른의 모습이 필요하다. 이런 모습을 위해 복잡한 기법이 필요한 것이 아니다. 학부모 또한 나의 삶을 열심히 살아가면 된다.

이경원 선생님의 교사의 탄생,

그리고 교육 이야기!!

5부

학교
: 세상이 변하면 학교도 변한다

01

학교의 탄생

아주 오래 전 학교라는 곳에 처음 들어가 앉았던 의자 앞엔 항상 책상이 놓여 있었다. 의자와 책상은 서로 너무 친해서 떨어질 수 없는 관계였다. 소중한 두 친구는 학교를 다니는 동안 항상 나와 함께해주었다. 가끔 누군가 책상을 괴롭힐 때도 있었지만 그런 것에 아랑곳하지 않고 묵묵히 내 곁을 지켜준 책상 하나, 우리는 이 책상에서 어떤 꿈을 꾸었는가?

〈네모의 꿈〉이라는 노래가 있다. 모든 것이 네모난 세상, 그 각진 세상에서 조금만 방심하면 모서리에 찍혀 아픈 생채기를 만들 것 같은 세상, 그 세상으로 통하는 첫 관문은 역시나 네모가 지배하는 모습의 학교다. 학교를 통해 세상의 이야기를 몸으로 경험한다. 온갖 경험들을 말이다.

봉건교육에서 근대 공교육으로

우리의 기억 저편에 숨 쉬고 있는 학교는 어떤 곳인가? 이 물음에 답하기 위해선 먼저 기억 너머로 들어가 학교가 즉 공교육이라는 것이 어떻게 생겨났고, 그 속에서 인간은 어떤 것을 경험했는지부터 살펴볼 필요가 있다.

공교육이라고 부르는 교육이 생긴 것은 자본주의가 발생한 시기라고 한다. 산업화의 물결 속에서 일정한 교육을 받은 사람들이 대량으로 필요했기 때문이다. 우리나라와 관련된 내용들을 살펴보면 근대 이전의 '봉건교육'과 공교육이 시작된 '근대교육'으로 구별되고 있다. 봉건교육의 특징은 모든 사람을 위한 교육이 아니었고 특별한 사람들이나 특별한 제도를 유지하기 위한 목적으로 진행된 것이다. 쉽게 말해서 양반이라는 신분을 유지하기 위해서 교육이 필요했다는 의미다. 이러한 봉건교육에 대한 개혁을 추구하기 시작한 것은 조선 후기 서민생활의 변화 욕구와 열강의 간섭들이 노골화되던 시기였다. 특별한 사람들만을 위한 교육이 아니라 '국민'을 위한 교육이 이루어져야 한다는 이야기가 나오기 시작한 것이다.

"양반 관료의 가문이라도 재화를 통용시켜 부요한 서민이 될 수 있고, 부자 상인이나 공인의 아들이라도 학교에 입학할 것을 허락하여 출신의 귀천을 가리지 말고 오직 재주와 학문의 여하를 보아야 할 것"

_서울대학교 고전연구회편, 《일성록》, 고종 19년 12월 18일 자

"1882년 고종은 조선 후기의 신분제가 무너지며 세상의 중심이 양반에서 모든 국민들에게로 옮겨 가고 있다고 이야기한다. 조선 말기의 정치인이자 급진 개화파였던 박영효는 '교육은 무릇 자석과 같다'라는 말을 하며 망망대해 혹

은 모래뿐인 사막에서 길을 잃어도 자석을 통해 방향을 잡아 빠져나올 수 있는 것처럼, 교육을 받는다는 것은 우리의 삶을 영위하고 지켜줄 수 있는 소중한 것이라 말하였다."

_정혜란, 〈갑오개혁 전후 '국민' 교육의 논의와 전개〉, 부산대학교, 2005년

나라의 성장뿐만 아니라 개개인의 삶을 위한 교육, 모든 국민을 대상으로 하는 교육인 공교육이 필요함을 이야기한 것이다. 그리고 이러한 생각을 실천할 수 있는 공교육의 장이 바로 학교다.

공교육의 특징

그렇다면 공교육은 어떤 특징이 있을까? 일단 공교육이라 부를 수 있으려면

첫째, 누구에게나 열려 있는 평등교육이어야 한다.
둘째, 누구나 학교를 가서 교육을 받을 수 있도록 하는 무상교육이어야 한다.
셋째, 누구나 교육을 통해 자신만의 삶을 만들어갈 수 있는 자유교육이어야 한다.

신분이 다르고 돈이 없어도 배우고 익혀 새로운 자신을 만들어갈 수 있는 교육, 그것이 공교육인 것이다. 이러한 공교육을 실행하기 위해선 국가가 지원할 수밖에 없고 국가 지원이 헛되게 쓰이지 않도록 하기 위해 교사와 학생 모두가 힘을 모아야 하는 것이 공교육의 숙명인 것이다. 하지만 공교육의 처음 모습은 개인의 성장에 초점을 맞추기보다는 국가의 성장과 발전에 초점을 맞추었다.

공교육에서 가장 중요한 교육은 무엇이었을까?

근대화를 거치며 대량생산의 시대가 왔고, 이러한 대량생산을 위한 노동자의 필요성이 국가 주도의 공교육이 시작된 주요 이유다. 대량생산의 대표적 장소는 공장이다. 공장노동자들에게 업무를 지시하고 그 일을 효과적으로 수행하도록 하기 위해 무엇이 가장 시급했을까? 바로 '문자' 교육이었다. 그래서 읽고 쓸수 있게 만드는 것은 공교육의 가장 중요한 목적이 될 수밖에 없었다. 하지만 공교육의 원리가 의무교육(평등교육)이면서 무상교육이고, 마지막으로 자유교육이라는 측면에서 보자면 단순히 읽고 쓸 수 있는 것만으로는 공교육의 의미를 다 찾을 수 없었다. 앞서 박영효가 말한 '교육은 자석과 같아야 한다'는 이야기처럼 일정한 나이가 되면 의무적으로 학교에 가야 하고 교육을 받아야 하는 우리 학생들에게 단순히 읽고 쓰고 셈하는 것만을 가르칠 순 없는 일 아닐까? 자신의 삶에 대해 진지하게 성찰하고 자신을 지키며 살아갈 수 있는 힘을 주는 교육이 공교육이어야 한다. 하지만 현실은 그리 녹록치 않았다. 공교육의 기본이라 할 수 있는 초등학교 교육(당시엔 국민학교 교육)조차도 개인의 삶에 영향을 주는 교육이 이뤄지지 못했던 것이 우리의 공교육이었다.

"아동의 창의력을 측정하기 위한 '글짓기'에 있어서는 놀랍게도 0점이 29,100여 명으로 전 응시자의 80%를 차지한다는 결과는 국민학교 교육에서 아동의 독창적 발표는 전혀 도외시하고 있음을 노출한 것으로 간주된다."

_〈초등학교 교육의 개혁에 과감하라〉, 《경향신문》, 1957년 8월 기사 중

중입시험 모습 , 국가기록원 출처

"서울시교위는 이제까지 국민학교 교육이 입시 위주였다고 지적, 앞으로는 문교부와 시교위의 장학지침대로 정상적인 학습 활동을 하라고 지시했다. 서울시교위는 또한 시험은 한 달에 한 번 이상 보지 말고 과외활동, 특별활동 등을 강화, 명랑하고 즐거운 학교를 만들기 위한 계획을 방학 중에 마련, 오는 2학기부터 실천하라고 지시했다."

_〈시교위서 교육정상화를 시달, 입시 없어진 국민학교〉, 《동아일보》, 1968년 기사 중

1957년 기사 이후 11년이 흐른 뒤 발표된 교육정상화 방안 기사다. 그동안 문제가 되었던 중입시험을 폐지하고 그 대신 과외활동 및 특별활동을 강화하여 명랑하고 즐거운 학교를 만들라고 요구하고 있다. 학교의 진정한 목표에 대해 고민한 지 11년이 지나서야 제도로 발현된 것이다. 공교육의 기본이라 할 수 있는 초등교육에서조차 진정한 공교육의 의미를 찾는 데 이렇게 오랜 시간이 필요했다. 그런데 더 놀라운 것은 이러한 발표를 접한 많은 사람들의 반응이었다.

7 · 15 어린이 해방

"이에 대하여 입시개혁, 교육혁명, 경우에 따라서는 '7 · 15 어린이 해방'이라는 용어가 나도는가 하면 한편으로는 교육사상 일종의 쿠데타라는 표현까지 나돌기에 이른 것이다."

_《한국민족문화대백과사전》, 한국학중앙연구원

중입시험 폐지가 어린이 해방 같은 격한 표현으로 인식되었다. 교육적으로 보자면 너무 당연한 이야기인 것 같지만 사회적으론 당연한 이야기가 아닌 것임을 알 수 있다. 사실 교육은 단순히 영역 하나의 문제가 아니다. 경제적 · 사회적 · 심리적 문제들이 복합적으로 얽혀 있고 그 속에서 하나씩 문제를 해결해나가는 것은 거의 불가능할 것 같다. 이런 종류의 문제를 해결하는 방법은 어쩌면 알렉산드로스 대왕이 했던 '고르디우스의 매듭'에서 찾을 수 있다. 이 이야기가 진짜든 가짜든 그건 중요하지 않다. 많은 사람들이 이 이야기를 기억한다는 것은 이 이야기를 통해 우리의 문제를 해결할 수 있다고 생각하기 때문이다. 결국 교육문제를 해결하는 방법은 고르디우스의 매듭을 잘라버린 것 같은 결단이 필요해 보인다.

〈알렉산드로스가 고르디우스의 매듭을 자르다〉, 베르텔레미(1743-1811)의 작품

다시, 학교의 책상에선 무엇을 하여야 하나?

다시 책상으로 돌아왔다. 책상 위 교과서가 놓여 있다. 그 옆에 나만의 펜이 놓여 있고 지우개도 함께 세트로 있다. 그리고 앞뒤로 따닥따닥 붙어있는 수많은 책상들이 내 주변을 감싸고 있다. 앞에서 들려오는 선생님의 목소리, 그리고 수많은 재잘거림. 학교다, 바로 이곳이. 내가 앉아있는 지금 이 순간 책상 위에서 난 무엇을 해야 하는 것일까?

| 참고 자료 |

우리나라의 중학교 입시의 변천사는 다음과 같이 정리할 수 있다.

1945~1950년 중학교별 단독출제, 1951~1953년 국가연합고시, 1954~1957년 유시험 무시험 병행, 1958~1961년 연합출제, 1962년 국가고시, 1963~1965년 시도별 공동출제, 1966년 공동 및 단독출제, 1967~1968년 서울은 문제은행식 출제, 지방은 ○○별 공동출제

02

공교육을 바라보는 세상의 시선

영국 음악, 〈Another Brick in The Wall Part 2〉, 1979년

'핑크플로이드'라는 영국의 프로그레시브 록 그룹의 노래다. 오래 전 그룹이라 모르는 사람도 있겠지만 핑크플로이드 노래는 누구나 한 번쯤은 들어보았을 것 같다. 여러 가지 사회문제에 대한 노래를 많이 불렀고, 전 세계적으로 2억 장이 넘는 앨범을 판매했다고 하니 얼마나 대단한 그룹인지 알 수 있다. 그 핑크플로이드의 1979년 앨범 《The Wall》에 〈Another Brick in The Wall, Part 2〉라는 노래가 수록되어 있다. 노래 가사 중 일부를 보면 다음과 같다.

We don't need no education
We don't need no thought control

Hey! Teachers! Leave them kids alone

All in all you're just another brick in the wall

(작사: Roger Waters)

'우리에게 교육은 필요 없다!'라는 문장이 눈에 들어온다. 더불어 아이들을 혼자 두라고 외치는 가사도. 이 노래의 뮤직비디오는 충격 그 자체다. 학교에서 아이들은 누구나 똑같은 존재로 취급받고 그로 인해 아이 한 명 한 명의 특징과 존재는 부정당하게 된다는 내용이다. 그리고 아이들이 이러한 교육을 거부하며 학교에 불을 지르고 파괴하는 모습을 담은 뮤직비디오는 1970년대 말의 비디오라 믿겨지지 않을 정도로 냉혹하고 참담하다. 그 당시 영국의 교육문화가 어떠했을지 짐작할 수 있는 노래가 아닐까?

학교에 불까지 지르는 내용의 뮤직비디오

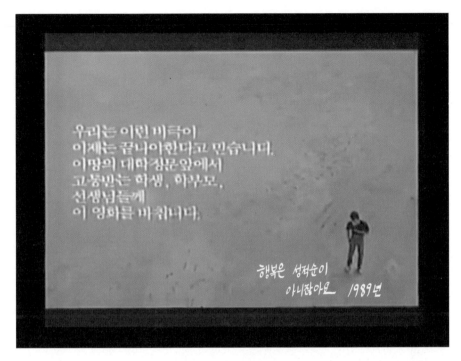
우리나라 소설과 영화, 〈행복은 성적순이 아니잖아요?〉, 1989년

"난 1등 같은 건 싫은데, 난 꿈이 따로 있는데, 난 친구가 필요한데 이 모든 것은 우리 엄마가 싫어하는 것이지. 나에게 항상 수단과 방법을 가리지 말고 이기라고 하는 분, 친구와 사귀지 말라고 슬픈 말만 하시는 분, 그분이 날 15년 동안 키워준 사랑스런 엄마라니 너무나 모순이다. 행복은 성적순이 아니잖아?"

1986년 1월 15일 새벽 서울 모 여중 3학년 오 모 양(당시 15세, 학교에선 전교 1등의 모범생)은 친구에게 편지 형식의 유서를 남기고 세상을 떠난다. 이 사건은 그 당시 성적이 가장 중요하니 다른 건 다 필요 없다는 식으로 아이들을 몰아붙이는 사회에 경종을 울리게 되었고, 이 사건을 배경으로 소설과 영화가 만들어졌다. 특히

1989년 그 당시 가장 인기 있던 하이틴 배우가 주인공으로 나왔던 영화〈행복은 성적순이 아니잖아요〉는 꽃다운 나이에 생을 마감했던 실제 중학생의 유서 내용을 딴 제목이기도 하다. 이 영화는 그때 가장 인기 있던 외화를 물리치고 전국 1 위라는 기염을 토했고 나 또한 그때 이 영화를 보며 한없이 울었던 기억이 생생하다. 이런 교육현실을 극복하자는 운동으로 '전교조'가 탄생하기도 했다. 그런데 어떤가? 1989년의 한국의 학교와 지금의 학교가 많이 다르다고 느끼는가?

우리나라 영화, 〈말죽거리 잔혹사〉, 2004년

2004년 개봉했지만 실제 영화 속 내용은 1978년 이소룡이 활약하던 시대를 배경으로 했던 영화〈말죽거리 잔혹사〉다. 2004년도 영화인데 왜 1978년도를 배경으로 했을까? 아마도 2004년도의 대한민국의 학교 상황이 1978년과 다르지 않아서이지 않을까? 영화에서 주인공은 괴로움의 원인이 학교라고 말한다. "대한민국 학교 XXX라 그래!"라는 대사와 함께.

우리나라 소설, 《풀꽃도 꽃이다》, 2016년

《태백산맥》으로 우리나라 대표작가라 할 수 있는 조정래 작가의 《풀꽃도 꽃이다》가 2016년에 출간되자마자 모두가 교육문제에 관심을 가졌다. 사교육문제, 학교 문제 등 우리 주변의 많은 교육과 관련된 문제들을 강교민(강력한 교육 민주화라는 의미를 담은 이름)이라는 주인공을 통해 파헤치는 내용의 소설이다. 비록 소설이지만 현실이라 불러도 될 정도로 차가운 현장의 이야기가 살아있다. 조정래 작가의 이러한 생각은 찬성과 반대의 문제가 아니라 우리 사회에서 교육문제를 논의의 대상으로 올려놓았다는 것이 중요하다. 그동안 교육은 말로는 중요하다고 외치며 백년을 내다보는 계획을 세워야 한다고 하면서도 누구 하나 제대로 관심을 갖고 들여다보지 않은 분야다. 그러다 보니 제대로 된 논의조차 하기 힘든 부분이 교육이지 않을까? 한가한 교육 이야기보단 경제 이야기가 더 중요하다고 생각하는 사회에서는 말이다.

그동안의 공교육 이미지

"제 마음 같으면 대안학교라도 보내고 싶지만 그럴 형편이 돼야 말이죠. 그냥 집 근처 학교를 보낼 뿐이죠. 특별히 기대하는 것은 없어요."

학년 초 학부모와의 상담에서 들었던 이야기다. 왜 이렇게까지 학교라는 곳이 비참해졌을까? 그리고 그 역사는 왜 이다지도 오래되었단 말인가? 사회의 모든 것이 변했다고 한다. 하지만 여전히 교육은 그 자리에 있다. 아니, 오히려 예전보다 더 많은 문제들을 가지고 있는 것처럼 보인다. 학교가 그 역할을 제대로 하지 못할 때 세상은 이렇게 학교와 교육을 버린다. 그리고 그 책임은 교사인 내가 온전히 져야 할 몫이기도 하다. 제도의 문제나 다른 교육자들의 문제가 아니라 내 문제라고 생각해야 한다. 그래야 문제를 해결하기 위해 노력이라도 할 테니 말이다. 그리고 이렇게 자신의 문제로 받아들이는 교사들로 인해 '혁신학교'가 탄생했다.

03

학교를 옮긴다

공교육 교사로 살아간다는 것은 선택할 수 있는 영역보다는 주어진 영역에 적응하며 살아가야 함을 이야기한다. 나를 위해 특별히 세팅된 밥상을 받아서 먹는 사람이 아니라 나에게 주어진 밥과 국을 맛있게 먹을 수 있어야 한다는 말이다. 그런 측면에서 공교육 교사로 살아갈 때 학교를 옮기는 일은 쉬운 일이 아니다. 어디로 갈지 모르는 상황에서 여러 가지 고민들이 생길 수밖엔 없다. 일반 직장인으로 치자면 새로운 회사에 입사하는 기분과 비슷하지 않을까? 그렇다면 이런 고민들만 하고 앉아있으면 될까? 당연히 그래선 안 될 것이다. 그렇다면 해결책은? 그래서 일반 직장인이 아닌 교사이기에 가질 수 있는 개인적인 경험들을 소개해보고자 한다. 학교를 옮길 때 나의 불안감을 달래기 위한 방법이기도 하다.

첫 번째, 학교가 정해지면 정식 발령 전에 그 학교를 찾아간다.

아마 대부분의 교사들이 하고 있는 활동일 것이다. 학교가 정해지면 전 학교의 교감 선생님과 함께 새로운 학교로 인사하러 가는 것은 당연하다. 그래서 이 방법이 뭐가 특별하냐고 할 사람도 있을 것 같다. 여기서 말하는 학교를 찾아간다는 것은 인사하러 가는 것과는 다른 이야기이다. 그리고 누구라도 쉽게 적용해볼 수 있는 방법이라고 생각한다. 인사하고 나면 보통은 각자 집으로 돌아가게 된다. 이때 바로 집으로 돌아가지 말고 내가 옮겨갈 학교 주변을 둘러보는 것이다. 학교를 방문하고 교무실만 들렀다 오는 것보단 학교 주변의 다양한 곳을 관찰하고 오는 것이 새로운 학교에 대한 종합적이고 입체적인 정보를 얻을 수 있는 방법이 될 것이다. 새로운 학교라는 불안감을 조금은 해소하고 새로운 학교에서 무엇을 하면 좋을지 구상하는 희망을 가질 수 있을 것이다. 이런 것에 신경 쓰면서 보면 된다.

학교 주변의 상가 관찰　　　아이들의 생활 속에서 접하고 살아가는 곳의 전체적인 분위기를 알 수 있다. 시장이 가까이 있다면 아이들에겐 어떤 영향이 있을까? 대형마트가 주변에 많이 있는 번화가 근처라면? 이런 생각을 하며 상가 주변을 둘러본다. 보는 김에 야근할 때 가끔씩 식사할 수 있는 식당도 미리 알아두면 좋다. 그러다 눈에 띄는 주변 아이들의 모습도 덤으로 관찰할 수 있다.

학교 주변의 자연환경 관찰　　아이들과 다양한 활동을 하려면 기본적으로 주변 지역에 대한 이해가 있어야 한다. 특히 자연환경을 파악하는 것은 다양한 활동을 하는 데 필수 조건이 된다. 학교 주변에 작은 실개천이라도 흐른다면 그곳을 이용한 활동을 구상해볼 수 있을 것이고, 산이 있다면 그 산을 중심으로 할 수 있는 일들을 상상해본다.

학교 시설 관찰　　　　아이들이 생활하는 학교 시설을 관찰하면 평소 이 학교 학생들이 학교에서 어떤 생활을 하고 있는지를 알 수 있는 단초를 제공한다. 벽에 낙서가 많이 되어 있는 학교라면 어떤 아이들이 있을까? 계단에 상투적인 표어가 있지 않고 아이들 손으로 쓴 표어나 글귀가 있다면 어떤 활동을 해왔는지를 쉽게 상상할 수 있다.

두 번째, 전 학교 아이들로부터 나를 소개하는 소개장을 받아둔다.

학교를 옮기는 일은 교사에게도 당황스럽고 불안한 일이지만 아이들 입장에서도 서운하긴 마찬가지다. 그동안 정든 선생님을 보고 싶어도 다른 학교로 가면 쉽지 않기 때문이다. 그런 아이들에게 정중하게 부탁하자. "선생님이 새 학교에서 새로운 아이들을 만날 때 너희들이 그 친구들에게 선생님에 대해 알려주면 좋지 않을까?"하면서. 아이들은 흔쾌히 자신의 시간을 쪼개준다. 이렇게 만들어진 나에 대한 아이들의 소개장을 첫날 교실 칠판에 붙여 놓고 아이들을 만난다. 아마 훨씬 더 친근하게 새로운 학교 아이들과 시작할 수 있을 것이다. 물론 아이들이 써 놓은 나에 대한 정보가 정확하지만은 않다는 문제가 있을 수 있지만 그 정돈 참고 넘어가자.

세 번째, 그 전 학교의 학부모들과 만나 용기를 채운다.

세 번째 방법은 평소 학부모들과의 소통이 원활한 교사에게 어울리는 방법이다. 앞서도 이야기한 것처럼 새로운 학교로 가는 것은 새로운 회사에 입사하는 것과 비슷할 정도로 긴장된다. 더군다나 새로운 아이들과 새로운 학부모님들과의 만남은 불안감이 생기는 주요 원인이다. 이럴 때 그동안 함께 고민하고 서로 위로하며 지내왔던 학부모님들과 만나 따뜻한 차 한 잔을 하며 그동안의 추억들을 돌이켜본다면 아마 큰 용기를 가질 수 있을 것이다. 혹시 아는가? 새로운 학교의 학부모를 잘 알고 있는 학부모라도 있다면 좋은 이야기를 전해줄 수도 있다.

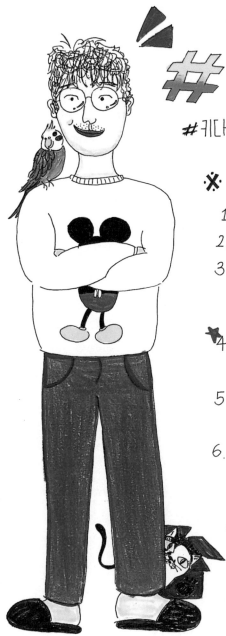

경원쌤

#키다리_쌤   #교실에서_나무가_자란다!

※ 주의사항

1. 최선을 다하자

2. 들어주고 들어주고 들어주자

3. 쌤이 친절한 목소리로 너의
   이름을 부르면 빨리 내가 무슨 짓을
   했었는지 생각해보자

4. 쌤을 절대, 절대!!!
   믿지 마라

5. 답을 바라고 질문하지 말라
   (답을 준적이 한번도 없다. 그러나 최대한의 도움은주심)

6. 쌤과 친하게 지내자.
   쌤이 필요한 날이 한번쯤 꼭
   올 것이다!!

7. 아침나들이, 모닝네이처 (생태활동)를
   꾸준히 나가자

   ♥ 꾸러기들 파이팅 ♥

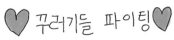

   다온이랑 민서가

04

혁신학교와 공교육의 숙명

익숙함이라는 함정

일반적으로 우리가 학교라고 말하는 곳의 대부분은 국민 누구나 교육받을 수 있는 권리를 행사할 수 있는 공교육을 말한다. 싫든 좋든 공교육을 받고 자란 국민들이 지금의 나라를 있게 했다는 사실에는 누구나 동의할 것이다. 하지만 공교육의 역할이 축소되고 있음을 걱정하는 사람들도 많다. 진짜 우리의 공(公)교육으로서의 역할을 할 수 있을지, 아니면 공(숫자 0)교육으로 아무런 의미도 없이 시간만 보내는 교육이 될지에 대해 고민해야 하는 것이다.

이러한 갈림길에 서 있는 공교육에 '혁신'이라는 이름을 달고 등장한 학교가 바로 혁신학교다. 교육의 문제를 자신의 문제로 받아들인 교사들이 함께 모여 만든 학교다. 공교육이 다시 자신의 진짜 자리를 찾아가기 위해 만들어진 곳이다.

우리는 우리도 모르는 사이 우리 주변의 물건들에 맞추어 살아간다. 오랜 세월 세상이 다 변했지만 유독 변화를 비껴간 곳이 있다. 바로 학교다. 왜 학교는 변

우리의 공교육은
公 교육인가 아니면
O 교육인가

대안이 주류가 되고
혁신이 일반화 되기를 바라는 것은
현실을 가장한 대안이고
과거 답습을 위한 혁신일 뿐이다.

대안은 대안이 필요했던 그 당시의
필요가 사라지면 소멸하고
혁신은 그 당시를 넘어
상상력이 필요할 때 제한없이 상상하도록
일정기간 기회를 주는 것이다.
그러한 상상력에 영향을 받아
현실을 극복해 나가는 것은
넘겨진 사람들의 몫일 뿐!

화하지 못했을까? 학교는 여전히 창과 문 사이에 책상과 칠판 그리고 교과서가 놓여 있다. 앞으로의 학교 모습도 별반 다르지 않지 싶다. 물리적인 환경을 하루 아침에 바꾸긴 쉽지 않다. 물리적인 환경이 바뀌기 쉽지 않으니 손놓고 있어야 하는 걸까? 아니다. 기존의 물리적인 것들을 그대로 두고서도 우리는 변화할 수 있다. 기존의 익숙한 것들을 새롭게 보고 새로운 의미를 창출하는 것은 지금 당장이라도 할 수 있다. 지난날을 디딤돌 삼아 미래를 꿈꿀 수 있다는 말이다. 그 미래를 꿈꾸는 학교가 혁신학교다. 익숙함을 버리고 본래의 모습으로 돌아가자. 교육이 본래 꿈꾸던 모습으로.

창조적 파괴(Creative Destruction)

혁신으로 유명한 사람들이 여럿 있겠지만 난 슘페터(Joseph A. Schumpeter, 1883 ~1950)의 '창조적 파괴'에 흥미를 가졌다. 슘페터는 자본주의를 냉철하게 바라본 이론가로 자본주의의 기업가들은 '부단히 낡은 것을 파괴하고 새로운 것을 창조하여 끊임없이 내부에서 경제구조를 새롭게 하는 행위 즉 창조적 파괴(Creative Destruction)를 통하여 자본주의를 지속적으로 변화시켜 나간다'고 주장한다. 부단히 낡은 것을 파괴하고 새로운 것을 창조하여 끊임없이 내부에서 새롭게 하는 행위가 우리 교육에도 필요하지 않은가? 내가 생각한 혁신학교의 모습은 이러하다. 서로 대치되는 개념인 것 같지만 묘하게 조화를 이루는 단어 '창조'와 '파괴'의 어울림이 마음에 들었다. 어쩌면 우리가 해야 하는 혁신학교는 이러한 것을 동시에 수행하는 곳이라는 생각을 했으니까.

파괴, 창조 그리고 몰락

혁신학교의 첫 시작에서 빠지지 않았던 행위는 기존의 것을 파괴하는 것이었다. 우리가 가진 낡은 사고와 고정관념들을 파괴하지 않고선 한 발자국도 나가지 못할 것임을 잘 알고 있었기 때문이다. 그리고 동시에 새로운 것을 창조하는 것도 잊지 말아야 했다. 그래서 혁신학교라는 곳은 창조와 파괴가 동시에 일어나는 곳이라고 정의하고 싶다. 그런데 재미있는 것은 슘페터는 이러한 창조적 파괴가 자본주의를 성장시키겠지만 결국엔 자본주의가 몰락할 것이라고 주장한다. 슘페터는 자본주의는 결국 사회주의가 될 것이라 보았다. 그 이유가 자본주의가 눈부신 성장을 이뤄서라고 한다. 재미있지 않은가? 자본주의를 지탱하는 합리적인 생각들이 더 이상의 창조적 파괴를 허용하지 않게 되고(일정 수준 이상이 되었으니 더 이상의 모험은 하지 않는다는 의미) 결국 자본주의를 무너뜨리게 될 것이라는 것이다. 이러한 역설이 혁신학교와 공교육에도 비슷하게 적용될까?

혁신학교의 운명은?

혁신학교의 도약으로 우리 공교육의 질적 수준이 높아진 것은 사실이다. 우리 사회의 교육에 대한 화두에 좋은 영향을 준 것도 사실이다. 그런데 시간이 지나자 혁신학교 일반화 이야기가 나온다. 혁신학교의 일반화는 궁극적으로 공교육의 질적인 성장을 위한 것처럼 보이고 옳은 방향이다. 하지만 생각해볼 여지가 있다.

처음 대안학교가 우리나라에서 만들어졌을 때 대안학교의 목적은 무엇이었을까? 대안학교는 공교육이 보듬지 못하는 학생들이 다닐 수 있도록 만들어진 학교이지 않았을까? 하지만 최근의 대안학교들은 어떠한가? 여전히 초창기 대안학교와 같은 의미의 학교도 있지만 새로운 형태의 학교나 자유로운 학교교육을 찾아서 가고 있다. 대안이라기보다는 다양한 교육수요에 답하는 새로운 형태의 학교 종류라는 의미가 더 어울리지 싶다.

상상력이 필요 없는 혁신학교?

혁신학교도 마찬가지다. 혁신의 의미가 모두가 할 수 있는 것을 전제로 펼쳐질 때 그 혁신은 더 이상의 상상력이 필요치 않은 혁신이 될 수밖에 없다. 교육의 본질로 돌아가자는 말은 맞다. 하지만 그것이 예전 우리 교육의 모습은 아닐 것이다. 새로운 시대와 어울리면서도 기존의 것을 뛰어넘는 상상력이 기반이 된 교육의 본질 찾기가 혁신학교의 진짜 모습이다. 그러자면 혁신학교는 무한한 상상력을 실험할 수 있는 곳이어야 하지 않을까? 대안학교는 정말 대안적인 교육으로 남아있어야 하지 않을까? 만약 이러한 것들이 지켜지지 않는다면 어느새 슘페터의 예상대로 자본주의의 합리적인 성격이 자본주의를 무너뜨린 것처럼 대안학교나 혁신학교가 공교육을 오히려 무너뜨리는 결과를 만들까 두렵다. 대안이고 혁신학교고 모든 학교는 다 똑같이 희망이 없는 곳이라고 사람들이 인식하기 시작한다면 말이다. 이러한 생각이 혼자만의 기우이길 바란다.

대안이 주류가 되고
혁신이 일반화되기를 바라는 것은
현실을 가장한 대안이고
과거 답습을 위한 혁신일 뿐이다.

대안은 대안이 필요했던 그 당시의
필요가 사라지면 소멸하고
혁신은 그 당시를 넘어
상상력이 필요할 때 제한 없이 상상하도록
일정기간 기회를 주는 것이다.
그러한 상상력에 영향을 받아
현실을 극복해나가는 것은
남겨진 사람들의 몫일 뿐!

_2014년 혁신학교 일반화를 보며 생각한 글

혁신교육은
기존의 관행을 자신의 두 발로 밟고 설 수 있어야 하며
진보와 보수의 이념을 넘어
세상을 바라볼 수 있어야 한다.

05

학교의 방황은 진행 중?

"영화도 지겨워요" 기말고사 후엔 방치되는 학생들

[아시아경제 조인경 기자] # "시험 끝나고 2주 내내 영화만 봤어요....

v.media.daum.net

시대가 변했다고 한다. 아이들도 변했다고 한다. 그런데 학교는 변했을까? 여전히 학기 말이나 학년 말이 되면 되풀이되는 현실 중 하나는 위의 기사와 같은 일이다. 학교란 곳이 시험만을 위한 곳처럼 여겨질 수밖엔 없는 현실이 지금도 엄연히 존재하고 있는 것이다. 이러한 현상은 비단 중등만의 문제는 아닌 것 같다. 하지만 상대적으로 시험이라는 강한 요소가 작용하는 중등학교에서 많이 일어나는 일인 것도 사실이다. 그런데 나 또한 알고 있다. 중등에서 학교 내 시험이 어떤 역할을 하고 있는지를 말이다. 그래서 어쩔 수 없는 부분이 있다는 것을. 하지만 우리가 추구해야 할 교육의 방향에 대해서 한 번쯤은 생각해봐야 하지 않을까?

윌리엄 에어스가 쓴 《가르친다는 것》이라는 책이 있다. 저자는 미국에서 30여 년을 학생들을 가르쳤던 교사다. 나에겐 저 멀리 타국의 선배교사인 셈이다. 교사로 살아가며 아이들과 지낸다는 것의 의미에 대해 이런 이야기를 한다.

윌리엄 에어스, 《가르친다는 것》, 양철북, 2012년

에어스는 학교에서 무엇인가를 배우는 것 자체는 쉬운 일이라 한다. 그러나 스스로 생각하고 느끼는 것의 어려움에 대해 이야기한다. 그리고 고등학생들을 유치원 교육하듯이 교육하고 싶다고 이야기한다. 난 이 말에 전적으로 동의한다. 학교라는 곳에서 우리가 기존에 알고 있고 알고 있어야 한다고 생각되는 정보들을 알려주는 역할을 하는 것은 쉬운 일이다. 그리고 그러한 일은 학원이나 인터넷 강의로도 충분히 할 수 있다. 진짜 학교의 역할을 생각한다면 에어스처럼 생각하고 느끼는 것에 중점을 둔 교육이 필요하다. 그리고 이러한 교육은 유치원뿐만 아니라 모든 교육의 중심주제가 되어야 한다.

아이들은 어떤 생각과 느낌으로 학교를 다닐까?

하지만 우리 교육은 어떠한가? 기말고사가 끝난 후 교실은 왜 학교에 나와야 하는지 그 이유를 몰라 방황하는 아이들의 한숨소리가 가득하다. 오히려 그런 상황에서 학교라는 곳에 대한 생각이나 느낌은 어떠할까? 아이들에게 학교는 어떤 모습으로 보이게 될까? 여러 가지 많은 이유가 있을 것이다. 하지만 그 이유를 다 물리치고서라도 학교가 아이들에게 절망의 공간이 되어선 안 되도록 노력해야 한다. 물론 이런 노력은 나부터 할 일이기도 하다.

06

학생은 고객이 아니다

"교육의 질은 교사의 질을 넘을 수 없다!"

우리에게 참 익숙한 말이다. 우리나라만 이런 이야기를 하는 것 같진 않다. 다른 나라의 교사들에게도 이런 식의 이야기가 통용되고 있고, 그 결과 교사의 질을 높이기 위한 여러 가지 정책과 논의들이 활발하다. 그런데 이젠 이 이야기를 수정해야지 싶다. 과연 교사만으로 교육의 질이 담보될 수 있을까? 만약 그렇다면 학교라는 공간에서만 좋은 교육이 이루어진다는 말과도 같은데 동의할 수 있을까? 절대 동의하지 못할 것 같다. 지금의 세상은 모든 곳에 나의 선생님이 될 존재들이 있기 때문이다. 우리 모두가 교사인 시대다. 즉 서로가 서로를 이끌어주고 따르는 상호협력의 시대인 것이다. 그런데 학교의 현재 상태는 지금 세상이 돌아가는 모습과는 좀 다른 것 같다.

학생 = 고객?

○○교육지원청에 걸려 있는 문구. 고객은 누구인가?

　지난한 교육문제를 고민하다 보면 왜 이렇게까지 꼬였는지 궁금하지 않을 수 없다. 문제가 꼬였다면 일단 그 문제의 첫 시작이 어디인지 궁금해지는 것은 당연한 일이다. 세상이 온라인으로 연결되어 편리해진 덕분에 이러한 궁금증에 대해 내 책상에 앉아서 바로 찾아볼 수 있다. 포털사이트에서 제공하는 뉴스검색 서비스를 통해 어렵지 않게 검색한 뉴스에 이런 내용이 나온다.

네이버 뉴스 검색 서비스

《동아일보》의 1999년도 기사에서 교육에 서비스 개념이 들어와야 한다는 이야기가 등장했다는 것을 알게 되었다. 물론 이 기사 이전에도 있었을 수 있다. 기사의 내용 중 많은 내용이 현재의 교육에 대한 고민과 다르지 않다는 것을 알 수 있다. 교실붕괴가 심각하고 미국처럼 우리나라의 학생들도 중도탈락자들이 늘고 있다. 그런데 이러한 문제 해결의 지점에 '시장'과 '소비자'가 등장한다.

"시장에서는 소비자가 왕이다. 탈공업화시대에는 서비스경제가 우위에 선다. 학교에서도 교육행정과 교사의 자세가 서비스 교육시대에 맞게 탈바꿈되지 않을 수 없다. 그렇게 되면 다양한 소비자의 기호에 맞추는 다품종 소량생산 모델의 다양한 교육상품이 나와야 한다."

무슨 의미로 교육문제를 시장의 논리와 맞추었는지는 충분히 이해가 된다. 하지만 교육이 시장화되는 것에 대한 경계가 느껴지지 않는다. 시장은 말 그대로 약육강식의 세상이지 않나? 물건을 많이 팔 수 있다면 그것이 시장에서 살아남는 길이며 그 자체로 시장을 지배하는 것이다. 시장에선 돈이나 물질이 많은 쪽이 항상 우위에 설 수 있다. 더군다나 서비스를 제공한다는 의미에서 교육행위 특히 공교육이 사회 전체 구조 속에서 국민들 한 사람 한 사람에게 양질의 교육서비스를 제공한다는 측면은 인정한다. 하지만 그렇다 하더라도 교사가 어떻게 내 앞에 앉아있는 학생을 소비자라 생각할 수 있다는 것인지 도저히 이해가 되지 않는 부분이다. 학생과 학부모는 또 어떨까? 자신들이 학교에서 제공하는 것을 소비하는 입장이라는 생각으로 학교를 바라보게 되면 결국 학교에다가 최대한의 편의만을 요구하게 될 것이다. 왜? 내가 소비자이고 내가 왕이니까. 하지만 과연 교육이 이러한 관계 속에서 이루어질 수 있을까? 누군가는 제공하는 사람이고 누군가는 받기만 하는 사람인 관계 속에 교육이 존재하는 것일까?

교육의 질은 협력의 질을 넘지 못한다!

교학상장(教學相長)

'가르치는 자와 배우는 자는 서로를 키운다!'라는 유명한 문구다. 이 문구를 도올 김용옥 선생은 이렇게 이야기했다.

> "교육에 있어서 교사의 주체성과 그 존엄을 말하면서도, 교사라는 주체가 일방적인 주체가 아니며 반드시 학생을 전제로 해서만 가능한 雙方的・상감적(相感的)・융합적 주체라는 것, 다시 말해서 선생과 학생은 상즉상입(相卽相入)의 관계망 속에서 끊임없이 교감하는 생성태다."

여기서 선생과 학생은 '상즉상입'의 관계망이라는 말이 나온다. 상즉상입이라는 말은 우주의 삼라만상이 겉으로는 서로 대립되어 있는 것 같지만, 실제로는 상호 융합하여 작용하며, 서로가 한량없이 밀접한 인과관계를 보존하고 있다는 의미다. 즉 교사와 학생의 관계는 누군가는 일방적으로 제공하고 누군가는 일방적으로 받아가는 관계가 아니다. 하지만 소비자의 개념으로만 보면 이런 관계가 보이지 않는다. 우리가 백화점에서 물건을 고르는 소비자로 갔다면 그 물건이 만들어지는 과정이나 그 물건의 탄생배경에 대해 판매자와 이야기를 하며 깊이 있게 생각하지는 않을 것이다. 그저 내 마음에 드는 물건을 적당한 가격을 주고 구입하면 된다.

만약 교사와 학생의 관계가 이런 판매자와 소비자의 관계라면 어떤 학생이 진지하게 수업을 바라볼 것이고 어떤 학부모가 학교를 의미 있는 공간이라 생각하겠는가? 난 교학상장의 의미 속에 누구나 누군가의 교사가 될 수 있다는 의미가 있다 생각한다. 나라는 존재가 누군가에게 절대적인 교사의 위치를 가지는 것이 아니다. 내가 만나는 작은 아이가 어느 순간 나에게 가장 절대적인 교사가 되기도 한다. 이러한 긴장관계 속에서 교사와 학생은 함께 성장할 수 있다. 이러한 관계는 절대 판매자와 소비자의 관계가 아니다. 그래서 교육의 질은 이러한 관계 속에서의 협력의 질에 의해 결정된다. 교사와 학생, 교사와 학부모, 학생과 학생, 교사와 교사 사이의 협력의 질이 결국 교육의 질을 결정한다고 믿는다.

"교사와 학생 사이의 긴장이
배움의 세계에 음양을 이룬다."

_파멜라 메츠, 《배움의 도》, 민들레, 2003년

07

교사의 생존, 변화를 받아들여라

세상은 변한다. 그것을 잊지 말자!

2017.元 봄

봄이면 연한 색이 온 세상을 덮는다. 겨울 동안 움츠려 있던 생명들이 온 세상을 덮는다. 하지만 아직은 연하다. 그 연한 빛깔 사이로 따뜻하고 자애로운 햇볕이 스며드는 계절이 봄이다. 매년 아이들과의 첫 만남에서 봄의 빛깔을 본다. 연하고 순수한 아이들을. 봄이 있기에 새로운 생명이 시작되는 것이다. 그러니 봄을 환영하지 않을 수 없다. 우리는 봄을 기다리지 않을 수 없다.

2017. ㅠ
여름

여름이 오면 자신의 색을 본격적으로 드러낸다. 진한 초록으로 온 세상이 물든다. 진한 초록은 강렬한 햇볕에도 견딜 수 있게 디자인되어 있다. 자신의 강함을 온 세상에 알리는 것이다. 우리 삶의 성장 속 여름은 언제일까? 자신을 뽐내고 싶어 더 짙은 초록으로 세상에 나서는 시기, 세상에 자신의 목소리를 한껏 울려 퍼지게 하는 시기가 여름의 시기는 아닐까?

가을

2017. 元

　가을은 다채로운 색들의 향연이 펼쳐진다. 울긋불긋 온 세상이 다양하다. 짙은 초록처럼 강렬한 느낌은 아니지만 자신이 누구인지, 어디로부터 왔는지, 그리고 어디로 가야 하는지를 아는 모습이다. 겸손하지만 다채롭고 재미있는 시기다. 이 시기라면 우리 인생에서 어느 시기라 할 수 있을까? 중년을 넘어간 어른의 시기일까?

　다시 겨울이다. 겨울이면 모든 것을 정리한다. 그동안 자신의 영양분이 되어주던 잎사귀도 모두 떨구고 잔가지들도 정리한다. 이제 온전히 나만 남았다. 주변의 모든 것들이 함께 정리되며 한동안의 휴식을 준비하는 계절이다. 우리 인생의 어디쯤일까?

2017. ㅍㄴ 겨울

    내가 원하지 않아도 세상은 변한다. 내가 존재하기 전부터 세상은 끊임없이 변화를 받아들이고 존재해왔다. 그리고 누구도 이러한 변화에서 자유로울 수 없다. 그런데 이러한 변화를 받아들이지 않으면 어떤 일이 벌어질까? 난 봄의 기운을 좋아하니 봄의 계절에서만 살 거라고 어떤 식물이 주장한다면 그 식물은 살아남을 수 있을까? 어떠한 식물이라도 봄에는 봄에 맞는 옷을 입고, 여름과 가을 그리고 겨울을 대비한 일을 한다. 그것이 세상이고 세상은 변하기 때문이다. 그런데 이러한 변화를 거부하고 그저 내가 원하는 것만을 추구하고 노력하는 것이 가당키나 한 일일까?

변화를 거부하는 존재

그런데 놀라운 존재가 있다. 바로 사람이라는 존재는 이러한 것을 무력화 시킨다. 예를 들어 사람은 자신의 생활에서 계절의 변화를 거의 느끼지 못하도록 만들어버릴 수 있다. 만약 우리가 특정한 실내 공간에서만 생활한다면 그리고 그 공간에 난방시설과 냉방시설이 잘 갖추어져 있다면 과연 우리는 계절의 변화를 느낄 수 있을까? 그리고 계절이 변화되는 것이 필요하다 생각할까? 아마 그렇지 않을 것이다. 우리는 그냥 지금 내가 하고 싶은 일만 하면 되는 것이다. 왜 그런 복잡하고 생각할 것이 많은 일을 겪어야 하냐고 반문할 수도 있다.

하지만 분명히 알아야 하는 것은 변화는 결코 귀찮거나 불필요한 일이 아니라는 점이다. 변화를 통해 공생하기도 하고 멸종하기도 한다. 그리고 멸종에서 살아남은 존재가 바로 우리인 것이다. 그 말은 우리 또한 변화를 받아들이고 그 변화를 이용해 계속해서 진화해나가야 한다는 의미다.

생존의 본질은 변화에 있다

서울 서대문 자연사박물관 이정모 관장님의 《공생 멸종 진화》(이정모, 나무나무, 2015)라는 책에 나오는 현재 우리 인류의 조상이라 알려진 '호모 사피엔스'에 대한 이야기는 흥미롭다. 현재의 인류는 모두 같은 종류로 살아가고 있는데 어떻게 해서 호모 사피엔스만 살아남았는가에 대한 이야기이다. 그 당시에 네안데르탈인이라는 종류의 인류도 있었다. 하지만 네안데르탈인은 결국 멸종하고 지금 우리 인류는 모두 다 호모 사피엔스라는 의미다. 호모 사피엔스가 살아남을 수 있었던 결정적 이유는 조기 출산으로 인한 유년기가 길어서였다고 한다. 유년기가 길어졌다는 것은 그만큼 사회적 학습 능력을 키울 수 있는 시간이 길어졌다는 의미로 이렇게 사회화를 겪은 인류가 지금까지 살아남았다는 것이다.

그렇다면 여기서 경험하는 사회화는 어떤 것이었을까? 그냥 나에게 주어진 것만 가지고 살아가는 것이었을까? 아니면 주변 상황을 받아들이고 그것을 이용하며 살아가는 변화의 주체로서 살아가는 것이었을까? 호모 사피엔스는 서남아시아의 온화한 환경에서 솜씨 좋은 목공으로 살다가 북쪽 추운 곳으로 이동했다고 한다. 온화한 환경과 목공만을 하면서 지냈다면 아마 지금의 인류는 사라졌을 수도 있다. 하지만 정말 다행스럽게도 호모 사피엔스는 나무 대신 뿔과 뼈로 자신이 가진 목공 기술을 발전시키고 적용시켰으며 그것을 활용해 바늘귀가 있는 바늘을 발명했다. 그리고 이렇게 만들어진 바늘이 추위와 굶주림으로부터 호모 사피엔스를 지켜주었다고 한다.

왜 호모 사피엔스가 추운 북쪽으로 거주지를 이동했는지까지는 학자들도 모른단다. 하지만 분명한 것은 자신에게 주어진 상황을 받아들이고 그곳에서 살아갔다는 것이다. 멸종이 아닌 공생과 생존을 위해서 우리는 변화를 받아들여야 한다. 그것은 결국 다름을 인정하는 것과 같다. 나와 다르기에 미워해야 하고 질투해야 하는 것이 아니라 나와 다른 존재가 있음을 인정하고 나의 다름을 알기 위해 노력하는 것, 그것이 교육이다.

08

전문가의 의미도 변화한다?

10년의 힘?

우리는 흔히 10년을 한 분야에서 일관되게 일한 사람을 그 분야의 '전문가'라고 부른다. 근대 산업화 시대를 거치며 자연스럽게 이러한 전문가 집단은 각 분야에 대한 발전을 책임지며 함께 성장해왔다. 시간이 지날수록 이러한 전문가 집단은 더욱더 세분화되어 각각의 영역에 집중하는 모습이 현재의 사회 모습이라 할 수 있을 것이다. 하지만 어느 순간 우리 사회에 '융합'이라는 단어가 등장하기 시작한다. 교육에서도 융합은 중요한 이슈가 되기 시작한다.

네이버 데이터랩을 이용해 융합이라는 단어와 교육이라는 단어를 검색해보면 위와 같은 모양의 분포도를 확인할 수 있다. 교육이라는 단어가 이슈가 될 때, 융합이라는 단어도 같이 이슈가 됨을 알 수 있다. 특히 학기가 시작되는 3월과 9월에 많이 검색되는 단어다. 융합이라는 단어가 교육이라는 단어와 어떤 관련이 있기에 이런 식으로 언급되는 것일까? 왜 학년 혹은 학기 초에 이런 단어들이 집

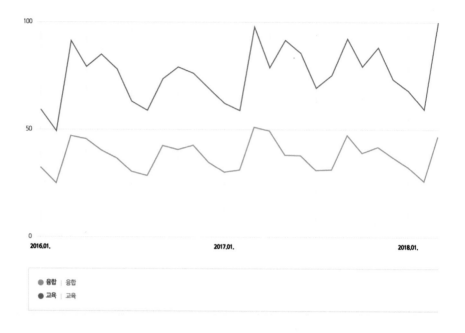

● 융합 | 융합
● 교육 | 교육

중되는 것일까? 그 이유는 우리나라의 교육과정에서 추구하는 인간상과도 관련이 있어 보인다. 2015개정교육과정이 등장하며 우리나라에서 추구하는 인간상에 '융합'이라는 단어가 포함되었다.

2009개정교육과정 추구하는 인간상   창의적인 인재
2015개정교육과정 추구하는 인간상   창의융합형 인재

전문가의 시대, 이제 안녕!

"전문가 시대 끝났다. 융합적 이해력이 더 중요한 능력"

중앙일보 2018.04.06 11:26

경희사이버대 정지훈 교수의 인터뷰 내용이다. 의대를 졸업했지만 대학원에 선 보건정책을 공부했고 미국에서 의공학 박사가 된 분이다. 스스로가 한 분야만을 파고든 전문가가 아니라 다양한 영역으로 확대된 공부를 한 사람이기에 세상이 변화되는 방향에 대해서도 융합적인 시선이 중요함을 이야기하고 있다.

"창의적으로 자기만의 솔루션을 내놓으려면, 전문가보다는 다방면에 대한 통합 융합적인 이해력이 필요하다. 혼자 해결할 수 없는 문제가 점점 많아진다. 협력, 소통 능력이 지금보다 훨씬 중요해진다."

정지훈 교수의 말을 교육에 적용시켜 보면 예전처럼 시험만을 위해 죽어라 달리는 것은 지금의 시대 혹은 미래의 시대엔 큰 의미를 가지지 못하고 대신 다양한 문제를 다양한 협력과 소통을 통해 해결해 나갈 수 있는 사람으로 키워져야 함을 말한다. 그리고 그런 사람으로 성장하도록 국가에서 지표로 제시한 것이 '창의융합적 인재'다. 그렇다면 창의융합적 인재를 키우기 위해서 교사는 어떤 전문가여야 할까?

내용 전문가와 대상 전문가

최근 학교에는 여러 가지 교육적 요구들이 넘쳐난다. 그러다 보니 다양한 분야와 내용의 수업들이 펼쳐진다. 어떤 땐 외부에서 강사들이 찾아와 학생들의 수업을 대신하는 경우도 많다. 교육부나 교육청에서 의무적으로 하라고 정해진 외부 수업도 있다. 교사 입장에선 자신이 해야 할 수업을 다른 사람이 대신하는 경우니까 편한 시간일 수 있다. 누군가 나 대신 수업을 하겠다는데 편하지 않겠는가? 하지만 나름 그 분야의 전문가라며 초빙된 강사들의 수업을 교실 뒤편에서 지켜보고 있노라면 답답한 경우도 심심찮다. 왜 그럴까? 외부 전문가들이 가진 한계는 무엇일까? 일반적인 의미의 '전문가'라는 것이 한계다.

보통 외부에서 오시는 분들은 한 분야 즉 자신들이 강의할 내용에 대한 전문가다. 일반적으로 우리가 부르는 전문가는 이렇게 한 분야에 대한 내용 전문가를 말한다. 예를 들어 성교육을 위해 오시는 분들은 성교육에 필요한 다양한 내용들에 대한 전문가인 것이다. 어떤 분은 성교육 관련 상담도 많이 해서 사람들과 나눈 다양한 경험들을 갖고 있다. 하지만 이런 경험들이 학교의 수업상황에 큰 도움이 되진 않는다. 왜? 내용 전문가지 대상에 대한 전문가는 아니기 때문이다.

아이들 앞에서 가르쳐야 하는 일을 하는 교사라는 직업은 아이들과 나눠야 하는 내용에 대한 전문성과 동시에 내가 만나는 아이들에 대한 전문성도 같이 가지고 있어야 한다. 즉 한 가지 전문성이 아닌 두 가지 이상의 전문성이 융합되어 있어야 한다는 말이다. 하지만 학교에 오는 외부 전문가 중 이 두 가지 전문성을 모두 갖춘 분들은 극히 드물다. 우리 사회가 알고 있는 전문가는 한 분야의 내용에 대한 깊이 있는 공부와 성취를 이룬 사람들이니 당연하다. 문제는 이런 한 분야의 전문가가 아이들 앞에서 교육을 진행하기가 쉽지 않다는 점이다. 그래서 교사라는 직업이 가진 특수성이 존재한다.

전통적 의미의 교사는 융합적 전문가

우리는 누구나 다른 사람의 교사가 될 수 있다. 단, 그것은 배우는 사람의 입장에서 말하는 경우다. 아무리 단점을 많이 가진 사람을 만나더라도 배우는 사람이 배우고자 하는 자세로 그 사람을 본다면 배울 점이 생길 수 있다. 그렇다면 가르치는 입장에서의 교사는 어떤 사람일까? 전통적인 직업인으로서의 교사는 자신이 만나서 함께 가르치고 배워야 하는 존재에 따라 자신이 가진 내용적 이해와 지식을 적합한 형태로 변형할 수 있는 사람이어야 한다. 즉, 내용 전문가이면서 동시에 대상 전문가이기도 해야 한다.

교사는 아무리 단순하게 생각해도 결국은 두 가지 분야의 전문가일 수밖엔 없고, 이것은 한 분야가 아닌 융합적 전문가라는 말이 된다. 특히 이러한 융합적 전문가의 모습은 여러 학년을 맡게 되는 교사에겐 필수적이다. 교사의 전문성은 내가 만나는 아이들과 함께 사용하는 언어부터 달라야 하기 때문이다. 교사는 아이들을 관찰하는 관찰자이면서 동시에 아이들 속에 들어가 함께 생활해야 하는 사람이기도 하기 때문이다. 아무리 내가 내용적으로 풍부한 경험과 지식을 가지고 있다고 하더라도 아이들 속에 들어가 아이들의 언어를 이해하고 아이들과 함께 생활하지 못한다면 아이들로부터 배움을 끌어내지 못할 것이다.

아이들 앞에 선 교사

2014년 연구년을 통해 전국의 많은 선생님들의 학교생활을 엿볼 수 있었다. 그중에서도 대구의 최혜경 수석교사와의 만남은 조금 더 특별했다. 수학 전문인 선생님의 수업은 일반적인 수업과 확연히 다른 부분이 있었다. 아이들에 대한 이해의 수준이 깊어 보였다. 선생님은 수업시간 내내 아이 한 명 한 명의 머릿속을 훤히 들여다보고 있었다. 아이들이 무엇을 궁금해하고 있는지, 어떤 부분에서 어려워하고 있는지를 훤히 꿰뚫고 있었다. 흡사 뇌를 스캔하고 있는 것은 아닌지 착각이 들 정도였다. 최혜경 선생님의 이런 수업은 그동안 수업이라는 것이 가진 외피적인 것(내용적인 부분)을 넘어 내면적인 것(대상에 대한 부분)이 얼마나 중요한 것인지 깨닫게 하는 계기가 되었다. 그리고 이러한 선생님의 아이들에 대한 이해는 오랫동안 교육을 하며 아이들 속에서 살아오신 선생님의 이야기 속에서 피어났다. 아이들 속에서 선생님의 이러한 능력이 키워진 것이다.

'이경원 선생님은 교육과정 전문가이십니다'라는 말이 싫다!

이곳저곳에서 연수를 진행하다 보면 초반에 나에 대한 소개를 하는 경우가 많다. 그럴 때 가끔씩 듣게 되는 '교육과정 전문가'라는 말이 싫다. 왜냐하면 난 교육과정 전문가가 아니라 '교사'이기 때문이다. 교사라는 말 속에 나의 전문성이 복합적으로 녹아있다. 그렇다면 교사는 어떤 전문가인가?

교사의 전문성은 어느 쪽일까?

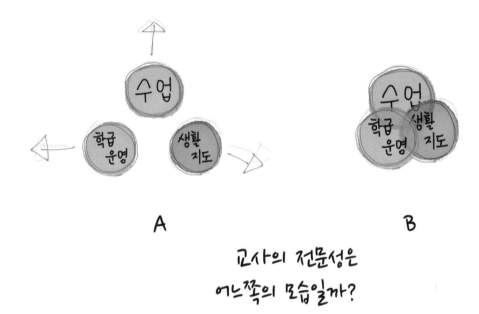

A   B

교사의 전문성은
어느쪽의 모습일까?

    교사들 사이에도 흔히 '전문가'로 불리는 분들이 있다. ○○ 선생님은 수업 전문가, ○○ 선생님은 학급운영 전문가, ○○ 선생님은 생활지도 전문가 등으로 말이다. 최근엔 이런 특별한 한 분야의 전문가가 되기 위한 교사들의 연수과정도 다양하게 진행되고 있다. 그런데 난 이런 전문가 양성과정이 불편하다. 이런 양성과정을 교사로 살기 위한 노력으로 알고 있을 주변 선생님들께 하고 싶은 말이 있다.

    "선생님의 전문성은 그런 연수를 통해 길러지는 것이 아니라 선생님 자신의 이야기를 성찰하며 아이들 속에서 살아가야 길러집니다. 한 분야의 전문가가 되지 마시고 아이들을 통합적으로 이해하는 마음의 힘을 키우세요. 연수를 받을 시간에 아이들과 더 많이 만나 소통하며 아이들의 언어를, 아이들의 행동을 이해하면 더 좋을 것 같습니다."

아이들 속에서 키워지는 전문성

교사로 살아가며 나 또한 처음엔 특정한 분야의 전문성을 가지는 것이 중요하다고 생각했었다. 그래서 가장 먼저 선택했던 길이 학급운영에 대한 전문성이었다. 하지만 아이들은 학급운영만으로 나와 살아가는 존재가 아니었다. 아이들 자체가 통합적인 존재, 총합적인 존재인데 어떻게 한 분야의 전문성만으로 아이들을 대할 수 있단 말인가? 결국 모든 것이 통합된 전문성이 필요함을 알게 되었다. 아이들과 살아가며 자연스럽게 알게 된 사실이다. 아이들 속에서 자라고 성장한 전문성인 것이다. 교사는 아이들과의 생활 속에서 겪게 되는 다양한 상황들 속에서 그 순간을 교육적으로 판단하고 행동하며 성장할 수 있다. 그래서 어떤 연수보다도 아이들과 함께하는 시간이 더 소중하다. 이런 사실들을 주변 선생님들과 나누고 싶다. 그것이 우리의 진짜 전문성이고 전문성을 키우는 유일한 방법이라고.

09

교육은 다수결의 원칙이 적용되지 않는다

초등교사는 누구나 가능?

의외로 많은 사람들이 초등교사는 대학 나온 사람이라면 누구나 할 수 있는 거라고 생각하는 것 같다. 아마 전문성에 대한 오해가 있기 때문일 것이다. 내용을 잘 알면 누구나 전문적인 교사가 될 수 있다고 생각하겠지만 내용의 전문성이 문제가 아니라 대상에 대한 전문성이 없기 때문에 아이들 앞에 선 순간 바로 알게 된다. 초등교사가 대학을 나왔다고 되는 것이 아님을. 하지만 누가 알까? 겉으로 보기엔 쉬운 내용을 가지고 아이들과 노는 것처럼만 보일 뿐인데.

이러한 인식이 최근엔 중·고등으로까지 확산되는 모습이다. 예전엔 우리가 말하는 각 교과에 대한 내용적 지식을 배우기 위해 학교를 갔었는데 최근엔 유튜브 같은 온라인을 통해 얼마든지 교과 수업을 들을 수 있다. 공짜에다가 시간과 공간에 구애받지 않고서도 말이다. 현실이 이렇다 보니 교사에 대한 인식이 예전과는 다르다. 내 어린 시절 부모님은 학교에 찾아가 선생님을 만날 때 허리를 숙

여 인사했었다. 나의 부모님만 그런 것이 아니라 우리 모두의 부모님들 세대엔 그
것이 당연한 문화였다. 하지만 요즘 학교에서 누가 선생님이라고 허리를 숙여 인
사를 할까? 교사라는 직업을 가졌지만 대학을 졸업한 자신과 크게 다르지 않다
고 생각하기 시작한 것이다. 심지어 요즘 학부모들 중에는 대학원을 통해 석사와
박사까지 공부한 분들도 많다. 거기다가 최근에는 출판 쪽에서도 꾸준히 학부모
관련 도서가 출판되고 있다. 현장에서 아이들을 만나지 않을 뿐 스스로 교육과 관
련된 전문가라 생각하는 것도 무리는 아니다. 이렇다 보니 교육과 관련된 이런저
런 이해관계가 상충될 때 그 해결이 더 복잡해질 수밖에 없다.

'모든 악은 부분적인 앎의 소산'_스피노자

최근 대입 문제로 소란스럽다. 객
관적이고 선택형 문제가 많은 문항
들로 수능을 치루는 것이 모두에게
공평하다는 주장이 많다는 여론조사
가 발표되기도 했다. 학생이 학교생
활을 하는 전반적인 모습이 반영되
는 학생부종합전형(이하 학종)에 대한
인식은 교사와 학생, 학부모가 큰 차
이를 보이고 있다. 왜 이렇게 큰 차
이를 보이게 된 것일까?

혹시 대입에 대한 서로의 앎에 대한 차이가 이런 인식 차이를 만들어낸 것은 아닐까 싶다. 아무리 학생으로 살아가고 학생의 학부모로 살아가고 있다고 하더라도 10년 이상 근무한 교사보다 교육문제를 전체적인 시선으로 보기는 어렵다. 내용에 대한 이해가 교사보다 뛰어난 학생은 있을 수 있다. 하지만 그 시기의 아이들을 종합적으로 보는, 대상에 대한 이해까지 교사보다 높다고 할 순 없을 것이다. 즉 교사는 교육문제에 있어선 분명 전문가의 위치를 가지고 있고, 그렇기에 다양한 상황을 고려한 판단을 내릴 가능성이 크다. 이러한 인식 차이를 보여주는 통계가 있다.

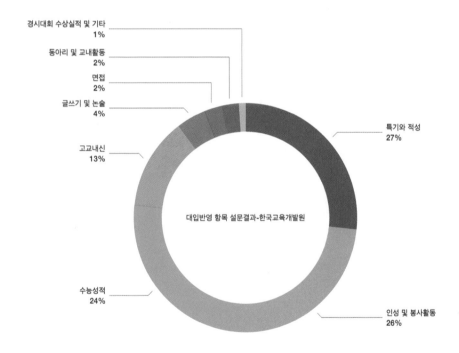

경시대회 수상실적 및 기타
1%

동아리 및 교내활동
2%

면접
2%

글쓰기 및 논술
4%

고교내신
13%

대입반영 항목 설문결과-한국교육개발원

특기와 적성
27%

수능성적
24%

인성 및 봉사활동
26%

2017년 교육여론조사, 한국교육개발원

한국교육개발원이 최근 발표한 〈교육여론조사〉 결과를 보면 대입전형에서 가장 많이 반영돼야 할 항목으로 응답자의 26.7%가 '특기·적성'을, 다음으로 인성·봉사활동(25.9%), 수능 성적(24.4%), 고교 내신성적(13.0%), 글쓰기·논술(4.3%), 면접(2.5%), 동아리 등 교내활동(2.5%), 경시대회 등 수상실적(0.5%), 기타(0.5%) 순이었다.

이 설문조사 결과를 보면 학생과 학부모를 포함한 많은 사람들이 실제로는 수능성적보다 학종과 관련된 특기와 적성, 인성 및 봉사활동 등의 내용들이 대입전형에 반영되어야 한다고 말하고 있다. 교사들이 말하는 설문 결과와 비슷하다. 이상하지 않은가? 일반 국민들을 대상으로 한 결과가 교사들의 설문 결과와 비슷하다니? 해석하자면 많은 사람들이 우리가 추구하는 교육의 길은 위의 설문 결과처럼 가야 한다고 생각한다. 생각은 그렇지만 대입은 이런 교육방향과 상관없이 오로지 공정해야만 한다는 생각에 사로잡혀 있다고 볼 수 있다. 좀 더 들어가보면 스피노자가 말한 것처럼 부분적인 앎이 올바른 판단을 흐리게 하고 있다고도 할 수 있다. 대입전형을 어떻게 하느냐에 따라 우리나라 교육 전반에 미치는 영향이 어느 정도인지까지 생각하지 못할 수 있다는 말이다. 가장 공정하다 생각하는 수능에 올인하면 우리가 교육에서 추구해야 한다고 말하는 교육은 물 건너간다. 내용에 대한 전문성과 대상에 대한 전문성을 다 갖춘 교사집단의 전문성이 분명히 존재하고, 그러한 전문성이 존중받아야 한다는 의미이기도 하다. 그런데 우리 사회에서 여전히 교사는 전문가로서의 이미지를 가진 것은 아닌 것 같다.

다수결의 원칙이 적용되면 안 되는 것?

세상이 인터넷이라는 공간을 가지게 된 이후 수많은 정보들이 세상에 뿌려져 있다. 예전엔 특정한 학교나 학과에 입학해야 배울 수 있었던 내용도 조금만 인터넷 검색을 해보면 친절하게 설명까지 해주는 영상을 찾는 것이 어렵지 않다. 하나의 예로 우리 몸에 이상이 생겼다고 해보자. 당연히 몸이 아프면 병원에 가야 한다. 그런데 내 몸을 치유할 수 있는 방법이 있는지 먼저 인터넷 검색을 이용해 치료해보려는 시도를 할 수 있다. 그래서 어떤 사람은 실제로 치료 효과를 보기도 했다고 가정하자. 그런 사람들이 모여서 어떤 질병에 대해 자신이 경험한 치료법을 이야기하며 질병에 대처하는 상황을 상상해보자. 어떤가? 당신은 그곳에서 당신의 질병을 치료할 것인가? 아니면 병원에 가서 의사선생님을 만날 것인가? 아마 많은 사람들은 의사를 만나서 질병을 치료하길 원하지 싶다. 최소한 난 그러고 싶다. 그렇다면 왜 많은 사람들의 의견을 듣기보단 의사 한 명의 의견을 따르고 싶어 하는 것일까? 다수결의 의견이 더 좋은 것 아니었나?

여기서 의문을 가지게 된다. 우리가 말하는 다수결의 원리, 다수결이 결정한 사항은 옳은 것이라는 논리에 대해 생각하게 되는 것이다. 이 세상 모든 것을 다수결로 이야기할 순 없다. 어떤 것은 그 분야의 전문가 한 사람의 의견을 따르는 것이 옳을 수 있다. 만약 전문가들이 집단으로 모여 공동사고를 하고 다수결로 결정한다면 이보다 더 좋은 것은 없을 것이다. 최근 집단지능 혹은 집단지성이라는 말로 공동체적 사고의 중요성이 강조되고 있다. 하지만 세상 모든 일에 집단적 결정이 적용되는 것은 아니다. 교육의 문제 또한 다수결의 원칙 이전에 전문가인 교사들의 의견을 더 경청하고 존중하는 사회가 되어야 한다. 난 그런 사회가 되기를 바란다.

10

'학교장 직강'을 반대한다

수업하는 교장?

'교장수업' 놓고 경기교육감과 교원단체 연일 공방전

2014년 12월, 경기도교육청에서 '수업하는 교장'에 대한 이야기가 나왔다. 당시 자료를 보면 이런 이야기를 했다고 한다.

"이 교육감은 최근 제도화 방침을 밝힌 이후에도 '초등은 일반적인 교과를, 중등은 전공과목 분야를 수업하거나 인성교육 등 학생들에게 필요한 특별한 강의를 한 주에 3시간에서 6시간 정도 하면 교사들을 격려한다는 상징성과 학생들과의 교감을 가지는 계기가 될 것'이라고 말했다."

이 보도를 처음 접했을 때 꽤 당혹스러웠다. 더 당혹스러웠던 것은 많은 사람들이 이러한 의견에 찬성하는 모습이었다. 이제까지의 교장 문화에 대한 반발심이 많은 것 같았다. 하지만 난 씁쓸했다. 이 논의의 핵심엔 교사의 가르치는 행위, 즉 교사의 전문성에 대한 고려가 전혀 느껴지지 않았기 때문이다.

'초등은 일반적인 교과를, 한 주에 3시간에서 6시간 정도 하면'

초등에서 일반적인 교과가 무엇일까? 국어, 수학, 사회, 과학 등을 말하는 것인가? 이 말은 초등에서 가르치는 내용은 누구나 쉽게 가르칠 수 있다는 이야기로 들린다. 내용에 대한 이해는 대학을 나온 사람 정도면 충분할 테니 뭐가 문제냐는 것이다. 물론 교장이라면 예전에 교사였을 테니 더 문제가 없다는 논리도 있을 테고. 하지만 교사의 전문성이 내용에 대한 전문성만을 말하는 것이 아니라 대상에 대한 전문성, 그리고 그 외에도 다양한 부분에 대한 전문성이 포함되어야 아이들 앞에서 설 수 있다고 생각했다면 이런 이야기는 하지 못할 것 같다. 교육에 지대한 영향력을 행사하는 교육청의 보도라고 보기엔 너무나 처참한 수준이었다. 하도 황당해서 이곳저곳 내용들을 찾아보았다. 혹시라도 내가 오해하고 있는 부분이 있을까 싶어서. 그러다 온라인 팟캐스트에서 진행된 관련 내용을 들으며 다시 절망할 수밖에 없었다.

여러 가지 내용들이 있었지만 그중에서도 가장 문제라 느꼈던 부분은 아이들에 대한 이해가 많이 부족하다는 점이었다. 심지어 학교 수업에 대해 큰 의미를 두지 않는 모습도 보였다. 수업시간에 배운 것보다 땡땡이치며 더 많은 것을 배웠다는 이야길 한다. 그러니 교장이 아이들에게 삶에 대한 이야기를 하면 되지 않느냐는 식이다. 백 번 양보해서 학교장이 아이들 앞에서 인생의 이야기를 한다고 해 보자. 그런데 어떤 아이들이 아무런 사전 교감도 없고 평소 자신들과 함께 생활하지도 않는 학교장의 이야기에 귀를 기울일까? 아이들은 잠깐 호기심에 눈을 빛낼 순 있어도 금방 관심 없는 태도를 보일 것이다. 아이들의 세계를 이해하고 아이들과 소통하는 교사가 이야길 해도 듣는 것에 익숙하지 않아 몸을 꼬는 아이들이다. 갑자기 학교장이 그런 이야길 한다고 들을 아이들이 아니다. 더 큰 문제는 학교장이 능력이 뛰어나서 아이들과 계속 교감하고 아이들 수업을 진행하는 경우일 수도 있다. 많은 학교들이 새로운 학교장 상을 세운다고 말하며 시도하는 것 중 하나가 교장실을 개방해서 아이들이 자유롭게 교장 선생님과 소통하도록 하는 것이다. 그런데 문제는 교장 선생님과의 친분이 강해질수록 자신의 담임교사와의 친분은 약해질 수 있다는 점이다.

학교장은 교사들 등 뒤에서 아이들과 만나는 존재

학교장의 역할은 기본적으로 교사들을 지원하는 것이다. 물론 교사들을 지원하다 보면 아이들과 만나서 해야 할 일들도 있다. 하지만 학교장이 전면에 나서면 결국 모든 이야기는 학교장에게로만 흐르게 된다. 기본적으로 각 교사들이 자신이 맡은 아이들과 소통해야 함에도 어떤 문제가 생기든 학교장과 이야기하려 한다면 어떻게 될까? 잠시 동안은 교사의 역할을 학교장이 대신하니 편하다고 느낄지 모르지만 결국은 교사 자신의 역할이 줄어들어 공허함을 느끼게 될 것이다.

학교장은 철저히 교사들 뒤에서 아이들을 만나야 한다. 교사와 함께 지내며 자연스레 학교장을 덤으로 만나야 한다. 그래야 아이들은 자신들의 일상적인 문제들을 교사와 해결하려고 한다. 그것이 학교장의 보이지 않는 손이라 생각한다. 그리고 그랬을 때 교사들 또한 아이들 속에서 자신의 정체성을 잃지 않는다. 그래서 오히려 훌륭한 교사였던 분이 학교장이 되었을 때 이런 딜레마에 빠지지 않을지 걱정스럽기도 하다.

대학생과 초등생의 차이

학교장이 수업을 해야 한다는 주요 이유 중 하나가 일반적인 대학교에서도 그렇게 한다는 것이었다. 언제까지 대학교를 수장으로 그 밑으로 고등학교, 중학교, 초등학교, 유치원이라는 줄을 세우는 말도 안 되는 생각 속에서 살아갈 것인가? 대학교에서 할 수 있으니 초등학교도 문제없다? 교육청의 정책들도 사실 대부분이 고등학교에 맞춰 실시되고 그것을 약간 변형해서 중학교와 초등학교에 적용하는 식이다. 이런 식이면 초등학생이나 중학생, 그리고 고등학생에 대한 구별은 의미가 없다. 그저 학생일 뿐이다. 그런데 과연 그럴까?

초등교사들의 여러 가지 어려움 중 하나는 학년을 넘나드는 것에 대한 것이다. 작년엔 초등학교 1학년 학생들을 만나서 지내다가 올해 6학년 학생들을 만났을 때 느끼는 당혹감은 경험해보지 못한 사람은 상상할 수 없다. 일단 사용하는 말의 수준과 행동패턴, 심지어 표정까지 모든 것을 바꿔야 한다. 왜냐고? 아이들이 완전히 다른 존재니까 그렇다.

내가 대학생 때 가끔 교수님들의 개인적, 공적인 일들로 인해 휴강하거나 대체 강사가 수업하는 경우가 있었다. 하지만 그것이 내게 어려움이 되진 않았다.

이미 난 스스로 생각하고 판단하며 연구할 수 있는 상태의 학생이었으니까. 대학생 정도의 나이가 되면 한 해 두 해 정도의 나이 차이는 중요하지 않다. 30살의 대학생과 20살의 대학생의 학습능력은 나이 때문에 발생하지 않는다. 하지만 아직 초등학생에게 그러한 능력들을 기대하기엔 이르다. 나이가 어릴수록 한 해 두 해의 차이는 어마어마하다. 6학년에서 수업시간마다 문제를 못 풀어 풀죽어 있는 아이를 1학년 교실에서 수업을 받게 하면 어떨까? 어릴수록 시간과 성장의 격차는 크다.

그래서 초등학생에겐 단 한 시간의 수업이라도 그 속에 감정의 교류가 충분치 못하다면 문제가 발생할 수 있다. 이때의 아이들은 어느 때보다도 감정적이기 때문이다. 그래서 교사는 자신이 맡은 아이들에게 더 맞추어 생각하고 행동해야 한다. 그래서 교사는 자신의 모습을 바꿀 수도 있어야 한다. 1학년 교사라면 1학년의 모습으로, 6학년 교사라면 6학년의 모습을 가져야 한다. 그래서 아이들이 보기에 자신들과 비슷해 보이는 덩치 큰 학생이 배우는 모습을 보며 몸으로 익혀야 한다.

가장 잘 배울 때

아이들이 가장 잘 배울 때는 누군가를 닮아갈 때이다. 교사가 가장 바람직한 6학년의 모습으로 배우는 모습을 보일 때 아이들은 자연스레 닮아간다. 그런데 이런 모습이 대학교에서 대학생들을 대상으로 하는 교수님들의 모습은 아니지 않을까? 고등학생들과 이런 모습으로 만나는 것이 초등학생 때만큼 중요할까? 결국 대상에 대한 이해의 깊이가 다른 것에서 생기는 오해이자 무지의 소산이 교장도 수업하라는 이야기라고 생각한다. 누군가의 말처럼 사교육의 등급처럼 학생의 나이와는 상관없이 그 내용을 잘 알고 있다면 그다음 단계로 올라가는 것을 교육이라 생각하는 것은 아닌지 의심스럽다. 그런 학원에서 가장 권위 있고 훌륭한 강의는? 바로 '원장직강'일 테니까. 학교는 단연코 학원이 아니다. 교육은 내용에 대한 이해만으로 이루어지지 않는다. 그래서 나는 '학교장 직강'을 반대한다.

11

교육은 성과인가? 성장인가?

전설적인 명의, 편작

중국에서 내려오는 전설적 명의 편작에 대해 들어본 적 있는가? 중국 위나라에 '편작'이라는 명의가 살고 있었고 편작을 만난 위나라 임금이 이런 말을 했다고 한다.

때 고대 중국

곳 위나라

위나라 임금이 불려간 명의 편작에게 다가와 묻는다.

임금 그대는 삼형제 중 막내라고 들었네.

편작 네, 맞습니다. 위로 두 명의 형님이 계십니다. 그리고 둘 다 저와 같은 의사입니다.

임금   (고개를 끄덕이며) 그 이야긴 나도 들었다네. 두 형님도 의사이니 하나만 묻겠네. 삼 형제 중 가장 의술이 뛰어난 사람은 누구인가? 세상 사람들 말로는 막내인 자네 편작이 최고 명의라고 하던데?

편작   아닙니다. 세상 사람들은 제가 명의라 알고 있지만 사실 가장 뛰어난 명의는 저의 큰형님이십니다.

임금   (놀라는 표정으로) 아니, 큰형님이 가장 뛰어난 명의라고 했나? 이유는 무엇인가?

편작   사람들은 제가 병이 깊은 환자를 치료해서 낫게 하니 명의라고 하지만 사실 둘째 형은 환자의 병이 미미한 상태에서 병을 알아차리고 치료해서 큰 병이 든 환자를 치료할 일이 없을 뿐입니다. 그리고 첫째 형은 상대방의 얼굴만 보고도 병을 알아차리고 병의 원인이 될 만한 것들을 예방해주니, 환자 입장에선 첫째 형님이 자신의 병을 미리 막아주었다는 것을 알지 못하기 때문입니다.

임금   (더 크게 놀라며) 과연 그러하겠구나.

이 이야기를 처음 접했을 때 들었던 생각은 이랬다.

'전국의 수많은 교사들 중 편작의 큰형님 같은 분들이 얼마나 많을까? 그분들을 만나고 싶다!'

이 생각을 실천한 것이 2014년 교사 연구년을 신청한 계기가 되었다. 연구취지에 공감한 전국의 많은 선생님들께서 자신의 교실을 열어주어 아이들 속에서 행복한 선생님의 삶과 배움이 하나 되는 모습을 볼 수 있었다. 그리고 함께 지켜봐주고 그것을 영상으로 만들어 방영해주신 고마운 분들도 있었다. 방송엔 나오지 않았지만 아이들과 의미 있게 살아가는 많은 선생님들이 계심을 내 눈으로 직접 확인한 것이다. 어쩌면 그분들 한 명 한 명이 편작의 큰형님과 같은 분들이 아닐까? 세상 사람들에게 알려진 유명한 사람은 아니지만 세상 곳곳에서 자신의 역할을 조용히 하고 계셨다.

"아기 돌본 공(功)과 시댁에 잘한 공(功)은 없어."

아내가 어느 날 툭 던진 말이다. 그런데 이 말이 참 중요하고도 엄중하다는 생각이 들었다. '功'이란 힘들여서(力) 만들어(工)낸 것을 말하는 한자다. 집에서 열심히 육아에 힘쓴 아내의 노력으로 소중한 생명이 보호받고 자라났으며, 결혼 후 시댁에 최선을 다하는 며느리의 노력이 있었기에 한 가정이 평화로울 수 있다. 하지만 우리는 너무 쉽게 이러한 것들이 당연히 해야 할 일인 것처럼 여기고 여자라는 이유로 받아들여야만 한다고 이야기한다. 과연 그럴까? 당연한 것은 없다. 묵묵히 그리고 열심히 최선을 다하는 누군가 있으니 당연한 것처럼 보일 뿐이다. 그리고 그 누구도 이러한 당연함을 그저 넘겨선 안 된다. 교사라는 직업도 그렇다. 세상에 굳이 알려야 할 일도 아니고 세상에서 하나하나의 일마다 인정받아야 하는 일도 아닌 일, 당연한 듯 보이지만 반드시 해야 할 일에 최선을 다하는 사람들이 교사다. 이런 마음으로 살아가고 있는 수많은 교사들에게 어느 날 '당신의 성과는 무엇인가요?'를 물어보기 시작했다. 과연 교사의 성과는 무엇인가?

교육은 성과인가 성장인가?

'교육공무원 성과 상여금'

국민의 정부 시절(김대중 대통령 시절) 개혁과제로 선정되어 2001년부터 시작된 제도다. 교사의 교육행위에 대한 책무성을 높이고 경쟁력 있는 교육활동을 유도하기 위해 도입한 제도다. 능력 있는 교사에게 더 많은 혜택을 주어 교사를 행복하게 하고자 한다는 논리도 그 속에 들어있다. 그런데 이 제도가 제대로 시행되지 않는다는 현장의 목소리가 높다. 대부분의 교사들이 반대한다. 왜 그럴까? 많은 이유가 있겠지만 무엇보다 교사의 교육행위를 점수화한다는 발상 자체가 오류다. 우리에게 교육이란 것이 어떤 성과를 내기 위한 행위였나? 교육에서의 성과란 과연 무엇인가? 설마 아이들의 성적이 높으면 높은 성과를 낸 것인가? 좋은 대학을 많이 보내면 성과가 높은 것인가? 학생들이 결석하지 않으면 좋은 성과인가? 교사가 자신의 부족한 부분을 채우기 위해 연수를 많이 받으면 그것이 교사의 높은 직무성과인가? 사실 어떤 부분에 대한 답이라 하더라도 입장에 따라 달라질 수 있고, 성과라고 하는 것 자체에 대해 명확하게 규정지을 수 없다. 일정 부분 규정지을 수 있는 부분이 있다 하더라도 그것은 교사의 다양한 교육활동 중 극히 일부분일 뿐이다. 하지만 이런 현장의 목소리는 외면한 채 교육의 경쟁력 강화를 위해 현재까지도 성과급은 유지되고 있다. 그러면서 다른 나라도 하고 있다고 이야기한다. 과연 그럴까?

다른 나라의 성과급 사례와 최근 결과 연구

1980년대부터 미국은 교원 성과급제를 적용하고 있고, 일본도 도쿄 교육위원회에서 도입을 시작하여 2000년부터 전 교육공무원으로 확대되었다. 영국의 경우도 1980년대부터 논의되어 1998년에 본격적으로 제안되었다. 스웨덴과 핀란드로 대표되는 북유럽의 나라들에도 성과급제도가 있긴 하지만 우리처럼 개인의 평가와 급여의 연동이 아니라 학교를 중심으로 한 평가를 진행한다. 〈국가별 교원성과급 정책의 비교분석〉(정승환, 교육학석사논문, 서울대학교 대학원, 2015)에 따르면 성과급제도가 전 세계적인 제도이고 각 나라마다 상황에 따라 다르게 적용되고 있으며, 유교 문화권의 특성이 현재 우리나라 같은 교원집단에서의 반발 원인 중 하나라고 이야기한다. 그러면서 수평적 인간관계가 조성되어 개인의 자유와 능력에 맞는 보상을 우선시하는 영미문화권에서는 성과급 정책이 교원을 평가하는 적절한 기제로 작용할 수 있다고 이야기한다. 이러한 성과급 정책이 지향하는 효과로 유인가 효과(incentive effect)와 쏠림 효과(sorting effect)를 제시하고 있다. 유인가 효과는 보상 격차를 크게 함으로써 교원들의 근무 노력을 불러일으킬 수 있다는 것이고, 쏠림 효과는 보상격차를 크게 함으로써 우수한 재원들이 학교로 오게 한다는 것이다. 하지만 정책 취지는 그러했을지 몰라도 현장에선 유인가 효과와 쏠림 효과가 나타나고 있지 않다고 생각한다. 더불어 영미권의 문화적 특징 때문에 성과급제도가 적절한 기제로 작동하고 있다는 이야기도 최근 기사를 보면 그렇지 않음을 알 수 있다.

School news   FE news   Subject genius   New Teachers   Leadership   The Ledger   Magazine   Back issues   Mem

Performance-related pay is 'ineffective in schools', study finds

Academics warn that linking pay to performance will not improve school standards or teacher retention

By John Roberts
04 April 2018

Share this

Performance-related pay will not be effective in schools in the same way it is in other areas of the economy, according to a new study.

"Performance-related pay will not be effective in schools in the same way it is in other areas of the economy, according to a new study."

새로운 연구결과에 따르면, 경제 분야와 같은 곳에서 사용하는 것과 동일한 방법으로 학교에서 성과급제도를 사용하는 경우 효과적인 결과를 보지 못할 것이다.

_〈Times Education Supplement〉, 2018.04.04. 기사

1910년 영국에서 교사를 대상으로 한 간행물로 시작한 단체인 TES에서 최근 발표한 연구자료다. 이 보고서에 따르면 성과급제도가 경제 분야 등 다른 곳에서는 직무수행을 향상시키는 것이 확실하지만 학교에선 비효과적이라는 결론이다. 오히려 학교에서는 전문성을 제공할 수 있는 연수를 집중적으로 제공하는 것이 더 효과적이라는 결과를 발표했다. 이 연구 결과를 보면 성과급 문제가 동서양을 막론하고 교육적으로 효과적이지 않다는 것을 알 수 있다. 교육을 경제적 관점으로 접근하는 것 자체가 오류다!

교육은 성과가 아닌 성장이 목표다!

교육은 성과가 목표가 아니라 아이들이 성장하는 것에 대한 지원이며 함께하는 행위다. 어떤 경우엔 로봇처럼 반복적인 말과 행동을 끊임없이 해야 하기도 하고, 또 어떤 경우엔 아이들 속에서 함께 뒹굴기도 해야 하는 것이 교육이다. 우리 역사가 만들어 놓은 인류의 정신을 같이 공유하고 음미하며 같이 고민하는 행위다. 이런 교육행위에 어떻게 점수를 매길 수 있을까? 입시학원 학원강사들에겐 점수에 따라 성과상여금을 줄 수 있을 것 같다. 입시학원의 주요 성과는 입시에 성공하는가 아닌가라는 확실한 기준이 있다. 당연히 몇 명의 아이들이 입시에 성공했느냐를 가지고 성과를 논할 수 있다. 하지만 입시에 성공한 행위가 교육의 성과라고 할 수는 없다. 교육행위의 성과는 그 아이의 삶 전체에 골고루 나타날 것이고 언제, 누구 때문에, 어떤 교육행위 때문에 나타났다고 딱 잘라서 말할 수 없으니까. 너무 막연한가? 하지만 교육이 그렇다. 대상화하고 표준화하고 싶어도 그러지 못하는 부분이 엄연히 존재하는 것이 교육인 것이다. 그래서 묵묵히 자신의 자리를 지키며 자신이 해야 할 일에 집중하는 많은 교사들이 성과급 조건에 맞지 않아 낮은 등급을 받아야 하는 일들이 벌어지게 된다. 아이들의 성장을 위해 최선을 다한 교사가 눈에 보이는 성과가 없다는 이유로 소외되는 것이 현실이다. 이러한 현상을 현장에서 지켜보는 많은 교사들이 성과상여금에 반대하는 것이다. 이런 반대의 목소리를 모를 리 없는 행정가들은 다양한 이유를 대며 성과급이 있어야 한다고 말한다. 성과급이 있어야 경쟁력이 높아진다고 말한다. 하지만 그분들도 알고 있을 것이다. 성과급을 통해 경쟁력이 키워지지 않음을. 이런 제도가 사람의 삶에 좋은 영향을 주는 것에 한계가 있음을 깨달아야 할 것이다.

'사람은 제도로만 살아가는 존재가 아니기에 사람이다.'

그 교사로 산다는 것

그 교사로 산다는 것

"저는 중학생입니다. 제 주변에는 정말 아무 생각 없이 학교에 다니는 사람이 많습니다. 아, 물론 학생만은 아닙니다. 선생님도 포함됩니다. 세상 어떤 선생님이 아무 생각도 없이 학교를 다니겠냐고 하는 분도 있을 텐데 제가 느낀 바로는 정말 많습니다. 학교에 나와 아무 생각 없이 진도를 나가고 아무 생각 없이 퇴근하는 그런 분들 말입니다. 초등학교와 중학교 생활을 하면서 다른 선생님들과 다르다고 느낀 분은 한 분밖에 없었습니다. 지금부터 그 한 분에 대한 이야기를 하려고 합니다.

초등학교 6학년 때 그 선생님을 처음 만났습니다. 지금도 그 선생님과의 첫날이 생생합니다. 수업 시작종이 치면 다른 선생님들은 교실에 들어와 '불을 켜고' 칠판에 선생님의 이름을 쓴 후 자기소개를 한 다음 잘 지내보자는 형식적인 인사를 합니다. 그런데 그날은 좀 많이 달랐습니다. 교실에 새로운 선생님이 들어오니 당연히 약간은 긴장하고 있었습니다. 아마 친구들도 마찬가지였을 것입니다. 그런데 그 선생님은 '불도 켜지 않고' 자기소개도 하지 않고 형식적인 인사도 하지 않고 말 한 마디 없이 교탁도 아닌, 우리와 똑같은 학생의자에 앉아 우리를 (아주 인자한 미소를 지으며) 쳐다보기만 하셨습니다. 당연히 당황했고 그 어두운 교실에 숨 막히는 정적이 2~3분쯤 지났을 때 아이들의 웅성거림이 시작되었습니다.

'어떻게 해야 하지? 우리가 뭘 해야 하지?'

그렇게 10분이 넘도록 웅성거리고 있을 때 한 친구가 자리에서 일어나 교실 앞쪽으로 나가 교실 불을 켰습니다. 그제야 그 선생님은 입을 열고 이야기를 시작하셨습니다. 그때는 잘 몰랐지만 지금 생각해보면 선생님과의 1년을 시작하기 전에 아이들의 뇌를 살짝 깨워주려고 한 것 같습니다. 제 예상대로 그 1년은 아주아주 아~주 힘들었습니다. 그런데 힘듦이 10이었다면 얻은 것은 100 아니 그 이상인 것 같습니다. 그땐 무슨 의미인지 잘 몰랐던 것들도 지금 생각해보면 '아! 그런 거였구나!' 하고 깨닫는 것들이 많으니까요.

그 선생님은 개인적으로도 아주 특별합니다. 사실 저는 집안형편이 어렵고 다른 아이들보다 할 수 있는 것들이 적습니다. 그래서 혼자 스트레스도 많이 받았습니다. 그럴 때 선생님께선 '잘될 거야'라는 형식적인 위로가 아니라 본인의 경험담과 함께 현실적인 조언을 해주셨고 그다음부터 지금까지도 전 그 선생님을 누구보다 믿고 의지하고 있습니다. 가끔은 그 선생님이 안 계셨다면 어떻게 살았을까 하는 생각이 들기도 합니다.

그 선생님은 항상 아이들을 진심으로 존중해주고 한 명 한 명 신경 써줍니다. 아이들의 이야기를 온몸으로 들어주고 또 믿어줍니다. 그게 눈에 보일 정도로 말이죠. 근무 시간이 아닐 때도 따로 시간을 내 아이들과 놀러가고 주말에도 생태활동을 하는 모습이 정말 대단해 보입니다. 그렇다고 꼭 그 선생님이 담임이어야 하는 것도 아닙니다. 제 친구만 봐도 그렇습니다. 그 친구의 담임 선생님은 다른 분인데도 그 선생님에게 배웠고 또 의지했습니다.

흔히 '비행 청소년'이라고 불리는 친구들이 있습니다. 변하고 싶어도 변화를 도와주는 사람도 없고 어떻게 변해야 하는지도 모르기 때문에 그대로 살아가는 거라는 생각이 들 때가 있습니다. 전 그 변화를 도와주고 어떻게 해야 할지 알려주는 사람이 '선생님'이어야 한다고 생각합니다. 요즘 애들은 싸가지가 없다고, 요즘 애들은 말을 안 듣는다고 욕하기 전에 과연 아이들이 진정한 교육을 받았는지, 주변에 진심으로 도와주려는 선생님이 없는 것은 아닌지 생각해보면 좋겠습니다."

마지막 편지를 써봅니다

교사이기에 아이들의 이야기를 많이 듣습니다. 아이들의 이야기엔 중요한 진실이 담겨 있는 경우가 많습니다. 물론 표현이 서툴고 진짜 중요한 것이 무엇인지도 모른 채 이야기하는 경우도 많습니다. 그래서 어른인 교사가 그 이야기 속 보물을 찾아줘야 합니다. 그 보물을 발견했을 때 아이는 펄쩍펄쩍 하늘을 날듯이 좋아합니다. 그것을 함께하며 기뻐할 수 있는 사람이 교사입니다.

그래서 교사는 아이들 때문에 살아갑니다. 아이들이 있기에 교사가 있습니다. 너무나 당연한 이야기입니다. 아이들이 배우고 있고 배워야 하기 때문에 교사가 있는 것입니다. 문제는 아이들 때문에 존재하는 교사라고 말하면서 실제로는 아이들로부터 너무 멀리 있다는 것입니다. 아이들은 소리쳐서 요구합니다. 진정한 교사는 어디 있는 거냐고.

위 제자의 편지를 보며 바로 내가 '그 교사'인지 생각해봅시다. 만약 내가 그 교사가 아니라면 어떤 부분 때문인지 생각해봅시다. 그리고 그 교사가 되는 것이 나에게 어떤 의미가 있는지 생각해봅시다. 혹시라도 지금까지 내가 만난 아이들에게 깨달음의 순간을 주지 못했다면 지금부터라도 시도해봅시다. 혹시라도 지금까지 내가 만난 아이들에게 형식적인 위로만 하고 있었다면 바꿔봅시다. 혹시라도 지금까지 내가 만난 아이들에게 현실적인 조언과 자신의 경험을 담아 이야기 하지 못했다면 이제부터라도 해봅시다. 혹시라도 지금까지 내가 만난 아이들을 진심을 다해 존중하지 못했고, 아이들의 이야기를 온몸으로 들어주지 못했다면 지금부터라도 해봅시다. 혹시라도 지금까지 내가 만난 아이들 중에 비행청소년이 있다면 어떻게 해야 변할 수 있는지 알려주고 도와줍시다. 교사로 살아간다는 것은 그런 것이 아닐까요?

'교사의 탄생' 이야기는 아이들의 편지에서 시작되었습니다. 그래서 아이들에게 교사란 무엇인지 알려주고 싶었습니다. 그리고 교사들도 나름 고민이 있고 열심히 살아가고 있음을 들려주고 싶었습니다. 동시에 우리 함께 아이들이 원하는 '그 교사'가 되어보자고 말하고 싶었습니다. 네, 맞습니다. 아이들 속에서 살아가는 그 교사로서의 삶은 힘듭니다. 하지만 아이들 속에서 살아가기에 사랑 충만한 인생과 조우하며 살아가는 삶이기도 합니다. 아이들 속 보물을 함께 발견하며 살 수 있다면 이보다 기쁘고 행복한 직업은 없을 것입니다. 행복한 교사로 살아가기를 바랍니다. 그리고 우리 모두 행복한 교사가 될 수 있습니다. 고맙습니다.

교사는 아이들과 함께 성장한다!!!

경원쌤은 공부가 전부가 아니라 마음을 키워주는 인성교육 같은 진짜 교육을 해주신 쌤이었습니다. 성적과 등수가 다였던 학교에서 진짜 행복과 중요함을 깨닫게 해주셨어요. 그때 처음으로 진짜 배움과 성장에 대해 생각하게 된 것 같습니다.

친구들과 많은 활동을 했기 때문에 좋은 추억이 많습니다. 그래서인지 당시 같은 반이였던 6학년 3반 아이들은 중3이 된 지금까지도 같이 만나고 있고, 지금도 6학년 때 얘기를 합니다. 사실 교과서 대신 스케치북을, 대회나 경쟁 대신 모둠활동으로 수업을 진행하는 경원쌤의 교육방식은 처음엔 당황스럽기도 했습니다. 그러나 시간이 지나면서 내가 지금까지 배웠던 게 전부가 아니구나 하고 느끼게 되었습니다.

가장 신기하고 인상 깊었던 점은 수업이 교과서 중심이 아니었다는 것입니다. 교과서 수업도 있긴 있었지만 앉아서 수업을 듣고 문제를 풀기보다는 대부분 직접 실험해보고 직접 생각해보고 직접 그려보고 했던 활동들이 많았습니다. 교과서 없이 공부가 될까 했는데, 직접 공식들이 왜 그런지 생각해보고 고민해보고 하며 교과서에 없는 것들을 배우던 과정들이 정말 소중하고 값진 경험이었다는 걸 나중에 느끼게 되었습니다.

저도 경원쌤처럼 교과서에 나오지 않는 것들까지 가르치는 교사가 되고 싶다는 꿈을 갖게 되었습니다. 선생님은 늘 학생들에게 진정한 배움을 찾게 해주고자 하셨습니다. 선생님이 저희에게 베풀어주셨던 은혜는 아직도 잊지 못하고 있습니다. 저도 꼭 선생님처럼 좋은 선생님이 되어 찾아뵙겠습니다!

쌤, 항상 고맙습니다. 사랑합니다♡

| 2015년 제자, 박시헌

이경원 선생님과 초등학교 6학년 생활을 하면서 배웠던 수업 내용들은 절대 잊히지 않는다. 그렇게나 어려웠던 과학의 천체 부분과 사회의 지역에 따른 기후 변화도 직접 그림으로 그려보고 친구들에게 다시 설명하는 과정을 거치니 이해가 되었다. 아무리 시간이 오래 지나도 생생하게 기억날 정도다.

선생님께서는 학습뿐만 아니라 인성 부분에서도 큰 도움을 주셨다. 5학년 때 사춘기가 시작된 탓인지 6학년이 되어서도 친한 친구 하나 없이 말 그대로 대충대충 학교를 다녔다. 선생님은 거의 굳어진, 나의 자기중심적이고 공격적인 성격을 고칠 수 있도록 도와주셨다. 특히 사이가 매우 좋지 않던 친구와 화해할 수 있는 계기를 만들어준 것이 가장 기억에 남는다. 선생님께서는 우리가 조금이라도 적대감을 누그러뜨리고 호전적이지 않은 태도로 서로를 대할 때면 굉장히 칭찬하면서 화기애애한 분위기를 만드셨고, 결국 나는 그 친구와 아주 친한 사이가될 수 있었다. 뿐만 아니라 평소 사람들에게 다가가는 법을 몰랐던 내게 사회성을 길러주셔서내가 같은 반의 모든 아이들과 고루 친하게 지낼 수 있도록 도와주셨다. 지금 다른 친구들에게부담 없이 다가서고 진심으로 마음을 열고 사람들을 대할 수 있게 된 것도 선생님 덕분일 것이다.

이경원 선생님은 언제까지고 내가 최고로 존경하는 사람이자 내 평생의 멘토로 남을 것이다.

| 2015년 제자, 박지우

다양성을 사랑하게 해준 선생님이셔서 그 덕에 지금의 제가 나와 다름을 사랑할 수 있게되었다고 생각해요. 서로를 존중하고 나를 존중하는 법도 많이 배워서 선생님께 배우는 동안아주 행복했던 기억이 많아요.

| 2013년 제자, 노민욱

지금으로부터 8년 전인 초등학교 6학년 때 이경원 선생님을 처음 알게 되었습니다. 선생님을 만난 후 저의 생각과 가치관이 많이 변화했던 거 같아요.

많은 가르침과 함께 잊지 못할 좋은 추억들도 너무 많습니다. 단언컨대 제 인생 중 최고의 선생님이고 교육자라고 생각합니다.

예전처럼 자주는 뵙지 못하지만 시간이 지나도 이경원 선생님과 함께한 시간과 추억들은 아직도 제 마음속에 고스란히 남아있어요. 여러분들도 이경원 선생님의 책을 본다면 아마 저처럼 많은 것들이 마음속에 남게 될 거라고 생각합니다!

| 2011년 제자, 배우 정유안

초등학교 6학년을 지난 지 오래되었는데 아직도 6학년 때 생활이 기억나는 게 신기하네요. 학년 들어와서 가장 충격적이었던 일은 교과서를 사용하지 않고 주제중심 교육을 하는 것이었습니다. 지금이야 '그게 주제중심 교육이었구나' 하지만 그때는 그저 교과서가 아닌 수업이라는 것 자체로 재미있었지요. 마인드맵을 그리면서 관련 주제들끼리 연결하고 심지어 내용이 많았음에도 불구하고 1개월이 지나면 계획했던 모든 활동을 끝냈다는 게 뿌듯했었습니다.

선생님께서는 항상 들어주는 것이 중요하고 잘하는 것보다 최선을 다하는 것이 중요하다고 말씀해주셨는데, 이 말이 머릿속에 남아서 중·고등학교 생활에 많은 도움이 되었습니다. 또 발표권이 따로 없이 마음껏 자기 생각을 말하게 하는 수업방식 역시 발표는 정답을 말하는 것이라는 고정관념을 깨줘서 알게 모르게 자신감을 높여주었습니다. 그 후 발표한다는 것에 대한 두려움이 없어졌습니다.

솔직히 말하면 6학년 졸업이 얼마 남지 않자 '지금까지 시험도 보지 않고 교과서도 보지 않던 내가 중학교에서 과연 잘 생활하고 시험도 잘 치를 수 있을까?'라는 걱정이 들었던 게 사실입니다. 그러나 막상 중학교에 입학하니 발표에도 열심히 참여하고, 공부도 다른 초등학교에서 온 친구들에게 전혀 뒤처지지 않았습니다. 신기하게도 선생님과 함께 공부한 아이들이 오히려 훨씬 공부도 잘하고 적응도 빨랐습니다.

선생님은 항상 공부보다 인품을 더 중요시했는데 덕분에 제 인품도 성장했는지 중학교에도 성실히 학교생활을 했고, 전교회장까지 하게 되었습니다. 선생님과의 경험이 없었다면 용기를 내어 저만의 개성을 펼치지 못했을 수도 있었겠다는 생각이 듭니다. 초등학교 때 쓴 주제 노트를 생각날 때마다 펼쳐 보는데 공부 내용도 있지만 그때그때 교훈이 되었던 말들과 활동 들이 모두 적혀 있기 때문에 힘들 때마다 많은 도움이 되었습니다. 지금 고2인데도 선생님은 여전히 방학 때마다 만나주십니다. 선생님이 가르치고 계시는 반 아이들을 보면 지금도 6학년 이 그리워집니다. 선생님, 너무 감사합니다!

| 2013년 제자, 최수민

자신이 알고 있는 대로, 또 자신이 원하는 대로 아이들을 가르치는 참된 선생님이십니다. 권위적인 교사가 아니라 한 명의 친구처럼 다가와 진정한 배움을 일깨워주신 선생님께 감사 드립니다.

| 2013년 제자, 이승재

이경원 선생님의 수업에서 많은 경험을 했어요. 자연을 둘러볼 수 있는 수업이 있었고, '차 이'와 '차별'에 대한 수업을 받았고, 졸업할 때 제 졸업앨범을 제가 만들 수 있었죠.

아침햇살 시간에는 학교 주변의 꽃과 풀을 보며 선생님과 친구들과 산책하는 게 좋았고, 장항 습지에 체험학습을 다녀온 후 클레이로 만든 저어새를 칭찬받았을 때는 정말로 행복했 어요. 내가 잘할 수 있는 걸 하나 더 찾은 것 같아서요. 선생님이 큰 카메라를 들고 사진 찍는 것을 보고 선생님의 카메라를 뺏어서 목에 걸고 사진 찍으며 돌아다닌 것도 생각나요. 교실에 서 '꾸러기'라는 다친 새끼 멧비둘기를 길렀던 것도요. 모든 과정들이 급하지 않았다는 점이 제일 좋았어요.

스스로 생각하고 같이 이야기를 나누며 천천히 주변을 살피는 것, 그리고 좋은 경험들 덕 분에 지금의 제가 있다고 생각해요. 자연을 살피며 산책하는 것을 즐길 줄 알고, 나와 같지 않 다고 해서 틀린 것이 아니라는 것을 알고, 생명이 얼마나 소중한지 알지요. 또 여전히 카메라 를 들고 다니며 사진 찍는 것도 좋아합니다.

이론으로 아는 것과 경험을 통해 느끼는 것은 많은 차이가 있다고 생각해요. 그때의 수업이 바탕이 되었기 때문에 힘든 일이 생겼을 때, '늦어도 괜찮아. 뭐 어때 다를 수도 있지'라고 생각할 수 있는 제가 될 수 있었습니다.

| 2010년 제자, 최유정

에... 학기 첫날에 선생님께서 처음 교실로 들어오셨을 때 다른 선생님들이랑 다른 느낌이었던 거 같아요. 선생님이 6학년 3반 친구들에게 관심을 보인 거 같아서 되게 좋았어요. 그전까지 학교에서 배운 거랑 완전히 다른 '주제'를 가지고 수업을 해주셔서 예전에는 하지 않았던 저에 대해 생각이란 걸 하게 해주셨어요. 그래서 한 해가 무척 즐거웠어요! ㅎㅎ

| 2015년 제자, 김동현

얼마 살지는 않았지만 지금 내게 가장 기억에 남는 선생님이 누구냐고 묻는다면, 나는 망설임 없이 초등학교 6학년 담임 선생님이라고 답할 것이다.

이경원 선생님을 처음 만났을 때가 아직도 생생하다. 선생님과 함께했던 건 1년의 시간이었지만, 그 1년이 내 인생에 있어서 가장 의미있는 1년이었다고 할 수 있다. 선생님과 함께 공부하면서 자연의 소중함을 알았고, 경청의 중요성을 깨달았다. 이제는 많이 옅어지고 흐릿해진 기억이지만 이번 기회에 다시 마음에 새겨보려 한다.

이 책을 읽는 독자분들도 반드시 무언가 얻는 것이 있을 것이라 믿는다!

이경원쌤, 사랑해요♡

| 2012년 제자, 김지우

선생님과 함께한 6학년은 마음을 채워 가는 시간이었다. 경청의 소중함을 알게 되었다.

| 2012년 제자, 지승현